충북 지역문학 총서 1

한씨보응록

韓氏報應錄 - 교주본

이은경·김은일·송지현 교주

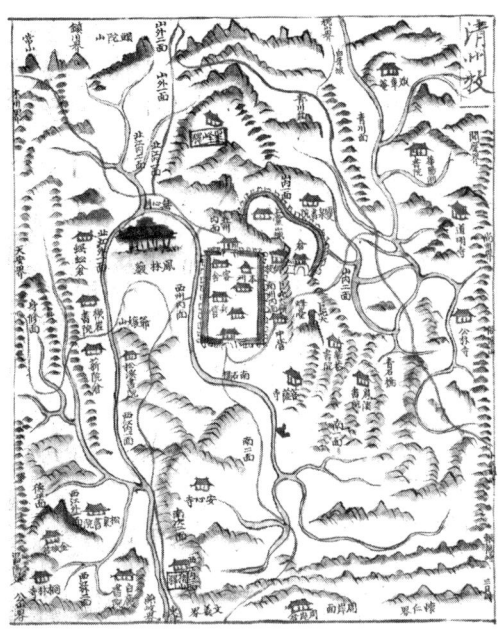

고두미

책머리에

　교통의 발달이 준 가장 큰 장점은 다른 지역으로 직장을 정할 수 있었다는 것이다. 한 시간 정도의 거리, 즉 60~70km쯤은 주 생활권에서 큰 무리 없이 직장에 다닐 수 있기 때문이다. 하루에 경기도와 충청북도 두 지역 생활을 할 수 있다는 점은 분명 장점이다. 고속도로는 집과 직장이라는 두 지역을 연결시키기도 하지만 두 지역으로부터 나를 온전히 독립시키기도 한다. 두 지역의 특성을 객관적으로 바라볼 수 있게도 하지만 두 지역 어느 곳에도 속해 있지 못하다는 방랑자 느낌이 있기도 하다. 그래서 생각을 바꿔보기로 했다. 충청북도를 잘 알면서도 객관적인 시각을 가진 장점을 활용해 보기로 했다. 이 작업에 참여한 세 명의 여성 고전문학 전공자들이 모두 같은 생활과 같은 생각을 하게 된 것은 운명이었다. 세 명 모두 경기도에서 살지만 충청북도에서 학문을 시작했고, 충청북도를 연구하고, 충청북도를 일의 터전으로 삼고 있기 때문이다. 그래서 더욱 충청북도의 지역문학에 대한 정리와 확장의 필요성을 느낄 수 있었다.
　충청북도는 지리적으로 사면이 육지로 둘러싸인 유일한 지역이다. 삼국시대에는 삼국의 접경지였으며, 조선시대에는 서울과 가장 인접한 지역이지만, 지방에 해당했다. 그래서인지 충북인들은 속마음을 잘 드러내지 않는다고 한다. 그러나 지역민들의 성품은 온화하면서도 속이 깊고 품은 마음은 강직하다. 또한 중원이라는 심리적 중심사상이 내재되어 있다. 인간의 내면을 형상화한 것을 예술이라고 할 때, 그 중 문학은 세대와 연령을 넘어 지속적으로 공감대를 형성한다는 특징이 있다. 전국이 1일 생활권에 놓인 시대라고 하더라도 지역이 가지는 정신은 맥맥이 흐르기 마련이다. 변화도 또한 정신이며 문화이기 때문이다. 그래서 우리는 기존의 충청북도의 정신을 정리하고 남겨야 하며 더 이상 미룰 수 없는 중요한 시점임을 인식하였다. 지금까지 각 분야의 연구가 충실히 축적되고 있는 면에 비해 고전산문 분야는 많은 분량과 전문적 해석 때문인지 제대로 그 가치를 규명하고 있지 못한 실정이다. 이에 세 명의 고전문학 전공자들은 가장 시급한 충청북도 관련 고전산문 작품들을 모으고 현대화 하려고 노력중이다.

  충청북도를 배경으로 하거나 충청북도 출신의 작가, 충청북도의 정신을 담은 작품 등을 '충청북도 지역문학'이라고 정의하였다. 학계에서 사용하는 지역문학은 주로 현재 그 지역에서 활동하는 작가들의 작품세계를 다루고 있지만 고전문학까지 포함하고 있지 못하다. 그래서 <한씨보응록>을 충청북도의 지역문학 총서 제1권으로 선정한 것은 나름의 큰 의미가 있다.

  첫째, 충청북도 청주가 작품의 주요 배경이 된다는 점이다. 작가가 청주라는 공간을 어떻게 인식하고 있는지 알 수 있으며 읽는 독자들도 청주에 대한 이미지는 물론 청주의 공간에 대해 생각할 수 있기 때문이다. 특히 충청북도 독자들은 지역적 공감대는 물론 새로운 지역 인식의 계기가 될 것이다. 둘째, 흥미 있는 소설장르라는 점이다. 어려운 한시도 아니고, 여러 지역에 비슷하게 분포된 이야기가 아닌, 인물이 서사를 이끌어 나가는 소설은 독자들에게 쉽게 다가갈 수 있다.

이러한 점을 바탕으로 교주본과 현대어본을 출간하게 되었다. 고전소설은 띄어쓰기가 되어 있지 않으며 그 당시 언어로 기록되어 있어 전공자들이 아니면 접근하기 어렵다. 우리 지역의 소설임에도 쉽게 읽지 못하기 때문에 널리 알려지지 않은 것이다. 초보 전공자들이 쉽게 접근할 수 있도록 교주본을 만들었고, 중학생 정도의 독자들도 읽을 수 있도록 해석하여 현대어본을 만들었다.

충청북도 지역문학 총서는 계속될 것이다. 분량이 긴 소설작품부터 시작하여 충청북도 옛이야기를 모아 주제별로 재해석하고 현대화하여 충청북도의 정신을 이어갈 것이다. 현대어 역주는 고전과 현대를 잇는 교량역할을 하는 중요한 작업이라고 자부한다. 시간이 더 흐르면 점점 더 멀어질 과거와의 소통을 끊이지 않도록 할 것이며 현대와 미래가 소통할 수 있도록 준비하는 작업이라고 생각한다. 고전소설에 사용된 언어의 표기는 국문이지만 의미는 뜻을 내포하는 한자어가 많아 해독이 어렵기 때문이다.

충청북도 지역문학 총서 발간의 시작은 충북연구원의 청년연구자 역량강화지원사업의 공이 크다. 충청북도를 연구하고 지자체를 위해 활용방안을 제시하는 사업으로 충북학을 넘어 전국에 모범이 될 것이다. 단발적 사업이 아니라 지속적 지원을 통해 충북학이 더 발전하는 힘이 되기를 바란다. 지역문인이며 전국적으로 활동하고 있는 김선영 작가(자음과모음 제1회 청소년문학상 수상자)에게도 감사의 말을 전한다. 현대 작가의 관점에서 문맥이나 문장의 길이 등을 꼼꼼히 지적해 주었다. 고전소설의 특성상 장문으로 이루어져 있기 때문에 현대어로 역주할 때 문장을 나누는 것이 쉽지 않기 때문이다. 이에 해석 과정에서 독자가 가장 쉽게 읽을 수 있도록 가장 많이 고민한 부분은 단어였다. 왜곡되지 않으면서 작가의 뜻을 거스르지 않도록 노력하였다. 작품을 재미있게 읽고 아이의 시선에서 독후화로 그려준 이준기 어린이에게도 고마움을 전하고 싶다. 작품의 전체적인 내용을 그림 한 편에 압축적으로 잘 표현해 주었다. 고두미 출판사 유정환 대표께도 감사의 마음을 전하고 싶다. 충청북도의 정신을 대중화하겠다는 저자들의 뜻을 흔쾌히 받아 주어 꼼꼼한 교정은 물론 사진 하나하나까지 신경을 많이 써 주셨다.

  충청북도 지역문학이 충북인의 내재된 정서를 찾을 수 있게 하며 충북인의 본질을 잃지 않는 작은 힘이 되기를 바란다.

2021년 1월
충북을 충북답게 바라보려는 저자들이 쓰다

추천사

　충북대학교 재임 시절부터 지도하였던 제자 이은경, 김은일, 송지현 세 고전문학 연구자가 지역문학에 대한 관심을 갖고 꾸준히 공부한 성과를 내게 되었다. 세 연구자들은 <한씨보응록>이 청주를 배경으로 형성된 소설이라는 점에 착안하여 교주본과 현대어역본을 출간하게 되었다.
　<한씨보응록>의 지리적 배경은 청주다. 작품에 의하면 청주 한씨의 시조 한란(韓蘭)은 청주 오공리에서 빈한하게 살며 마을의 궂은 일을 맡아서 처리하는 것으로 생계를 삼았다. 역시 홀어머니를 모시고 가난하게 살다가 지네의 희생물로 자신을 판 송씨의 시신을 수습하러 갔다가 송씨가 기르고 있던 두꺼비가 지네를 퇴치함으로 인하여 죽음을 면한 송씨와 결혼을 하게 된다. 그리고 승천하려는 용을 도와주어 대머리에서 넓은 토지를 일구어 거부가 되었고 고려 태조 왕건에게 군량미를 제공하여 태위(太尉) 벼슬을 받고 그의 후손이 번창하게 되었다는 것이 작품 전반부의 내용이다. 이 에피소드는 <지네장터>설화에 <악룡퇴치>설화가 결합된 것이며 미천했던 한란의 선행의 보응(報應)으로 후세에 가문이 창달(暢達)하게 되었음을 이야기한 것이다. 작품의 후반부는 세조의 찬탈(簒奪)을 도와 공신이 된 후손 한명회(韓明澮)의 출세담인데 이 역시 전래하는 설화를 엮어서 꾸민 것으로 역사적 사실과는 일치하는 부분이 적다.

이번에 출간하게 된 이 작품은 전공자들을 위하여 원본에 충실한 교주본을 만들고 이어서 일반 독자가 쉽게 접할 수 있게 현대어로 번역을 하여 두 책으로 냄으로써, 이 작품에 학술적으로 접근하는 전공자에게는 연구의 편의를, 일반인에게는 좋은 읽을거리를 제공한 상당히 의미 있는 업적을 이루었다고 하겠다. 특히 작품의 지리적 배경이 청주이기에 이 지역 사람들에게 매우 친근하게 접할 수 있게 할 것이라 생각한다.

부디 이 책이 관심 있는 여러분들에게 널리 읽혀서 이 작품이 가진 나름의 문화적 의의가 소중하게 이루어지기를 바란다.

2021. 1.

한석수(충북대학교 명예교수)

차례

第一回 蜈蚣倉孝女受蔭德
뎨일회 오공창의셔 효녀 음덕을 받다   21

第二回 韓總角斗水救神龍
뎨이회 한총각이 한 말 물로 신룡을 구ᄒ다   34

第三回 老夫人夢見博陸侯
뎨삼회 로부인이 꿈에 바륙후를 보다   45

第四回 靈通寺道僧說來福
뎨ᄉ회 령통ᄉ 도승이 오는 복을 말ᄒ다   55

第五回 韓公子射兎失歸路
뎨오회 환공지 토기를 쏘다가 길을 일타   66

第六回 老嫗賊義釋韓秀才
뎨눆회 로구슨 도적이 한수지를 의로 놋타   77

第七回 義賊一劍斷情緣
뎨칠회 의적이 한 칼로 인연을 ᄯᅳᆫ타   88

第七回 韓秀才力薦同窓生
뎨칠회 한수지 힘써 동창싱을 쳔거ᄒ다   101

第八回 閔中樞排訕招賢婿
뎨팔회 민즁츄가 부인의 말을 물니치고 현셔를 엇다   111

第十回 賢夫妻手歸鄉里
뎨십회 어진 부쳐ᅵ 손을 잇ᄯᅳᆯ고 향리로 도라가다   128

第十一回 鏡浦臺好漢識好漢

뎨십일회 경포디에서 호한이 호한을 알다 143

第十二回 入海濤兩雄決死生

뎨십이회 히도 즁에 드러가 두 영웅이 ᄉ싱을 결단ᄒ다 159

第十三回 洛山寺韓生遇異人

뎨십삼회 락산사에서 한ᄉ이 이인을 만나다 172

第十四回 窮措大踈財却田券

뎨십ᄉ회 궁죠대가 지물을 소홀히 넉여 밧문셔를 물니치다 186

第十五回 擲千金英雄露本色

뎨십오회 쳔금을 허비ᄒ야 영웅이 본식을 로츌ᄒ다 200

第十六回 宿娼家猛打故人肩

뎨십뉵회 창가에서 자다가 밍열히 고인의 억기를 씨리다 219

第╎七回 迎御駕設宴韓公府

뎨십칠회 어가를 맛져 한공의 집에 잔치를 베풀다 231

十八回 吳雲林形呈手證

십팔회 오운림이 형벌을 림ᄒ야 징셔를 밧치다 244

第十九回 寂滅宮椎賊護玉體

뎨십구회 적별궁에서 도적을 씨려 옥톄를 구호ᄒ다 257

第二十回 乞骸骨新搆狎鷗亭

뎨이십회 히골을 빌고져 ᄒ야 시로 압구정을 짓다 267

<한씨보응록> 한눈에 보기

<한씨보응록>은 청주 한씨 시조와 시조모의 선행이 후대의 자손들에게 영향을 끼쳐 한명회와 같은 걸출한 인물을 낼 수 있었다는 내용을 담고 있는 고소설이다. 이 작품은 1918년 오거서창에서 구활자본으로 발표되었다. 작가는 신소설 작가로 알려진 이해조로 추정된다. 이해조는 매일신보를 그만두고 집에서 은거하다가 <홍장군전>과 함께 <한씨보응록>을 발표한 것으로 보인다. <한씨보응록>은 상·하권 각 10회씩 총 20회로 이루어져 있다.

주요 내용은 고려 초기 청주 오공리에 사는 효녀 송씨의 이야기와 그의 먼 후손인 한명회의 이야기로 구성되어 있다. 병든 홀어머니를 봉양하며 살던 송씨는 우연히 부엌에 나타난 두꺼비에게 밥을 주며 7~8년 정도 기르게 된다. 어느 날 송씨는 어머니 봉양 비용을 마련하기 위해 지네의 제물로 바쳐지게 된다. 그때 두꺼비가 나타나 지네를 물리치고 송씨만 목숨을 보전한다. 제물이 된 시신을 치우는 일을 하던 한란은 다음날 시체를 치우러 왔다가 송씨를 구한다. 이 일을 계기로 한란과 송씨가 혼인한다. 한란은 용을 구해주어 부유한 삶을 살게 되고 왕건에게 군량을 바쳐 벼슬을 얻는다. 이후로 한씨 가문이 번성한다.

시간이 흘러 한명회가 태어난다. 그는 어린 나이에 부모를 여의고 종조부 한상덕의 손에 길러진다. 안동에서 지내면서 노구산 도적 오운림을 만나 회개시키고, 권람을 만나 동학한다. 한명회가 한상덕을 통해 권람을 조정에 천거하고, 민대생의 사위가 된다. 고향 청주로 내려온 한명회는 강원도로 유람을 떠난다. 경포대에서 영웅호걸을 사귀고, 낙산사에서 문종렬을 만난다. 다시 고향 청주로 돌아온 한명회는 우연히 김부자 집에 나타난 두꺼비의 현신을 통해 성공할 비결을 얻는다. 이후 한명회는 김부자로부터 은자 천금을 얻어 상경할 밑천을 마련한다. 상경한 한명회는 두꺼비 현신이 알려준 비결을 따라 기생 양파를 통해 수양대군을 만나 뜻을 펼친다. 한명회는 수양대군이 세조가 된 후, 체찰사가 되어 전라도를 순방하고, 강원도 오대산에서 문종렬의 습격으로부터 세조를 구하는 공을 세운다. 나이가 들자 사직하고 압구정을 지어 노년을 마무리한다. 그 후로도 한씨 가문이 대대로 부귀하고 번성한다.

<한씨보응록>은 한명회의 일대기를 포함한 청주 한씨의 가문사를 서술하고 있다. 이에 주요 공간적 배경인 '청주'에 주목할 필요가 있다. <한씨보응록>은 지네장터 설화, 한란 시조 설화, 용 설화, 한명회의 일화 등 다양한 설화가 삽입되어 있어 짜깁기 소설로 평가되곤 했다. 그러나 '청주'가 유기적으로 기능하여 작품의 완성도를 높이고 있다. 따라서 청주는 일반적인 공간 배경 이상의 의미를 지닌다.

작가가 흩어져 있는 설화들을 활용하여 소설을 창작할 때 근거 없이 상상하지는 않았을 것이다. 청주는 상상의 공간으로 사용할 만한 가치가 있었던 것으로 보인다. 한란과 송씨 이야기의 배경이

되는 청주 오공리는 현재의 충청북도 청주시 오창읍 일대에 해당한다. 특히, 처녀를 제물로 바쳤던 오공창은 현재 오창읍 진양아파트 일대로 추정된다. 또한 한명회가 태어나고 혼인하여 가정을 이룬 곳도 청주 오공리이다.

청주 용농촌은 한명회가 유년기 시절을 보낸 곳으로 표현된다. 한명회는 이곳에서 권람을 만나 중요한 인맥을 쌓기 시작한다. 다만 청주 용농촌의 경우 청주 용암동의 '용'과 연관성이 있어 보이지만 정확하게 용암동이라고 확정할 수는 없다. 그러나 청주 용암·방서동 일대에는 청주 한씨 집성촌이 형성되어 있으며, 한란의 묘소와 무농정 등 사적지가 남아 있다. 이와 같은 소설적 공간과 실제적 공간의 간극은 작가의 상상력이 발휘된 것으로 생각해볼 여지가 있다.

또한 한명회의 신도비와 묘소가 현재 천안시 동남구 수신면에 있으나 이곳은 과거에 청주의 관할지였다. 실제로 청주 오창과 수신면의 거리는 그리 멀지 않다. 이처럼 청주는 <한씨보응록>의 주요 서사 및 주요 인물들과 관련된 중심 공간이며, 그들의 사적이 실재하고 있는 공간이다. 작가는 실제의 공간을 변형하기는 했으나 청주를 정신적 기반으로 설정하여 소설적 구성을 탄탄하게 하였다.

<한씨보응록>에 나타난 청주에 대한 이미지는 현대적으로도 가치가 있다. 청주 오공리는 생명을 보호하는 공간으로 볼 수도 있다. 송씨가 두꺼비에게 밥을 먹여 기른 것, 두꺼비가 위기에 처한 송씨를 살린 것, 한란이 용을 구한 것 등을 예로 들 수 있다. 이들이 실천한 연민의 정과 보살핌은 그에 상응한 복덕으로 보상받는다. 이

는 '생명의 땅'을 표방하는 청주의 생명 보호 정신과 일맥상통한다.

또한 청주는 미래를 위한 정신적 기반과 물질적 기반을 준비하는 공간으로 볼 수도 있다. 작품에서 청주는 한명회가 관로에 나아가기 위해 정신을 수양하고 재물을 마련하는 공간으로 묘사된다. 한명회는 청주에서 아내의 내조를 받으며 글공부에 전념할 수 있었다. 또한 팔도 영웅들을 만나 서울에서 능력을 발휘할 지혜와 인맥을 축적했다. 근처 마을의 김부자에게서 금전적 지원을 받아 서울로 나아갈 재물을 얻을 수 있었다. 이처럼 청주는 정신적 가치와 물질적 가치를 확보하여 서울로 진출할 준비의 공간으로 기능한다. 이는 심리적으로 청주와 서울의 거리가 멀지 않다고 인식하면서 청주를 안정적인 공간으로 여기는 당대인의 의식이 반영된 것이라 하겠다.

한편 이 작품을 현대적 시각에서 보면 한명회를 미화했다는 느낌이 강하게 든다. 그러나 당대인의 시각에서 한명회를 어떻게 바라보았을지는 알 수 없다. 앞서 이야기 했듯 <한씨보응록>은 청주라는 실제의 공간을 상상력으로 축소하기도 하고 확장하기도 하였다. 이와 마찬가지로 한명회라는 역사적 인물도 소설적 인물로 주조했다는 점을 간과해서는 안 된다. <한씨보응록>에 나오는 한명회는 소설적 인물일 뿐이다. 그를 역사적 인물로 평가하려 하면 작품의 본 면모를 이해하기 어렵다. 소설은 작가의 역사관과 세계관이 투영된 것이므로 소설과 역사를 분리하는 시각이 필요하다. 따라서 한명회 한 사람의 영웅적 일대기를 다룬 영웅소설이나, 한명회를 둘러싼 역사적 사실을 왜곡한 역사소설로 보는 것보다는 소설 전체를 균형 있게 보려는 시각이 필요하다.

<한씨보응록>이라는 제목에서 보이듯 작품 내에서도 한란과 송씨의 음덕을 강조하고 있다. 따라서 <한씨보응록>은 청주 한씨의 시조 한란과 시조모 송씨의 음덕이 한 가문을 영화롭게 했다는 것에 주목해서 보아야 그 가치와 면모를 제대로 파악할 수 있다.

이상 <한씨보응록>은 지역설화와 지역인물을 모티프로 창작된 소설이다. 연구자들이 정의하는 '역사소설'이나 '영웅소설', '가문소설' 등의 기준으로 보면 작품성이 떨어지는 느낌이 들 수 있다. 그러나 지역문학의 관점에서 바라보면 특별한 가치를 발견할 수 있다. <한씨보응록>은 청주를 중심으로 구성한 소설이다. 소설적 현장이 실제로 구현됨으로서 현대 문화 공간의 스토리텔링이 되기도 한다. 그렇기 때문에 <한씨보응록>은 지역 문학적 가치가 높은 작품이라 할 수 있다.

일러두기

1. 이 책은 1976년 동국대학교 한국학연구소에서 출간한 『활자본고소설전집』 12권에 영인된 <한씨보응록>을 대상으로 삼았다.
2. 원문에 표기된 그대로 입력하되 현행 맞춤법에 준하여 띄어쓰기 하였다.
   - 대화를 나타내는 "왈(曰)"에 대한 표기는 앞에 한자어가 나오면 붙이고 고유어가 나오면 띄어 썼다. 다만 인물을 가리키는 경우에는 한자어라 하더라도 띄어 썼다.
     예) 답왈, 무러 왈, 수지 왈
   - 해를 나타내는 단위인 "세"와 "년"이 뒤에 나오는 경우에는 앞의 단어와 붙여 썼다.
     예) 십오세, 십년
   - 중복해서 쓰이는 첩어는 붙여 썼다.
     예) 불가불가, 죄송죄송
3. 문장부호와 특수부호를 사용하였다.
   - 느낌표, 물음표, 마침표, 큰따옴표, 작은따옴표 등의 문장부호를 사용하되 쉼표는 쓰지 않았다.
   - 원문에서 별도의 형식을 취하지 않은 상소문이나 편지글 등에는 줄바꿈 없이 작은따옴표를 사용하였다.
   - 앞글자의 중복을 의미하는 "〃" 부호는 삭제하고 반복하여 입력하였다.
     예) 부당훈말 〃나 → 부당훈말 말나
   - 판독이 불가능하거나 교정이 필요한 경우 전후 맥락을 파악하여 해당 글자 수 만큼 "[ ]" 안에 내용을 채웠다.
     예) 울음이 나오는 것을 [억지로] 참고 [한] 거름을 쓸아러 니려셔니
   - 맥락을 파악하여 내용을 채우기 어려운 경우에는 해당 글자 수 만큼 "□" 부호를 입력하였다.
     예) 경의 집 □□ 범절이 엇더ᄒᆞ뇨?
   - 원문과 대조할 때 용이할 수 있도록, 원문의 하단에 인쇄된 쪽수를 해당 면이 시작하는 부분에 아래첨자로 기입하였다.
     예) 쥰수훈 얼골이 대장부$_{56}$의 긔상을 씌웟고
4. 원문의 이해를 돕기 위해 한자를 병기하였다.
   - 원문에 있는 한자 표기는 괄호를 삭제하고 아래첨자를 사용하는 방식으로 변경하였다.
     예) 오공창(蜈蚣倉) → 오공창$_{蜈蚣倉}$
   - 원문에 있는 한자 표기 이외에 한자를 병기할 때에는 괄호를 사용하였다.

예) 사룸들이 위지삼잡ᄒ야 → 사룸들이 위지삼잡(圍之三匝)ᄒ야
- 인쇄 상태가 불량하거나 활자 조합 과정에서 생긴 오류 등이 있다고 판단되는 단어에 한자를 병기하였다.
   예) 은형즁(隱然中), 고일(告曰), 한샹(恒常)
5. 보충 설명이 필요한 부분에는 각주를 사용하였다.
   - 역사적 인물이 등장하면 각주를 통해 설명하였다.
     예) 1) 한란(韓蘭): 853~916. 고려 건국 공신이자 청주 한씨의 시조. 청주지역의 대표적인 호족으로, 왕건이 후백제를 정벌하기 위해 청주를 지날 때 군량미를 주어 개국공신이 된 인물.
   - 고사가 있는 단어에 각주를 통해 설명하였다.
     예) 1) 소진의 ᄌ고(蘇秦刺股): 주(周)나라의 소진이 잠이 오면 허벅지를 송곳으로 찌르며 공부했다는 것에서 유래한 말.『戰國策』
   - 오기로 보이는 글자는 각주를 통해 수정하였다.
     예) 1) 동초 편막: 동편 초막.
   - "□" 부호를 사용한 단어에 각주를 통해 보충 설명을 하였다.
     예) 1) □져: 미상, 악기 종류로 추정됨.
   - 다수의 면이 누락된 특수한 경우, 각주를 통해 이야기의 맥락을 설명하였다.
     예) 1) 본문 58쪽과 59쪽 사이의 페이지가 누락된 것으로 보임. 한명회가 백운암에서 관아로 왕래하는 길을 안내하던 호랑이가 사냥꾼들의 함정에 걸려 잡힌 내용으로 추정됨.
6. 참고한 자료는 다음과 같다.
   - 김은일,「<한씨보응록>에 나타난 청주 오공리 서사의 지역적 활용방안-지네장터 설화를 중심으로」, 청년연구자 역량강화 지원사업 보고서 2019-03, 충북연구원, 2019.
   - 김은일,「<한씨보응록>에 나타난 청주 오공리 공간의 양상과 그 의미」,『고전문학연구』, 한국고전문학회, 2020.
   - 송지현,「충북 지역 고전서사자료의 현대적 활용을 위한 토대 연구-<한씨보응록>을 중심으로」, 청년연구자 역량강화 지원사업 보고서 2020-06, 충북연구원, 2020.
   - 청주시 관광과,『숨어있는 관광자원 스토리텔링북-두물머리 정북토성 따라』, 청주시, 2017.
   - 국립국어원 표준국어대사전
   - 한국고전종합DB

한씨보응록
上

第一回 蜈蚣倉孝女受陰[德]
뎨일회 오공[창의]셔 효녀 음덕을 [받다]

 각셜(却說). 젼죠(前朝) 고려(高麗) 틱죠(太祖)[1] 챵[업지]초[2](創業之初)에 쳥쥬 오공리_{淸州蜈蚣里}[3]에 한 녀ᄌᆡ 잇스니 셩은 송(宋)이오 나은 겨오 십셰라. 가셰(家勢) 젹빈(赤貧)흔 즁 그 부친을 일즉 여의고 다만 모친을 뫼셔 싱활흘시 그 모친이 즁년 병신으로 한 팔 한 다리를 쓰지 못ᄒᆞ니 송씨 비록 년유(年幼)ᄒᆞ나 텬셩(天性)이 지효(至孝)라. 동리(洞里) 부호(富豪)집에 가 온갓 쳔역(賤役)의 ᄉᆞ환(使喚)을 ᄒᆞ야쥬고 밥 덩이 쌀 움큼을 엇어다가 그 병신 모친을 지셩으로 봉양ᄒᆞ더니 [일일은 부엌]에 드러 밥을 짓다가 우연히 샤롱(斜籠) 밋을 도라보니 큰 둑겁이 하나[히] [웅크리고 앉아 있더니 송씨가] 무심히 넉여 본 체 아니ᄒᆞ얏더니 익일(翌日)에 여젼히 밥 지을 ᄯᅢ면 나아와 밥을 바라보고 먹고십은 형용(形容)이 잇는 것 갓거늘 송씨 측은(惻隱)히 넉여 밥 한 쥬걱을 ᄯᅥ셔 압헤 노아쥬니 둑겁이 둘게 밧아 먹고 가더니 그후로는 죠셕 ᄯᅢ마다 의례히 그 둑겁이 나

---

1) 고려 태조: 왕건(王建). 877~943.
2) 창업지초: 고려를 건국한 918년 즈음을 말함.
3) 청주 오공리: 현재 충청북도 청주시 오창읍 일대를 가리킴.

아오고 송씨는 한 씨 걸으지 안이ᄒ고 쥭이면 쥭 밥이면 밥을 쥬어 그 둑겁이를 한 집안 식구처럼 넉이니 어언간 칠팔년을 지니니 비록 셔로 말은 업스나 [은]형즁(隱然中) 은의(恩誼)가 깁허졋더라.

 송씨의 년긔(年紀) 졈졈 만아지니 어려셔갓치 원촌(遠村)에는 가지 못[하고] 오작 이웃 무근(無間)한 집 침션방젹(針線紡績)을 맛하 ᄒ야쥬고 시량(柴糧)을 엇더 모친을 봉양ᄒ노라 [주야로] ᄌ잠을 자지 못ᄒ고 부즈러니 [가사를 돌봐 모친을 봉양]ᄒ즉 근리 히마다 흉년이 드[러] [인심]은 졈졈 효박(淆薄)ᄒ야지고 이웃 무근한 집이 ᄎ례로 치피(致敗)도 ᄒ고 이사도 ᄒ야 품파리도 [흉년] 이후로는 극난(極難)한지라. 즈긔 일신 칩고 쥬리는 것은 초기(草芥)갓치 넉이나 병셕에 누어잇는 모친 봉양홀 일이 망연(茫然) [아득ᄒ야 졍히 근심ᄒ더니 문득 동장(洞長)들이 모야 짓거리는 말을 지날 결에 드른즉 쳔금을 [맛겨] 쳐녀를 사러 단인다 ᄒ거눌 송씨 그즁 친슉한 자를 향ᄒ야 그 곡졀을 무르니 동쟝이 [우]스며 왈(曰)

 "그는 아라 쓸디업스니 일후(日後) 한가한 씨에 말ᄒ리라."

 송씨 지삼 지셩으로 무르니 동장이 부득이ᄒ야 디답왈

 "둘은 일이 안이라 본디 오공창蜈蚣倉은[4] 그디도 아는 바어니와 히마다 십월이면 그 창에 고ᄉ를 드리되 이십 젼(前) 쳐녀 한낫식을 의례히 졔슈(祭需)로 쓰ᄂ니 만일 그러치 안으면 일경에 병이 디치(大熾)ᄒ야 ᄉ망(死亡)이 상속(相續)ᄒᄂ니 미년에 쳔금즁가(千金重價)로 병신 녀ᄌ나 혹 걸식(乞食)ᄒ는 녀ᄌ를 멀니 나아가 ᄉ다 쓰

---

4) 오공창: 현재 충청북도 청주시 오창읍 창리 진양아파트 위치에 오공창이 있었을 것으로 추정됨.

더니 금년은 공교히 각쳐로 다니며 스고져 ᄒ나 팔니고져 ᄒ는 녀ᄌ 업기로 근심 즁으로 지니로라."

송씨 그 말을 듯고 대희(大喜)ᄒ야 동장을 향ᄒ야 왈

"과연 쳔금을 쥬고 살진던 니가 몸을 ᄌ미(自賣)코져 ᄒᄂ이다."

동장이 놀나 손을 져어 왈

"부당ᄒ 말 말나. 그디의 인물이 뎌갓치 요죠(窈窕)ᄒ고 지질(才質)이 막힐 디 업서 장리(將來) 가합(可合)ᄒ 자격 잇는 낭ᄌ(郎子)에게 츌가(出嫁)ᄒ면 복록이 무궁ᄒ 것이오 쏘는 뎨일 불가ᄒ 것이 그디 모친이 즁년 병신으로 긔동(起動)치 못ᄒ는 것을 그디의 효성으로 지셩것 봉양ᄒ야 지금싸지 부지(扶持)ᄒ시거늘 만일 그디 업셔지면 속졀업슬지라. 그리고보면 그디쓴 죽는 것이 안이라 그디 죽는 것으로 인ᄒ야 그디의 모친싸지 싱죤(生存)치 [못]ᄒ리니 이 [런 말은 두]5번도 말나."

송씨 근졀히 쳥ᄒ야 왈

"니 몸을 팔[아서 돈을 얻어야 모친이 생존할 것]이라. 쳔금을 몸갑으로 쥬시면 그 돈으로 문젼(門前)에 젼답(田畓)[을 장만하야 농사를 지어 모친이] 잡스실 량미(糧米)를 ᄒ다가 모친 문세(萬歲) 후에 동리에 붓치여 향화(香火)를 장원(長遠)히 밧들게 ᄒ면 그 안이 구구히 살아잇셔 모친으로 고싱을 격그시게 ᄒᄂ니보다 낫지 안이ᄒ오릿가? 아모 의려(疑慮) 말으시고 나를 사가소셔."

동장 왈

"이는 그디가 오히의 말이로다. 지금은 비록 고싱살이를 홀지라도 녀ᄌ의 팔ᄌ는 미리 추칙(推測)키 어려오니 리일(來日)이라도 가

셰나 넉넉ᄒ고 인품이 후ᄒᆫ 신랑에게 츌가 곳 ᄒ면 비단 그디 일신이 영위(英偉)ᄒᆯ 뿐 안이라 [금]슈쥬의(錦繡朱衣)와 고량진미(膏粱珍味)로 봉친(奉親)도 넉넉히 ᄒᆯ 것이어눌 엇지 몸을 ᄉ디(死地)에 [스스로 빠져서 죽는]다 ᄒᆞᄂᆞ뇨?"

송씨 얼골에 슮흔 빗을 씌오며 왈

"동장의 말숨이 유리ᄒ오나 그러치 안인 곡절이 잇ᄂᆞ니 ᄉᆞ름의 마음은 일을 갓치 격거보기 전에는 가히 알지 못ᄒᆞᆯ지니 만일 위인(爲人)이 인식(吝嗇)ᄒᆞᆫ 가장(家長)을 맛나는 디경이면 신셰의 구속됨은 말ᄒᆞᆯ 것 업시 모친을 봉양ᄒᆞᆯ 도리 업슬 터이오 셜혹 비진(備盡) ᄉᆞ정ᄒ야 구구히 쌀말 의복가지를 엇어 모친게 드리거나 한집에 뫼시고 지닐지라도 허구ᄒᆞᆫ 세월에 필연 구박이 자심(滋甚)ᄒ야 불편ᄒᆞᆫ 거죠가 한두 가지 안일지니 여러 말숨 말ᄋᆞ시고 동가홍상(同價紅裳)으로 나를 사다가 제수에 쓰소셔."

오공리는 큰 장시(場市)라 팔로(八路) 모산지비(謀算之輩)가 모다 모여잇는 곳이라. 그즁 심슐 만코 불량ᄒᆞᆫ 쟈 이 동장과 한게 여ᄌᆞ를 사러 단이노라 마츰 그 자리에 참여ᄒᆞ얏다가 압으로 나아와 동쟝을 칙망(責望)ᄒ야 왈

"더 여ᄌᆞ의 소원이 져러ᄒ거늘 무슴 장황ᄒᆞᆫ 말로 거절코쟈 ᄒᆞᄂᆞ뇨? [마땅한 여자를 구하기가 어렵고 제일(祭日)도 멀지 않았으니 구ᄒ다가 만일 엇지 못ᄒ면 제슈 랑픾(狼狽)될지니 다시 말ᄒᆞᆯ 것 업시 갑을 니여쥬고 살지어다."

동장이 죵리(從來) 주져ᄒ니 그 쟈가 고집ᄒ야 왈

"제수 곳 랑픾되면 우리 동리 상ᄒ(上下) 몇 ᄉᆡᆼ명이 역녀(疫癘)에

죽을 것인디 주미코져 ᄒᆞ는 녀주 일명(一命)을 억지로 살니랴 ᄒᆞ다가 여러 사룸의 히를 씻치고쟈 ᄒᆞᄂᆞᆫ다?"

동장이 말지못ᄒᆞ야 몸갑 천금을 니여 송씨를 쥬어 왈

"인졍에는 졀박(切迫)ᄒᆞ나 사셰(事勢) 그러ᄒᆞ다 ᄒᆞ니 이 돈을 밧아 그디 모친의 ᄉᆡᆼ젼사후(生前死後)의 쓸 구쳐(區處)를 ᄒᆞ라. 오ᄂᆞᆯ은 구월 이십오일이오 졔일은 십월 일일이라. 불과 오일이 격ᄒᆞ얏스니 그 ᄋᆞᆫ에 범빅사(凡百事)를 모다 죠쳐ᄒᆞ고 졔일을 기다리라."

숑씨 돈을 밧아 근[직하고 그리한다] 디답ᄒᆞᆫ 후 바로 동리에 신실(信實)ᄒᆞᆫ 로인(老人)을 가보고 사졍(事情)을 일일히 말ᄒᆞᆫ 후 돈을 맛져 젼답을 [사서 추수하여 모친 생]젼에 쥬리지 ᄋᆞᆫ케 ᄒᆞ고 사후에 향화를 ᄭᅳᆫ치 말아둘[라 재삼] 부탁ᄒᆞ고 집으로 도라와 [아]모 사식(思索) 업시 주긔 모친 침수(寢睡)을 밧들다가 구월 삼십일을 당ᄒᆞ니 ᄌᆞ연 심회 산란(散亂)ᄒᆞ야 하염업는 눈물이 옷깃을 젹시니 그 모친이 괴이 녁여 무러 왈

"네가 일상 됴흔 얼골로 나를 디ᄒᆞ더니 오ᄂᆞᆯ은 무슴 곡졀로 져리 우느냐? 누가 너다려 욕을 ᄒᆞ더냐? 우리 간구(艱苟)ᄒᆞᆷ을 능멸히 말ᄒᆞ더냐? 엇의가 압흐냐? 너의 아바지 ᄉᆡᆼ각이 나ᄂᆞ냐? 엇진 연고(緣故)이냐?"

이갓치 각 방면(方面)으로 무르니 송씨 훌일업셔 천금을 밧아 젼답을 쟉만ᄒᆞ야 모친 ᄉᆡᆼ젼 의식과 사후 향화를 밧들게 마련ᄒᆞ고 몸이 오공챵 졔수로 팔녀가는 사실을 고ᄒᆞ니 로모(老母) ᄭᅡᆷ쟉 놀나 송씨의 목을 거러 안고 몸부림을 탕탕ᄒᆞ며 방셩대곡왈

"이게 무슴 말가? 네 몸이 팔녀 [전답을 장만했단 말이냐? 내가

죽어 너를 살려야]지 네가 죽어 나를 살니면 리치에 당치 안코 [인정에도 맞지 아니하니 전답을 무르고 받은] 돈을 경각(頃刻) 니로 도로 쥬어라. 쥬다가 졍히 못[하거든 내가 너 대신 가겟노라]."

[송씨 간곡]혼 음셩으로 공슌히 고왈

"긔위(旣爲) 돈을 밧아 젼답까지 산지 여러 날이오 쏘혼 졔일이 [임박]ᄒᆞ얏스니 돈을 환급(還給)ᄒᆞ랴도 돈이 업고 돈이 잇셔 환급혼다도 동즁(洞中)에셔 밧지 안을지오 제슈는 쳐녀로 쓰는 젼례(前例)오 로인은 가당치 안이ᄒᆞ오니 아모리 졍리(情理)에 졀박ᄒᆞ오나 욕파불능欲罷不能5)의 일이오니 불효 막대혼 쳔식(賤息)을 싱각지 말으시고 만슈무강ᄒᆞ소셔."

로모] 한편 쥼먹으로 가슴을 쌍쌍치며 목이 메여 울어 왈

"네가 이갓치 고집ᄒᆞ야 기어히 제수되고져 홀진던 니가 네 압헤 먼져 ᄌᆞ쳐ᄒᆞ야 너 가는 거동(擧動)을 보지 안이ᄒᆞ겟노라."

ᄒᆞ며 머리를 기동에 부딋고져 ᄒᆞ니 숑씨 졀박ᄒᆞ야 잠시 속여 고왈

"모친은 분(憤)을 진졍ᄒᆞ소셔. 다시 싱각ᄒᆞ야 동쟝이 리일 오거든 속신(贖身)홀 의론(議論)을 ᄒᆞ오리다."

로모] 그 말을 듯고셔야 비로소 몸부림을 진졍(鎭靜)ᄒᆞ고 울음을 긋쳐 왈

"동장 오기를 기다릴 것 업시 이 밤으로 네가 가셔 보고 푸의(罷議)ᄒᆞ야 제수에 쓸 쳐녀를 둘니 구ᄒᆞ라 ᄒᆞ야라."

---

5) 욕파불능(欲罷不能): 그만두고자 해도 그만둘 수 없다는 뜻.『論語』

숑씨 고왈

"긔위 밤이 드럿스니 릭일 일즉 가보고 말ᄒ오리다."

숑씨 이갓치 잠시 권도(權道)로 그 모친을 긔망(欺罔)ᄒ야 잠을 편히 자도록 ᄒ 후 ᄌ긔ᄂᆞᆫ 빅 가지 싱각이 가슴에 빅회(徘徊)ᄒ야 잠을 이루지 못ᄒ다가 야계(野鷄)가 잣게 울어 날 붉기를 직촉ᄒ니 홀노 탄식ᄒ야 왈

"슯ᄒ다! 나의 싱명이 불과 금일ᄲᅮᆫ 남앗도다. 박명(薄命)ᄒ 나의 죽ᄂᆞᆫ 것은 원통치 안이ᄒ나 병신 모친의 이졀(哀絶)ᄒ실 일을 싱각 ᄒ면 텬디가 아득ᄒ야 넉이 미리 스라지ᄂᆞᆫ도다. 니 몸을 ᄉᆞ디에 ᄌᆞ 미흠은 모친을 위ᄒ야 부득이 ᄒ 것이니 다시 한탄ᄒ야 무엇ᄒ리요 마ᄂᆞᆫ 다만 마음에 죄숑[한 것은 모친을 속이고 홀로 두는 것]이로다. 그러나 [잠시] 권도8를 힝[해서라도 모친의 마음을 가라앉히면 모친 의 싱]명[이 더욱 이어]지실지니 아모리 불효의 힝동이나 홀일업도 다."

ᄒ고 동방이 겨오 붉ᄌ 부억에 나아가 셰슈를 졍히 ᄒ고 조반(朝飯)을 지어 로모 압헤 상을 드리니 로모ㅣ 무러 왈

"오날은 엇진 죠반을 이다지 일즉 ᄒ얏ᄂᆞᆫ다?"

숑씨 디왈

"동쟝을 일즉이 가보고 수말(首末)을 ᄒ여야 막즁(莫重) 대동(大洞) 일에 랑픽를 면ᄒ겟고 가면 ᄌᆞ연 셜왕셜릭ᄒ야 여러 시간이 될 ᄯᆞᆺᄒ오니 그리노라면 모친이 시쟝ᄒ실ᄭᅡ ᄒ야 급히 죠반을 지엇나이다."

로모ㅣ 그러히 넉여 왈

"그러면 너도 공복(空腹)으로 가지 말고 죠반을 아죠 먹고 단여오라."

숑씨 응명(應命)ᄒ고 모친을 뫼셔 목에 잘 넘어가지 안이ᄒᄂ는 밥을 간신히 먹으며 입에 맛즐 찬수(饌需)를 집어 모친 입에 너어 지셩으로 [받들다가 마침내 동장]의 집으로 향ᄒ랴 홀시 참아 모친 겻흘 ᄯᅥ나기 어려워 울음이 나오는 것을 [억지로] 참고 [한] 거름을 쓸아러 니려셔니 졀노 모친이 돌녀다 뵈것마는 항여 의심을 ᄒ실가 ᄉ념ᄒ야 이를 ᄭᅵ물고 문밧글 나셔 일 마장은 가다가 다시 돌아셔 바라보니 당샹(堂上)에 홀노 안져 주긔 단여오기를 고디(苦待)ᄒᄂ는 모친의 얼골이 뵈이는 듯 어셔 오라 부르는 모친의 음셩이 들니는 듯 다시는 모친의 얼골 모친의 음셩을 못 보고 못 드를 일을 싱각ᄒ니 두 눈에 시암 솟 ᄯᅳᆺᄒᄂ는 눈물이 압흘 가리워 지쳑(咫尺)을 분변(分辨)치 못ᄒᆯ지라. 수건을 ᄭᅢ져 눈물을 훔치며] 일보이보-步二步 가는 것이 어언간(於焉間) 동장의 문젼에 당도(當到)ᄒ얏더라. 그ᄯᅢ 맛츰 [동장이] 졍셩(精誠) 드릴 쥰비[를 하노]라 시벽부터 나셔 쥬션(周旋)ᄒᄂᆫ 즁 숑씨의 오는 양(樣)을 보고 놀나 왈

"엇지ᄒ야 이리 일즉 온다? 도로 가 잇스면 시간이 되거든 디리러 가리라."

숑씨 왈

"오날로 임의 니 몸을 동즁에 밧친 [이상 집으로 도][9]로 갈 필요업시 아모디나 잇셔 시간을 기디리겟ᄂᆞ이다."

[동장이 측은하여 방 한 켠을 깔끔]히 치워 숑씨를 드려 안치고 분쥬히 단이다가 도라와 졈심을 풍비(豊備)히 차려 [음식]을 권ᄒ여

왈

"어셔 이것을 먹으라."

숑씨 텬연히 밧아 두어 슐 먹은 후 상을 물녀 왈

"죠반 지닌지 오러지 안이홈으로 음식 싱각이 별로 업느이다."

동장이 소왈

"[조반] 지는지 임의 반일이어늘 엇지 비불너 음식 싱각이 업스리오마는 인[졍]에 ᄌ연 그러ᄒ려니와 그러나 니가 동장으로 여러 히 동안 창고사(倉告祀) 씨마다 제수에 쓸 쳐녀를 사왓스되 [모두] 쳐엄에는 응락(應諾)ᄒ얏다가 씨를 당ᄒ면 뎌ᄉ(抵死)ᄒ고 오지 안으랴 ᄒ야 울며 몸부림을 ᄒ는 양이 눈으로 참아 보지 못ᄒ너니 그디는 일호(一毫) 앙탈 업시 [이럿듯 스스로] 일즉 미리 와[서 대기]ᄒ니 마음이 독ᄒ고 신의(信義)가 깁도다."

숑씨 츄연(惆然) 답왈

"호[식호의(好食好衣)는] 사ᄅᆞᆷ의 샹졍이어늘 나는 홀노 엇지 죽기를 즐겨ᄒ오릿가마는 병모(病母)를 위ᄒ야 즁가를 밧고 임의 몸을 동즁 디ᄉ(大事)에 밧친 이샹에 둘은 ᄯᅳᆺ을 두어 오지 아이ᄒ랴 ᄒ면 ᄉ실샹 되지도 못ᄒᆯ 바이오 한갓 모친게 불효도 더 되고 막즁 대동 일에 방히(妨害)가 될지니 엇지 오기를 져항(抵抗)ᄒ리오? 그러나 한 말ᄉᆞᆷ 부탁ᄒᆞᆸ기는 대동 인심(人心) 덕에 슬하에 ᄌ식 업고 원근에 친쳑 업시 반신불수(半身不隨) 즁년 병으로 호졍츌입(戶庭出入)을 임의로 못ᄒᆞ는 우리 모친을 불샹이 넉기ᄉ 아모죠록 돌보아 여년(餘年)을 편안히 맛치시게 ᄒ야쥬시기를 하늘갓치 바라고 밋ᄂᆞ이다. 몸갑을 건너말 로인에게 부탁ᄒ야 젼답을 쟉만ᄒᆞᆫ 것을 아모죠

[록 믿을만한 이에] 맛기여 히마다 그 츄수(秋收)로 싱활비(生活費)를 ㅎ도록 ㅎ다가 모친 수후에는 그 젼[답을 동리에 붓치어 경영]ㅎ야 [우리 모친의] 츈츄향화(春秋香火)를 끈치 안도록 실수 업게 감독ㅎ야 쥬소셔."

ㅎ고 목이 [메여 슯히 우니 동장이 아깝고 측은ㅎ 마음이 싱기여 아모 말을 못ㅎ더니 씨 임의 오말미초(午末未初)는 된지라. 대동 소임(所任)들이 모혀와 씨 늣져가니 어서 가자 지쵹이 비상(非常)ㅎ 지라 동장이 송씨를 압세우고 한 곳에 이르러 한편 교의(交椅)에 안 치거눌 송씨 경황(景況)업는 즁 보건디 큰 집 한 치가 산을 의지(依支)ㅎ야 잇는디 그 압 넓은 마당에 구름갓흔 차일(遮日)과 휘장(揮帳)을 치고 졍면에 향탁(香卓)을 비셜(排設)ㅎ야 신위(神位)를 만들고 슈십 명 무녀(巫女)ㅣ 화려ㅎ 의복을 단장ㅎ얏스며 본동(本洞) 타동(他洞)을 물론ㅎ고 관광ㅎ려는 남녀 겹겹이 둘너셧스니 설비(設備)도 굉장ㅎ고 위의(威儀)도 엄숙ㅎ더라. 동장이 송씨를 인도ㅎ야 한편 으식흔 집에 가 목욕을 졍히 ㅎ라 ㅎ야 시로 지은 의복을 입히더니 사지(四肢)를 묵거 향탁 압 졔상(祭床) 우에 안치니 여러 무녀ㅣ 징 장고를 울니고 뛰놀며 춤[추다가 일어나 곁이 잠시 가더니 다시 그 젼 가]치 요란히 굴어 밤이 ㅅ경(四更)은 되니 창(倉) 문을 열고 송씨[를 들어 창 안의 제단 위에] 안치고 [나서]며 문을 닷아 밧그로 잠그고 헤여져 가 ㅅ면(四面)에 사름의 소러와 자최 업는

---

6) 오말미초(午末未初): 오시(午時)는 오전 11시에서 오후 1시까지임. 미시(未時)는 오후 1시에서 오후 3시까지임. 오말미초는 오시의 끝 무렵과 미시의 첫 무렵인 오후 1시 즈음에 해당함.

지라. 송씨 뎡신(精神)을 겨오 차려 두루 술혀보니 창 안이 크긔 몃 십 간인지 추칙(推測)지 못ᄒ겟스나 ᄉ면에 곡식을 산갓치 싸앗고 큰 등롱에 불을 켜 구석마다 달아 붉기 빅쥬(白晝)갓ᄒᆫᄃᆡ 한편에 졍ᄒᆫ 자리를 쌀고 ᄌᄀᆡ를 안쳣거눌 아모 긔쳑 업시 감아니 잇셔 동졍을 술히다가 무심히 무릅 아ᄅᆡ를 굽어보니 난ᄃᆡ업는 큰 둑겁이 긔어드러와 쭉으리고 안져 창 셔편 구억을 바라고 잇ᄂᆞᆫ지라. 심즁(心中)에 탄식왈

'이상ᄒ다. 뎌 둑겁이여. 다른 둑겁이갓ᄒ면 [사람을 두려워 피할 것]이어눌 져갓치 친절히 와 잇슴을 보건ᄃᆡ 이ᄂᆞᆫ 필연 나의 죠셕(朝夕)으로 [밥 주어 먹이던 두꺼비가 분명하다. 비록 미물]이나 셩품(性品)이 신령(神靈)ᄒ야 여러 히 동졍식(同鼎食)ᄒ던 은의를 싱각ᄒ고 나의 쥭[음을 위로하러 온 것이]다.'

ᄒ야 시로히 비창(悲愴)ᄒ야 ᄒ더니 문득 무슴 소리[나거눌 우슈슈 비오는 소리 들려와] 보니 [한] 구석으로셔 무슴 즘싱이 나아와 송씨를 바라고 입으로 푸른 안ᄀᆡ를 쑴어 점점 갓가히 [옴에] 무릅 아ᄅᆡ 잇던 둑겁이 ᄯᅩ한 입으로 붉은 안ᄀᆡ를 쑴어 쳥홍(靑紅) 두 빗 안ᄀᆡ 셔로 마죠쳐 오도가도 못ᄒ고 동이 붉도록 상지(相持)ᄒᄂᆞᆫᄃᆡ 독ᄒᆫ ᄂᆡ암ᄉᆡ 창 안에 가득ᄒ야 송씨 부지즁(不知中) 혼도(昏倒)ᄒ얏더라. 푸른 안ᄀᆡ 푸이ᄂᆞᆫ 즘싱은 곳 루쳔년(累千年) 묵은 큰 지네라.

즈릭(自來)로 그 창고에 지네 잇슴으로 창 일홈을 오공창이라 ᄒ고 동리와 그 장터ᄯᅡ지 [모두 일컬어] 오공창이니 칭명(稱名)ᄒᆫ 것이라. 그 진네 오ᄅᆡ 무그미 죠화(造化) 무[궁하야서 지독한 기운을] 입으로 토ᄒ야 동리에 려역이 류힝(流行)케 흠으로 사ᄅᆞᆷ들이 두려

워 그 창에 디ᄒᆞ야 고ᄉᆞ 드리기를 시작ᄒᆞ얏스니 본릐에ᄂᆞᆫ 쳐녀로 제슈ᄒᆞᄂᆞᆫ 악습(惡習)이 업셧더니 그 진에 변화ᄒᆞ야 동민(洞民)에게 현몽(現夢)ᄒᆞ야 미년 십월 초길일마다 쳐녀 한나식 제슈로 밧치면 병이 업스리라 ᄒᆞᆫ 고로 [처엄에 밋지 아니하야] 시힝(試行)치 안이 ᄒᆞ얏더니 그히에ᄂᆞᆫ 려역이 더욱 심ᄒᆞ야 인명(人命)이 [다수 □상] ᄒᆞ니 익년(翌年)부터 [부득이 하야 악습을 시쟉ᄒᆞ야 쳐녀를 사다가 제수를 삼앗ᄂᆞᆫ디 혹 고집잇고 시[셜](私說)을 밋지 안이ᄒᆞ[ᄂᆞᆫ 쟈가] 소임이 잇셔 쳐녀를 궐(闕)ᄒᆞ면 령락업시 병이 더ᄒᆞ야 그 히독(害毒)이 큰지라. 부득이 그 악습을 각근(恪勤)히 봉힝ᄒᆞ니 진에ᄂᆞᆫ 젼례를 삼아 히마다 십월이면 쳐여 한 명식을 먹더니 그날 쏘 쳐녀를 먹을 쟉뎡으로 굴혈(掘穴)로죠차 나아와 독긔(毒氣)를 쯤더니 [쳔만 뜻 밖에 두꺼비가 나아와 지네를 향해] 독긔를 쯤어 진에를 [상하게] ᄒᆞ니 진에[가 푸른 안개를 내쯤자 두꺼비가 붉은 안개를 쯤어] 12싸홀시 피차 우렬(優劣)이 업셔 필경(畢竟)은 두 즘싱이 모다 죽어 잡바졋더라.

그 동리[에셔ᄂᆞᆫ 제사 드린 익일이면 의례히 [하등 로동쟈를 시키어] 창 문을 [열고 신톄를 치우더라. 금년에도 그런]일에 로동쟈 [일명에게] 후히 삭쥬어 창 안 신톄를 치우라 [하니 로동]쟈ᄂᆞᆫ 본고을 리진ᄉᆞ집 ᄉᆞ환ᄒᆞ던 사름으로 싱활이 곤ᄂᆞᆫ(困難)ᄒᆞ야 히마다 창에 신톄(屍體)를 치우고 삭젼을 밧아먹으니 그 사름의 셩은 한(韓)이오 일홈은 란(蘭)이7)라. 위인이 근신공검(謹愼恭儉)ᄒᆞ야 일호 방탕홈이

---

7) 한란(韓蘭): 853~916. 고려 건국 공신이자 청주 한씨의 시조. 청주 지역의 대표적인 호족으로, 왕건이 후백제를 정벌하기 위해 청주를 지날 때 군량미를 주어 개국공신

업스나 한갓 가셰 빈궁ᄒ고 팔ᄌ 긔박ᄒ야 일즉 취쳐(娶妻)치 못ᄒ고 삼십이 갓갑도록 총각으로 잇스니 동리 사름이 별호(別號)ᄒ야 한총각(韓總角)이라 ᄒ더라.

이 됨. 충청북도 청주시 상당구 남일면 가산리 산 18번지에 묘소가 있음. 충청북도 청주시 상당구 방서동, 운동동, 남일면 일대에 한란 관련 유적지가 있음.

第二回 韓總角斗水救神龍
뎨이회 한총각이 한 말 물로 신룡을 구ᄒ다

각셜(却說). 한란(韓蘭)이 늣도록 취쳐(娶妻)치 못ᄒ얏슴으로 모다 총각이라 칭호(稱號)ᄒ는디 총각이 려력(膂力)이 과인(過人)ᄒ야 능히 범을 빈손으로 줍는 고로 동리 사름이 닷호아 고용(雇用)을 식이고 쏘 담디(膽大)ᄒ야 시톄(屍體)를 두려 온이홈으로 히마다 창(倉) 은에 고사(告祀)ᄒᆫ 시톄를 맛하 치우는 고로 이늘 식전(食前) 일즉 창으로 가 지계를 문 밧게 버셔 노코 시체를 가질너 드러가 보니 눈디업는 괴샹훈 즘싱 둘이 죽어 잡바졋스니 하나는 발이 넘는 큰 청진에오 하나은 도터 방석만훈 큰 둑겁이라. 대경질식(大驚窒塞)ᄒ야 잠시 쥬져ᄒ다가 쳐녀의 시톄를 슯혀보니 쏘훈 이샹훈 일이 잇더라. 전에는 시톄마다 혈육이 밤시로 업서지고 다만 쎠에 가죽이 빅지장갓치 맛붓허졋더니 금번 시톄는 셜부화용(雪膚花容)이 일호도 감(減)홈이 업고 다만 혼도(昏倒)훈 모양갓거늘 한총각이 손길을 가슴 우에 13언져보니 온긔(溫氣) 잇셔 아즉 죽지 온이ᄒ얏는지라. 심히 긔이히 녁여 송씨의 ᄉ지(四肢) 묵근 것을 차례로 글너 등에 업고 주긔 집으로 와 방에 편히 뉘이고 일변(一邊) 빅비탕(白沸湯)8)을 입에 흘녀넛는다 일변 수족(手足)을 줌으르더니 한 식경

(食頃)은 되야 송씨 길게 숨을 니여쉬며 몸을 움쟉여 돌아눕거늘 한 총각이 십분대희(十分大喜)ᄒ야 졍셩으로 구호ᄒ니 반일(半日)이 못되야 송씨 졍신을 차려 눈을 ᄯ 둘너보며 문왈

"이곳이 어듸오닛가?"

총각 왈

"이곳은 즉 나의 집이어니와 엇지ᄒ야 그갓치 혼도ᄒ얏ᄂ뇨?"

송씨 왈

"혼도ᄒ 일은 자셰히 모로거니와 졔수된 사ᄅ은 의례히 죽ᄂ다 ᄒ더니 나ᄂ 무ᄉ 곡절로 죽지 오코 뎍에 와 잇ᄂ닛가?"

총각 왈

"나ᄂ 히마다 창에 졔수된 쳐녀의 시톄를 미쟝(埋葬)ᄒ야 쥬고 삭젼을 바다 호구(糊口)ᄒ더니 금일도 그디가 분명 죽엇슬 쥴 짐쟉ᄒ고 미쟝홀 졔구를 쥰비ᄒ야 창에 가본즉 젼에ᄂ 낫낫치 시톄가 혈육은 업셔지고 ᄲ와 가죽만 남엇더니 그디ᄂ 긔부(肌膚)가 여샹(如常)ᄒ고 가ᄉ에 온긔가 잇기로 이샹히 녁여 미쟝소로 가져가지 은이ᄒ고 니 집으로 업고 와 구호ᄒ얏더니 이처럼 회ᄉ(回生)ᄒ니 만분다ᄒᆡᆼ(萬分多幸)이로다. 그러나 더욱 괴이ᄒ 것은 창 온에 업던 큰 진에 하낫과 둑겁이 한낫이 마쥬 바라고 죽어 잡바져 잇더니다."

송씨 츄연(惆然) 왈

"이샹ᄒ 일도 잇도다. 니가 어려셔붓터 둑겁이 하나이 잇셔 죠셕ᄭ마다 나오기로 우연히 밥을 쥬어 칠팔년 동은을 한집 식구로갓치

---

8) 백비탕: 아무 것도 넣지 않고 맹탕으로 끓인 물.

동정식을 ᄒᆞ얏더니 쟉일에 몸이 졔수되야 창 온에 잇노라니 그 둑겁이 엇의로좃ᄎᆞ 드러와 무릅 아릭 업딕려 잇기로 심닉에 싱각ᄒᆞ기를 '져 즘싱이 비록 미물이나 셩품이 신령ᄒᆞ야 동정식ᄒᆞᆫ 졍의를 싱각ᄒᆞ고 림죵(臨終)코져 옴인가' ᄒᆞ얏더니 밤이 늣진 후 졸디에 창집 셔편 구억으로좃ᄎᆞ 비오₁₄는 것 갓흔 소릭 나며 무슴 즘싱이 나아와 나를 향ᄒᆞ야 푸른 긔운을 닉여쑴으니 둑겁이 쏘한 붉은 긔운을 닉여쑴어 쳥홍(靑紅) 두 긔운이 셔로 싸호는 양만 보앗는디 그후 일은 도모지 모로ᄂᆞ이다."

한총각이 무릅을 치며 왈

"자륵ᄒᆞ도다. 그딕의 음덕이여. 그딕 ᄌᆞ션(慈善)의 심덕(心德)으로 넉넉지 못ᄒᆞᆫ 밥을 눈호아 둑겁이를 칠팔년 먹여 명명(冥冥) 즁 음덕을 씻쳣슴으로 그 둑겁이 오릭 묵어 령물(靈物)로 그딕의 몸이 팔녀 ᄉᆞ디(死地)에 옴을 알 쑨 안이라 창집에 잇셔 흉얼을 짓는 것이 귀신이 안이오 오릭 묵은 지네의 됴화(造化)로 먼져 알고 그딕를 짜라와 그딕를 위ᄒᆞ야 그 지네와 쓰호다가 두 즘싱이 피ᄎᆞ에 다 죽을시 확실ᄒᆞ도다."

즉시 동쟝을 가보고 슈말을 고ᄒᆞ니 동쟝이 희한히 넉여 급히 창에 가 문을 열고 보니 과연 특대ᄒᆞᆫ 지네와 둑겁이 셔로 마죠 향ᄒᆞ야 죽어 잡바져 잇거놀 직삼 칭긔ᄒᆞ며 숑씨를 와 보고 위경(危境) 면ᄒᆞᆫ 일을 치하(致賀)ᄒᆞ며 숑씨를 ᄌᆞ긔 집으로 호숑(護送)ᄒᆞᆫ 후 동즁 쟝뎡군(壯丁軍)으로 ᄒᆞ야곰 진네는 쓸러닉여 불ᄉᆞ르고 둑겁이는 졍ᄒᆞᆫ 짜에 장ᄉᆞᄒᆞ야 왈

"이 둑겁은 비단(非但) 송씨를 위ᄒᆞ야 죽을 쑨 안이오 우리 대동

에 무궁혼 화근(禍根)을 일로죠차 영영 업시 쥬엇스니 그 은혜 엇지 젹다 ᄒ리오?"

ᄒ더라.

ᄎ시 송씨의 모친이 그 ᄯᆯ이 한번 나아가 다시 소식이 업스니 문을 의지ᄒ야 왈

"녀아ㅣ 평일에 어미를 속이고 힝동흠이 업거눌 금죠(今朝)에 잠시 동장을 보고 오마 ᄒ더니 엇지ᄒ야 셕양이 갓갑도록 소식이 업논고? 이 일정(一定) 동쟝 놈이 녀아의 몸을 물너 쥬지 ᄋᆞ이ᄒ고 억턱으로9) 창에 쓸 졔물을 삼앗도다."

ᄒ여 동쟝을 무수히 즐욕ᄒ는디 송씨의 부탁을 들은 이웃 녀ᄌㅣ 이르러 셕반을 갓초아 온갓 죠흔 말노 위로ᄒ나 웃지 말을 고지 듯고 음식을 먹으리오? 그 밤을 [뜬눈]으로 15시오니 갓득이나 반신불슈 병신 로파가 긔운이 휘져 느러졋스니 이웃 녀ᄌㅣ [근심]ᄒ야 미음을 가져 권ᄒ야 왈

"령양(슈孃)은 츌텬지효(出天之孝)라 부모를 속이지 ᄋᆞ얼지라. 오리지 ᄋᆞ이ᄒ야 도라올지니 아모 념려 말으사 이 미음을 마시소셔."

로파ㅣ 그 말을 올케 드럿던지 시쟝흠을 못 견딈일논지 미음을 밧아 마시고 졍신을 젹이 차리니 이웃 녀ᄌㅣ 이런 일 뎌런 말로 한담셜화(閑談屑話)ᄒ야 근심을 이져 싱각지 ᄋᆞ이토록 ᄒ더니 ᄯᅳᆺ ᄋᆞ인 문 밧게 인젹이 들이며 숑씨 완연히 드러오거눌 이웃 녀ᄌᆞ는 의심ᄒ야 필연 숑씨의 원통히 죽은 혼이 ᄌᆞ긔 모친을 못 잇져 뎌러케

---

9) 억택으로: 억지로.

옴인가 ᄒᆞ얏더니 숑씨 당상으로 올나오며 모친을 부르니 로파ㅣ 반겨 디답ᄒᆞ며 더듸오는 이유를 무르니 숑씨 감히 속이지 못ᄒᆞ고 젼후 ᄉᆞ실을 일일이 고ᄒᆞ니 로파ㅣ 숑씨를 안고 방셩대곡(放聲大哭)ᄒᆞ며 둑겁의 신령홈과 한총각의 은혜를 뭇니 칭숑ᄒᆞ더라. 숑씨 이웃 녀ᄌᆞ를 향ᄒᆞ야 무슈히 치사ᄒᆞᆫ 후 략간 미곡(米穀)을 쥬어 졍을 표ᄒᆞ더라. 로파ㅣ 한총각의 은혜를 죵리(從來) 잇지 못ᄒᆞ야 숑씨와 의론ᄒᆞ고 동쟝을 쇼기ᄒᆞ야 한총각을 사위 삼아 한집에 잇셔 시로 쟉ᄆᆞᆫᄒᆞᆫ 뎐답으로 쟉농거싱(作農居生)ᄒᆞᆯ시 한란은 밧에 짐을 미고 숑씨는 뎜심을 먹여 옛젹 각결卻缺의10) 일을 모방ᄒᆞ더라. 하ᄂᆞᆯ이 효녀를 도음이신지 무론 무슨 곡식이고 되로 심으면 셤으로 나니 싱활이 졈졈 유족(裕足)ᄒᆞᆯ 쑨 안이라 숑씨 부즈런히 길ᄉᆞᆷ을 ᄒᆞ야 ᄌᆞ긔 가쟝으로 ᄒᆞ야곰 본읍 쟝시(場市)에 가 팔아 오더니 일일은 한란이 숑씨의 짠 필목(疋木)을 쟝에 가 팔고 도라올시 길이 큰 숩 압으로 지나더니 예 업던 사름들이 위지삼잡(圍之三匝)ᄒᆞ야 무엇을 구경ᄒᆞ며 짓써들거늘 한란이 이샹히 녁여 위립(圍立)ᄒᆞᆫ 사름을 헷치고 틈을 타 드려다보니 굴기 아람은 되16고 기리 ᄉᆞ오 간 되는 큰 싱션이 숩가에 업디려 잇셔 손바닥갓흔 비눌이 말나 것츨ᄒᆞ게 되얏는디 촌민(村民)들이 혹 막디로 질으며 돌로 더져 어즈러히 짓거려 잡아먹ᄌᆞ는 쟈도 잇고 ᄭᅳᆯ어다 물에 도로 넛챠는 쟈도 잇거늘 한란이 보고 스스로 탄식왈

'뎌 싱션이 뎌ᄆᆞᆫ치 클 졔는 필연 루빅년 묵어 긔특(奇特)ᄒᆞᆫ 됴화

---

10) 각결(卻缺): 춘추시대 진(晉)나라 사람. 각결이 들에서 밭을 맬 때 아내가 점심을 가져와 서로 손님 대하듯이 공경함.『左傳』

| 잇슬지어눌 엇지ᄒ다가 촌ᄉ룸에게 잡힌 비 되야 저갓치 곤욕(困辱)을 당ᄒ눈고?'

ᄒ야 심즁(心中)에 심히 칙은히 녁이어 갈 길을 잇고 셧더니 맛츰 촌녀ᄌㅣ 동의로 물을 깃거눌 그 동의를 잠간 빌니라 ᄒ야 물을 길어가지고 갓가히 드러가 그 싱션의 말은 비눌을 축여 쥬더니 그 싱션이 비눌 졋즘을 승세(乘勢)ᄒ야 한 번 뒤치더니 논디업눈 급훈 비 퍼부으며 그 싱션이 간 곳 업거눌 보던 쟈 모다 당황ᄒ야 헤여져 가더라. 이날 한란이 집에 도라와 자더니 비몽ᄉ몽간(非夢似夢間)에 일위 쳥의소년(靑衣少年)이 당샹의 이르러 읍ᄒ야 왈

"나는 이 압 숩에 잇던 룡(龍)이려니 불힝히 근동(近洞) 무지훈 어부에게 잡힌 바 되야 승텬(昇天)코져 ᄒ나 비눌이 말나 됴화를 부리지 못ᄒ얏더니 마츰 그디의 훈 말 물을 엇어 무지훈 무리의 죽임을 면ᄒ고 무ᄉ히 승텬ᄒ얏스니 그 은혜(恩惠) 눈망(難忘)이라. 그디는 나의 말을 허탄히 듯지 말고 그 숩 압 쥬인 업눈 씌밧을 갈고 논쑥을 미여 벼씨를 더져두라."

지삼 부탁ᄒ고 당에 니려 두어 거름에 간 곳이 업거눌 놀나 ᄭ니 침샹일몽(枕上一夢)이라. 심니에 괴이ᄒ나 심히 황당훈 고로 치지도외置之度外ᄒ얏더니 익일 밤 꿈에 그 쳥의소년이 이르러 셩화(成火)갓치 지촉ᄒ야 왈

"그디는 엇지ᄒ야 나의 이르눈 말을 등훈(等閒)히 녁이ᄂ뇨? 시긔 심이 급박ᄒ니 명일은 잇지 말고 씌밧을 갈아 논쑥을 싸코 씨를 심으라."

그 말을 긋치고 젼과 갓치 종젹 업시 가거눌 그 꿈[을 재삼 생]17

각호즉 일이 극히 심샹치 은인지라. 셩픽간(成敗間) 몽ᄉ(夢事)디로 ᄒ야보리라 ᄒ고 익일에 역부(役夫) [일이]십 명ᄒ고 소 십여 필을 삭 엇어 숩 압 놉흔 언덕 식밧11)을 갈고 논둑을 이리뎌리 미여 건답 수십 셕직12)을 풀고 벼씨를 ᄲᅮ리니 원근(遠近) 동리 관광자(觀光者)들이 모다 우셔 조롱왈

"훈총국이 쯧밧게 쟝가를 잘 들고 젼답 셤직이가 싱기어 걱정 업시 살게 되더니 별은간 욕심이 크게 나셔 지국(知覺) 업는 일을 ᄒ는도다. 나무에 가 싱션 구ᄒ다는 속담은 잇거니와 물 업는 언덕에 논 풀고 씨 심으는 것은 듯도보도 못ᄒ던 바로다."

ᄒ야 혹은 훈란의 손목을 잡고 져ᄉ만류(抵死挽留)도 ᄒ고 혹은 도라셔 코우슴ᄒ며 비웃기도 ᄒ것마는 훈란은 모다 못 드른 톄ᄒ고 역ᄉ(役事)를 필(畢)혼 후 집으로 도라와 부인 숑씨를 디ᄒ야 몽ᄉ와 건답 쟝만훈 일을 말숨ᄒ니 숑씨 답왈

"빈부귀쳔(貧富貴賤)이 막비텬뎡(莫非天定)이오니 엇지 임의로 ᄒ릿가? 긔위 몽ᄉ가 그갓치 졍녕훈 이샹에 실디를 이힝ᄒ는 것이 당연ᄒ온지라. 엇지 그 셩픽로 관계ᄒ릿가?"

한란이 그 부인의 도량을 칭찬ᄒ더니 그날 밤 숨경이 못되야 눈 디업는 검은 구름 한 쟝이 남대히로부터 이러나 경국(頃刻) 니에 왼 하늘을 다 덥흐며 뢰셩벽력(雷聲霹靂)이 텬디진동(天地振動)ᄒ고 삼디갓흔 비 눈을 못 ᄯᅳᆺ게 퍼붓다가 수 시간몬에 구름이 것고 비 긋치며 셩월(星月)이 죠요ᄒ더라.

---

11) 식밧: 씌밭.
12) 셕직: 섬지기.

익일 죠죠(早朝)에 한란이 아즉 자리에서 이러느지 안이ᄒ얏는디 문 밧게셔 동리 사룸들이 들네며 불으거눌 한란이 이상히 녁여 분분히 의복을 입고 나가 연고를 무른대 닷토아 말ᄒ되

"로형(老兄)은 가위(可謂) 텬신(天神)갓치 압일을 아는도다. 간밤 비에 로형의 건답이 변ᄒ야 수답(水畓)이 되얏더라."

한란이 반신반의(半信半疑)ᄒ야 밋처 대답지 못ᄒ더니 여러 사룸이 여츌일구如出一口로 말ᄒ니 한란이 반신반의ᄒ야 즉시 가 본즉 과연 본릭 잇던 깁흔 숩 밋 웅덩이는 륙디(陸地)가 되고 ᄌ긔의 모든 건답 우에 시로 큰 시암이 터져 물이 삼단갓치 소스며 ᄉ면으로 흘너 그 넓은 언덕이 망망(茫茫)ᄒ 수답이 다 되얏는지라. 심니에 못니 신긔히 녁이며 룡의 됴화를 깁히 탄복ᄒ더라. 그 론에 물이 넉넉ᄒ야 아모리 가무러도 말으지 은이ᄒ며 그 논에 심은 벼 일츄월쟝(日就月將)ᄒ야 줄기 부들갓고 이삭이 팔뚝갓흐며 열음이 등이 터지게 단단ᄒ야 추수가 당년(當年)에 이삼빅 셕에 지나니 그로죠ᄎ ᄌ연 가셰 히마다 부요(富饒)ᄒ야지니 집에 건쟝ᄒ 고용 십여 명을 두어 광작(廣作)으로 농ᄉ를 년부년(年復年)ᄒ야 창고를 별노히 짓고 곡식을 수쳔 석 져츅(貯蓄)ᄒ야 두엇더라.

이씨는 고려국 초년高麗國初年이라. ᄉ방에 도적이 대치ᄒ야 빅성이 도탄에 들고 겸ᄒ야 견헌甄萱이13)라 ᄒ는 ᄉ룸이 강원도 김화江原道金化군에서 긔병(起兵)ᄒ야 젼쥬(全州)를 웅거(雄據)ᄒ고 원元나라는 즁원(中原)을 통일ᄒ야 십만대병을 함경도 쟝빅산咸鏡道長白山을 웅거

---

13) 견헌(甄萱): 견훤. 867~936. 후백제를 건국한 사람. 고려와 세력 다툼을 벌이다가 왕건에 의해 멸망함.

ᄒᆞ니 인심이 흉흉ᄒᆞ야 ᄉᆞ면리ᄉᆞ(四面離散)ᄒᆞᄂᆞᆫ지라. 고려 틱조ㅣ 이를 근심ᄒᆞ사 삼쳑검을 집고 초야(草野)에셔 이러나 분연히 견헌과 싸홈홀시 견헌에게 일진(一陣)을 대피(大敗)ᄒᆞ야 거의 ᄉᆞ로잡히게 되얏ᄂᆞᆫ대 쟝군 신슝겸申崇謙14)이 려틱조를 위ᄒᆞ야 도적을 속이고 몸으로 려틱조를 대신ᄒᆞ야 도적의게 잡혀 죽으니 려틱조ㅣ 그 틈을 타 도망ᄒᆞ사 피잔군마(敗殘軍馬) 수쳔을 겨오 수습ᄒᆞ얏스나 치즁(輜重)을 모다 도적의게 앗기고 군ᄉᆞ 삼일을 쥬리니 모다 허긔져 촌보(寸步)를 진작(振作)지 못ᄒᆞᄂᆞᆫ지라. 려틱조ㅣ 하ᄂᆞᆯ을 우르러 탄식ᄒᆞ사 왈

"슯흐다. 왕건王建이 텬명을 밧드러 시셕(矢石)을 무릅쓰고 [간]악ᄒᆞᆫ 도적을 한 북에 소멸(消滅)ᄒᆞ고 병화(兵禍)에 리산(離散)ᄒᆞᆫ 젹ᄌᆞ(赤子)를 구졔(救濟)코져 홈이러니 짐의 덕이 [옅어 쳔]19죠(天助)ㅣ 업셔 금번 싸홈에 도적 견헌에게 피ᄒᆞ야 츙의관일忠義貫日ᄒᆞᆫ 신슝겸으로 [ᄒᆞ여]곰 도적에게 피히(被害)케 ᄒᆞ고 삼쳔 비휴犹狖15)ㅣ 쥬려 죽을 짜에 림ᄒᆞ얏스니 ᄂᆡ 무ᄉᆞᆷ 면목으로 칠쳑 쟝구(長軀)를 셰상에 다시 머무르리오? 찰하리 죽어 려괴厲鬼16)되야 도적을 소멸ᄒᆞ야 신쟝군의 츙혼(忠魂)을 위로ᄒᆞ고 삼쳔 비후의 죽음을 디신ᄒᆞ야 명부에 드러가 도탄에 싸진 우리 빅셩을 구졔홈을 하소ᄒᆞ리라."

ᄒᆞ시고 졍히 스스로 칼을 ᄲᅦ여 ᄌᆞ쳐(自處)코져 ᄒᆞ시더니 문득 군

---

14) 신슝겸(申崇謙): 신숭겸. ?~927. 고려의 개국공신. 왕건이 견훤에게 포위되었을 때 왕건을 구하고 전사함.
15) 비휴(犹狖): 범과 곰 같은 용맹한 무사. 길들여 전쟁에 이용했다고 함.
16) 려괴(厲鬼): 억울하게 죽었거나, 후손을 남기지 못하고 죽어서 전염병을 일으키는 귀신.

슈ㅣ 보ᄒᆞ되

"원문 밧게 엇더혼 촌민이 농거(農車) 슈십 좌에 곡식을 산갓치 싯고 이르러 알현흠을 쳥ᄒᆞᄂᆞ이다."

려틱죠ㅣ 칼 ᄲᅵ랴던 손을 멈추시고 그 사ᄅᆞᆷ을 부르라 ᄒᆞ시니 아이오 일위 쟝부ㅣ 드러와 계하(階下)에 부복ᄒᆞ야 왈

"신은 쳥쥬 오공리 거싱ᄒᆞ옵ᄂᆞᆫ 한란이옵더니 뎐하의 대군이 이 길로 지나심을 듯ᄉᆞᆸ고 변변치 은인 곡식 이쳔 석을 드려 군량(軍糧)을 돕고져 ᄒᆞ오니 업디여 바라건디 구구미셩(區區微誠)을 용납ᄒᆞ소셔."

려틱조 이에 대희ᄒᆞᄉᆞ 친히 당하(堂下)에 나리ᄉᆞ 한란의 손목을 잡으시고 그 셩의(誠意)를 못ᄂᆡ 칭찬ᄒᆞ시며 일변 좌우를 명ᄒᆞ야 곡식을 밧게 ᄒᆞ시고 삼일을 그곳에 류진(留陣)ᄒᆞ사 삼군을 비불니 호궤(犒饋)ᄒᆞ시니 군ᄉᆞㅣ 졍신이 빅비나 시루워 낫낫치 압흐로 나아갈 ᄯᅳᆺ이오 뒤으로 물너갈 마음이 업더라.

이ᄯᅢ 평은감ᄉᆞ의 쳔거(薦擧)ᄒᆞᆫ 쟝ᄉᆞ 김문빅ᇾ[17])이 ᄌᆞ원츌졍(自願出征)ᄒᆞ야 견헌과 싸호고져 ᄒᆞ거놀 틱조ㅣ 대희ᄒᆞ사 김문빅을 젼라병ᄉᆞ(全羅兵使)을 졔수ᄒᆞ시고 한란으로 운량도지휘(運糧都指揮)를 삼으사 대군(大軍)을 맛기어 견헌을 디젹(對敵)ᄒᆞ라 ᄒᆞ시고 즉일 긔셩(開城)으로 환어(還御)ᄒᆞ셧더라. 하놀이 고려 오ᄇᆡᆨ년 긔업(基業)을 열고져 ᄒᆞ사 붉은 긔 가ᄅᆞ치는 곳에 젹병(敵兵)으로 ᄒᆞ야곰 흙 운어지는 형세를 이루게ᄒᆞ니 견헌을 젼수셩(全州城)에서 [20]참

---

17) 김문백(金文白): 고소설 『삼성기』에 등장하는 인물. 『삼성기』에 전라병사로 임명되어 견훤을 크게 이기는 내용이 있음.

(斬)ᄒᆞ고 삼한(三韓)을 통일ᄒᆞ야 신긔(新基)를 숑악산松岳山 아러 뎡ᄒᆞ시니 ᄒᆡ동팔역(海東八域)에 살벌의 비린니 세쳑洗滌ᄒᆞ고 빅셩이 은도락업(安堵樂業)ᄒᆞ야 강구연월康衢烟月을 노러ᄒᆞ더라. 상이 긔국졔신(開國諸臣)을 차례로 론공ᄒᆡᆼ샹論功行賞ᄒᆞ실시 한지휘(韓指揮)의 공을 극히 사랑ᄒᆞ사 벼슬을 도도아 대광문하텨위위양공大匡門下太尉威襄公을 봉ᄒᆞ시고 숑씨ᄂᆞᆫ 효녈부인孝烈夫人을 봉ᄒᆞ시다.

위양공의 ᄌᆞ손이 세세로 등과(登科)ᄒᆞ야 모다 수규首揆 위에 거ᄒᆞ더니 밋 공의 팔세손(八世孫) 한악韓渥18)이 국가에 큰 훈로 잇슴으로 상당부원군上黨府院君을 봉ᄒᆞ야 꼿다온 일홈이 일세(一世)에 빗낫고 부원군의 현손(玄孫) 샹질尙質19)이 ᄯᅩ 조션 틱조 고황뎨朝鮮太祖高皇帝20)를 도아 큰 공이 잇슴으로 문렬공文烈公을 봉ᄒᆞᆫ 디디로 쟉품(爵品)이 젼후조(前後朝)에 놉고 권세(權勢) 거록ᄒᆞ니 이ᄂᆞᆫ 모다 그 시조 위양공과 그 부인 숑씨의 젹덕루음(積德累陰)ᄒᆞᆫ 보응이러라.

---

18) 한악(韓渥): 1274~1342. 고려 후기의 문신. 왕위를 노리던 심양왕 왕고(王暠)를 물리처 공을 세워 상당부원군에 봉해짐.
19) 샹질(尙質): 한상질. ?~1400. 고려 말 조선 초의 문신. 명나라에 가서 국호를 받아온 공로가 있음. 한명회의 조부.
20) 조선태조고황제(朝鮮太祖高皇帝): 이성계(李成桂). 1335~1408. 조선을 건국함.

第三回 老夫人夢見博陸侯
뎨삼회 로부인이 쑴에 바륙후를 보다

각설. 위양공의 후손이 쳥쥬 오공리를 써나지 은이ᄒ고 세세 샹지의향桑梓之鄉21)을 삼앗더라. 문렬공의 쟝ᄌ(長子)는 곳 계명繼明22)이니 ᄯ호 션업(先業)을 계승(繼承)ᄒ야 혁혁흔 문호(文豪) 당세(當世)에 지나 리 업더니 시조모(始祖母) 숑씨부인 음덕의 보응이 맛참ᄂ 됴흔 열미를 ᄯ로 미져 계명이 일위(一位) 영웅 아들을 산츌(産出)ᄒ니 일홈은 명회明澮라23). 공의 모친이 일즉 일몽을 엇으니 엇더흔 쥰수긔걸(俊秀奇傑)흔 남ᄌㅣ 금표옥디(金表玉帶)에 아홀牙笏을 손에 쥐고 텬연히 이르러 부인게 [아리어 왈]

21 "나는 한나라 박륙후(博陸侯)24)러니 진간(塵間)에 미진(未盡)흔 ᄉ업이 잇기로 그디에게 의탁(依託)코져 ᄒ오니 심샹(尋常)히 넉이지 말나."

---

21) 상재지향(桑梓之鄉): 조상이 심은 뽕나무나 재나무도 공경해야 한다는 말에서 유래함. 고향을 뜻함. 『詩經』
22) 계명(繼明): 한명회의 부친인 한기(韓起, 1393~1429)로 짐작됨.
23) 명회(明澮): 한명회. 1415~1487. 조선 전기 계유정난 공신으로, 세조가 즉위하는 데 큰 공을 세움.
24) 박륙후(博陸侯): 한(漢)나라 곽광(霍光, ?~BC.68.)을 말함. 소제(昭帝)가 죽은 뒤 창읍왕을 폐위하고 선제(宣帝)를 즉위시킨 공이 있음. 『漢書』

부인이 곡절을 뭇고져 ᄒᆞ다가 ᄃᆞᆰ의 소리에 놀나 ᄭᆡ니 침상일몽이라. 심하에 괴이히 넉임을 말지 온이ᄒᆞ다가 그 ᄃᆞᆯ로좃차 잉ᄐᆡ(孕胎)ᄒᆞ니 몽사를 싱각건대 일정 귀ᄌᆞ(貴子)를 점지(點指)홈이라 ᄒᆞ야 음식 긔거(起居)를 각별히 조셥(調攝)홀시 겨오 칠삭 만에 일위 남ᄌᆞ를 순산(順産)ᄒᆞ니 아기 지(肢)의 전형(全形)은 간신히 어리엇스나 아즉 셩톄(成體) 못 다되야 보기에 괴샹ᄒᆞ야 사ᄅᆞᆷ갓지 온이ᄒᆞ니 가니(家內) 모다 경괴(驚怪)ᄒᆞ야 요얼(妖孼)을 산츌ᄒᆞ야 샹셔롭지 못ᄒᆞ니 갓다 물에 ᄶᅦ여 바리자 ᄒᆞ거늘 부인이 셜워 울며 참아 못ᄒᆞ야 아기를 솜에 싸셔 암실(暗室) 깁흔 곳에 감초아 두어 사ᄅᆞᆷ을 보이지 온이ᄒᆞ고 비밀히 졋을 먹여 양육ᄒᆞ더니 수삭을 지나미 구각(軀殼)이 점점 완전ᄒᆞ야지며 ᄉᆞ지 분명ᄒᆞ고 골격이 한 곳 허수치 온이ᄒᆞ거늘 그졔야 아기를 다려 니오니 보ᄂᆞᆫ 쟈ㅣ 모다 놀나며 신긔히 넉여 부인의 지감_{知鑑}을 탄복ᄒᆞ더라. 아기 등에 검은 점 일곱이 잇셔 칠셩(七星)을 응(應)ᄒᆞ고 가슴에 붉은 점 셋이 잇셔 삼ᄐᆡ(三台)를 응ᄒᆞ얏스니 그 긔이홈을 뉘 온이 일커르리오? 이럼으로 아기의 별명을 졈동이라 부르고 일홈을 명회_{明繪}라 ᄒᆞ얏더라. 슱흐다! 명회 겨오 이세 되야 부모ㅣ 구몰(俱沒)ᄒᆞ니 가산(家産)을 뉘라셔 쥬장(主張)ᄒᆞ리오? 가세 인ᄒᆞ야 탕피무여(蕩敗無餘)되니 유치(幼稚)의 어린 아기를 것우어 길을 쟈 업셔 아무 두셔 모로ᄂᆞᆫ 첫 돌 겨오 된 졋ᄶᅩ헤 유희(幼孩)로셔 이리져리 바장이며 코물 눈물이 얼굴에 덥히여 부루지져 울것마는 의리 모로ᄂᆞᆫ 하례비(下隷輩)들이 져의 샹젼 잇슬 ᄯᅢ에는 수독(手足)갓치 등대(等待)ᄒᆞ며 잠시 ᄯᅡ에 잇슬세라 온고 업어쥬든 아기의 울고 바장이는 경샹(景狀)을 듯고도 못 드른 체 보고도 못 본 체ㅎ야 싱사(生死)를 돌아보지 안이ㅎ니 쳐량(凄凉)ㅎ도다. 한명회여! 하례 즁 일분(一分) 츙직(忠直)혼 쟈가 잇셔 것어 양육ㅎ야 쥰디도 명문거쥭(名門巨族)의 후례(後裔)로 무식혼 하례비의 슈즁에셔 자라면 문견(聞見)이 미몰(埋沒)ㅎ야 일기(一介) ㅎ등 인물이 되고 말지니 그지업시 한심타 ㅎ겟거놀 그 역시 돌보는 무리가 업스니 홀일업시 뷔인 집 방구셕에 주려 죽을 밧게 다른 도리 업게 되얏도다. 속어에 경수 일에는 타인이오 굿진 일에는 일가라 ㅎ더니 과연 허언(虛言)이 안이로다.

한명회의 죵조(從祖)는 한샹덕(韓尙德)25)이라 ㅎ는 명ㅅ(名士)니 위인이 관후인덕(寬厚仁德)ㅎ야 일즉 벼술이 놉고 명망(名望)이 잇더니 그 죵손의 고혈(孤孑)혼 경상을 듯고 쪄에 사모치게 칙은(惻隱)히 넉이어 하인을 디리고 친히 오공촌으로 가 유치의 죵손을 디려다가 룡농촌 즈긔 집에 두고 유도(乳道)가 풍족혼 유모를 광구(廣求)ㅎ야 지셩것 길을시 훌훌혼 셰월이 거연(居然) 십년이 됨미 명회의 두각(頭角)이 징영(峥嶸)ㅎ고 미목(眉目)이 령롱(玲瓏)ㅎ야 비록 십셰 어린 아히나 범빅(凡百)이 극히 숙셩ㅎ야 다른 집 십오셰 된 아히에 나리지 안이ㅎ니 그 죵죠ㅣ 깃붐을 익의지 못ㅎ야 편벽되히 사랑ㅎ야 우리 집 쳔리구(千里駒)라 ㅎ더라. 한명회 품셩이 뢰락(牢落)ㅎ야 적은 규모를 구이치 안이ㅎ고 항상 활쏘기를 됴화ㅎ야 날로 사졍(射亭)에 나아가 활을 련습ㅎ야 손가락이 흙에 터지고 얼골이 볏에 글어 보기 히괴혼지라. 한부ㅅ의 친구들이 한공을 보고 말ㅎ

---

25) 한샹덕(韓尙德): 한샹덕. ?~1434. 고려 말 조선 초의 문신. 아들이 없어서 종손인 한명회를 기름.

야 왈

"령죵손(令從孫)의 외화야(外華也)와 품부야(稟賦也)가 심히 아름다와 엄훈 스승을 마져 근면히 공부를 식이면 가히 수반공비(事半功倍)26)로 문학이 셩취되야 쟝릭에 유망(有望)훈 그릇이 될 것이어놀 엇진 일로 방임호야 날로 유희(遊戲)에 죵스케 호느뇨?"

한공이 우셔 왈

"주고로 큰 그릇은 늦게 이루는 것이 귀호느니 나의 죵손이 넘오 숙셩홈으로 짐짓 제 활동홈을 맛겨두어 긔혈(氣血)의 국츅(跼縮)홈이 업슨 연후에 힝지(行止)를 단쇽호고 공부를 독실(篤實)케 홈이 됴흘가 호노라."

듯는 쟤 모다 한공의 죠감(藻鑑)을 탄복호더라. 일일은 한동(韓童)이 궁시(弓矢)를 가초아 메고 스졍을 차자 가더니 활 쏘는 여러 아희들이 임의 먼져 와 활터를 뎜녕(占領)호얏거놀 한동이 일호 쥬져홈이 업시 드러가 활을 쏘믹 여러 아히 한동의 년유홈을 업슈히 넉여 칙망왈

"활터는 임쟈 업셔 먼져 뎜령호는 쟤 쥬인이 되거놀 그딕 최말(最末)에 이르러 활을 먼져 쏘니 무례 틱심호도다."

한동이 못 드른 체호고 가졋던 살을 다 쏜 연후에야 딕답호야 왈

"제군(諸君)은 고루훈 말 말나. 활은 한량(閑良)의 일이라. 승부로 쥬쟝(主將)을 삼느니 엇지 녹녹훈 톄례(體例)를 말호리오? 각기 살을 고로 난호아 가지고 쟈웅(雌雄)을 결단호야 만히 맛치는 쟤 쥬

---

26) 사반공배(事半功倍): 힘을 덜 들이고도 공로가 많음을 뜻함. 『孟子』

인이 됨이 엇더ᄒᆞ뇨?"

여러 아ᄅᆡ27) 한동을 넘보아 그리 ᄒᆞ라 허락ᄒᆞ고 각기 살을 고로 가지고 시험ᄒᆞᆯ시 모다 살 다샷 기에 일이(一二) 즁에 지나지 못ᄒᆞ거눌 한동이 미소ᄒᆞ고 목궁(木弓)에 단젼(短箭)을 메여 쏠시 살 다샷이 쳣 디부터 차례로 모다 맛즈니 여러 아히 긔운이 져상(沮喪)ᄒᆞ야 감히 다시 말을 못ᄒᆞ고 쥬석(主席)을 한동에게 양여(讓與)ᄒᆞ게 되니 한 아히 분연히 말ᄒᆞ야 왈

"그러치 안이ᄒᆞ다. 한번 피흠은 병가(兵家)의 상ᄉᆞ(常事)라. 엇지 단슌(單巡)에 쥬석을 허여(許與)ᄒᆞ리오? 삼슌(三巡)을 작뎡ᄒᆞ야 두 슌(巡)을 승쳡ᄒᆞᄂᆞᆫ 쟈 쥬석에 웅거흠이 가(可)ᄒᆞ니라."

한동이 죠곰도 어려온 빗이 업시 쾌히 허락ᄒᆞ니 여러 아히 다시 지조를 닷흘시 한동이 련쳡득승(連疊得勝)ᄒᆞ니 여러 아히 훌일업시 한동으로 쥬석을 삼을시 먼져 삼슌으로 승부를 결뎡흠을 말ᄒᆞ던 아히 분연히 이러나 활을 썩거 좌상(座上)에 더지며 왈

"사룸이 셰상에 남이 맛당히 셜창형랑雪窓螢囊28)으로 공부를 부즈러니 ᄒᆞ야 다문박식(多聞博識)으로 립신양명(立身揚名)ᄒᆞᆯ지니어놀 엇지 규규24무부科科武夫로 ᄌᆞ웅을 닷토리오?"

ᄒᆞ고 긔식이 씩씩ᄒᆞ야 힝힝(悻悻)히 가거늘 여러 아희들은 심상히 보아 도로혀 그 망솔(妄率)흠을 웃고 한동은 심니에 스스로 긔이히 녁여 왈

---

27) 아ᄅᆡ: 아히. 아이라는 뜻.
28) 셜창형랑(雪窓螢囊): 진(晉)나라 손강(孫康)과 차윤(車胤)이 등불을 밝힐 수 없을 정도로 가난하여 각각 눈빛과 반딧불이를 이용하여 책을 읽었음.

'그 아희는 긔안(氣運)이 과히 쵸쵸(草草)치 안은 ᄌ격(資格)이로다.'

ᄒ더라. 이로조차 그 활터는 그 츌셕(出席)에 조만(早晚)을 불계(不計)ᄒ고 날마다 한동으로 쥬셕을 삼아 감히 앗고져 ᄒ는 쟈ㅣ 업더라. 한공이 미양 한가홈을 익이지 못ᄒ야 복건창의(幅巾氅衣)로 후원(後園)의 소요(逍遙)ᄒ더니 하로는 외당이 들네며 하인이 드러와 살우되

"소뎍 공ᄌ가 촌민의 소아지를 활로 쏘아 쥭엿슴으로 원정(原情)을 느려29) 억굴흠을 고ᄒᄂ이다."

한공이 즉시 외당에 나와 그 촌민을 불너 무른디 촌민이 고왈

"소인이 남의 고용을 십여년 살아 그 삭젼 져츅ᄒ 것으로 소아지 한 머리를 사셔 먹이옵더니 불의에 젼신(全身)에 살을 ᄉ오쳐(四五處) 맛고 쥭엇기로 놀나 근쳐 사룸다려 연고를 뭇ᄌ온즉 소뎍 공ᄌ가 활로 일부러 쏘차 다니며 쏘아 쥭엿다 ᄒ오니 공쥬에게는 그만 소아지가 대단치 안이ᄒ나 소인에게는 젹지 안인 ᄌ본이라. 그 소아지를 몃 히 동안 먹이면 ᄌ연 큰 소 되야 넉넉히 싱활홀 ᄌ본이 되올 것을 일조(一朝)에 이처럼 쥭엿ᄉ오니 소인의 십년 고용ᄒ 적공(積功)이 귀어허디(歸於虛地)ᄒ지라. 엇지 원통치 안이ᄒ오릿가? 복원(伏願) 샹공은 소인의 가긍(可矜)ᄒ ᄉ정을 굽어 ᄉᆞᆱ히소셔."

한공이 듯기를 다ᄒ고 아즉 물너 잇스면 호양조져(好樣措處)ᄒ리라 분부ᄒ 후 즉시 죵손을 불너 리유를 무른디 명회 복디(伏地) 고

---

29) 느려: 드려.

왈

"소손이 엇지 무단히 인민(隣民)의 우마(牛馬)를 술상(殺傷)ᄒ오릿가? 어제 마ᄎᆷ 어버이 분묘(墳墓) 압으로 지나읍더니 엇더흔 소아지가 곱비를 쓴코 산상에 올나 사초(莎草)를 네 굽으로 헷치고 두 쁄로 비게질ᄒ야 봉분을 파괴ᄒ얏기로 분흠을 익의지 못ᄒ야 활로 쏘앗더니 그 소아지 더욱 날쮜며 분묘를 짓밧기로 련(緣)ᄒ야 활로 쏘온즉 그 소아지 술 ᄉ오기(四五介)를 몸에 씌고 닷더니 필경 술지 못ᄒ얏난가 ᄒᄂᆡ이다."

한공이 그 말을 듯고 싱각다가 명회의 등을 어루만져 왈

"너 그 소아지를 술상흠은 히물지심(害物之心)이 안이라 션영(先塋)을 위ᄒ야 셜분흠이니 그 ᄯᅳᆺ은 가상ᄒ나 년유몰각(年幼沒覺)흔 고로 과도흔 거조(擧措)를 면치 못ᄒ얏도다. 드러볼지어다. 인즈(人子) 되야 그 아비 분묘 파상(破傷)ᄒᄂᆫ 것을 보고 엇지 분치 안이리오마는 만일 사ᄅᆞᆷ이 그런 힝실을 ᄒ얏스면 싱ᄉᆞ를 불고(不顧)ᄒ고 원슈를 갑흐려니아 소아지는 불과 육츅(六畜) 즁 ᄒᆞ낫 미믈이라. 제 무엇을 알고 짐짓 너의 친산(親山)을 파괴ᄒ얏스리오? 이는 불과 제 작난에 지나지 안임이라. 당연히 소아지의 곱비를 쓸어 멀즉이 미고 쥬인을 차즈 ᄎᆞ후로는 단속ᄒ야 다시 이런 변이 업게 ᄒᆞ라 흠이 온당흔 쳐ᄉᆞ어눌 일시 혈긔를 즘싱에게 부리어 궁부잔민(窮夫殘民)의 손히(損害)를 씨치니 엇지 가홀소냐?"

흔명회 쑬어 고왈

"소손의 싱각에는 그럿치 안이ᄒ오이다. 일즉이 듯ᄌᆞ오니 죽으니 셤기기를 산 니와 갓치 흔다 ᄒ오니 가령 도적이 잇셔 부모의 가

옥을 젼복(顚覆)ᄒᆞ야 암쟝지화巖墻之禍를 당ᄒᆞ던지 소가 뿔노 밧거나 말이 발로 차셔 부모ㅣ 죽으면 ᄌᆞ식된 쟈ㅣ 그 원슈를 갑ᄉᆞ오릿가? 안이 갑ᄉᆞ오릿가? 분묘는 산 사ᄅᆞᆷ의 집과 일반이라. 분묘ㅣ 함락(陷落)ᄒᆞ야 톄빅(體魄)이 편안치 못ᄒᆞ시면 그 엇지 집을 뎐복ᄒᆞ야 산 아비를 죽임과 무엇이 다르오릿가? 소손이 그럼으로 소를 활로 쏘아 원슈를 갑흠이로소이다."

공이 그 말을 긔특히 넉이어 다시 ᄭᅮ짓지 안이ᄒᆞ고 원졍ᄒᆞᆫ 빅셩을 불너 ᄌᆞ긔 죵손이 위션(爲先)ᄒᆞ야 소아지를 쏘아 죽임이오 심상ᄒᆞᆫ 작난으로 인민의 손ᄒᆡ를 당케 홈이 안인 ᄯᅳᆺ을 셜유(說諭)ᄒᆞ고 그 갑을 후히 무러 쥰 후 분부ᄒᆞ야 왈

"이 갑을 가져다가 그와 갓흔 소아지를 디립(代立)ᄒᆞ야 잘 기르되 곱비를 십분 단속ᄒᆞ야 다시는 노여 이런 폐단이 업게 ᄒᆞ라."

그 소아지 쥬인은 홍빅셕洪白石이라 ᄒᆞᄂᆞᆫ 농민이니 그 아달 홍귀동洪貴童은30) 방년이 십오세라. 글 비오기를 지원ᄒᆞ야 이웃 학당에 단이더니 마춤 학당으로죠차 집에 도라오미 그 아비 소아지 갑을 밧아 도라오며 ᄒᆞᆫ동의 소아지 죽임을 분ᄒᆞ야 원졍ᄒᆞ얏더니 ᄒᆞᆫ공이 갑을 ᄂᆡ여 쥬던 일쟝(一場)을 말ᄒᆞ니 귀동이 제 아비 압헤 ᄭᅮᆯ어 고왈

"소를 단속지 못ᄒᆞᆫ 칙망은 우리에게 잇고 선산을 위ᄒᆞ야 쏘아 죽인 것은 인ᄌᆞ의 당연ᄒᆞᆫ 일이어늘 우리 비록 간구(艱苟)ᄒᆞ나 엇지 그 갑을 밧아 몰염(沒廉)의 ᄒᆞᆫ 무리 되오릿가? 부친은 갑을 ᄂᆡ여 쥬시

---

30) 홍귀동: 단종실록에 나옴. 강곤(康袞)·홍윤성(洪允成)·임자번(林自蕃)·최윤(崔閏)·안경손(安慶孫)·홍순로(洪純老)·홍귀동(洪貴童)·민발(閔發) 등과 함께 계유정난에 가담하였음. 『朝鮮王朝實錄』

면 소주 도로 갓다 밧치겟누이다."

빅셕은 무식훈 우인(愚人)이라. 엇지 그 주식의 당연훈 말을 쳥죵(聽從)호리오? 그 말을 듯고 대로(大怒)호야 미를 가져 란타(亂打)호며 꾸지져 왈

"니가 그 소아지 한 필을 사노라고 여러 히 남의 고용을 살아 쎠가 바아지고 살이 니럿거놀 너는 편히 놀며 비불니 먹고 글주나 넑논다고 공연히 왓다갓다호야 아모 물졍 모름으로 이러훈 말을 지각업시 짓거리논다? 리일부터는 당치 안인 글 넑을 싱각 말고 나모호고 김을 미여 우리 본분을 직힐지어다."

귀동이 울며 다시 감히 말을 못호다가 셕반 후에 감아니 흔공의 집을 차자가 하인을 보고 공주게 승후(承候)홈을 지원호니 흔동이 그 말을 듯고 이놈이 필연 무렴(無廉)훈 욕심으로 소아지 갑을 더 쳥구호러 옴이로다 호고 분홈을 익의지 못호야 하인 식여 불너드리라 호니 엇더훈 아히 계하에 업디려 머리를 조아 빌어 왈

"소인은 농민 홍빅셕의 아달 귀동이옵더니 제 아비 무식호와 존위(尊位)를 범호얏스오니 하히(河海)갓튼 덕틱27으로 용셔호야 쥬옵소셔."

흔동이 그 아희의 인물이 비범호고 언사 온당홈을 보고 십분 사랑호야 깃분 빗을 쯰오고 문왈

"네 년긔 얼마뇨?"

귀동이 디왈

"십오셰로소이다."

흔동이 우셔 왈

"나보다 일년이 더ᄒᆞ도다. 너의 집이 농업자ᄉᆡᆼ(農業資生)ᄒᆞᆫ다 ᄒᆞ니 너도 농ᄉᆞ를 ᄒᆞᄂᆞᆫ다?"

귀동이 황숑국츅ᄒᆞ야 왈

"소인은 아즉 농ᄉᆞ를 안이ᄒᆞ옵고 학당에 단이며 글ᄌᆞ나 넑엇ᄂᆞ이다."

ᄒᆞᆫ동이 그 말을 듯고 ᄌᆞ긔 겻혜 갓가히 잇셔 동졉(同接)흠을 말ᄒᆞ랴 ᄒᆞᆯ 즈음에 홍빅셕이 졔 ᄌᆞ식을 찻다가 ᄒᆞᆫ씨 덕에 감을 알고 항여나 소 갑을 도로 밧치마 말ᄒᆞᆯ가 져어ᄒᆞ야 급히 차ᄌᆞ와 ᄭᅮ지져 압셰우고 가니 ᄒᆞᆫ동이 그 ᄋᆞ비의 용심이 가통(可痛)ᄒᆞ야 다시 찻지 안코 치지도의(置之度外)31)ᄒᆞ얏더라.

---

31) 치지도의(置之度外): 내버려 두고 문제 삼지 아니함.

第四回 靈通寺道僧說來福
뎨ᄉ회 령통ᄉ 도승이 오ᄂᆞᆫ 복을 말ᄒᆞ다

각셜. 흔수ᄌᆡ(韓秀才) 홍빅셕의 제 자식 드려감을 보고 통탄흠을 말지 안이ᄒᆞ야 왈

"옛말에 호부견ᄌᆞ虎父犬子라32) ᄒᆞ더니 이ᄂᆞᆫ 반드로 ᄋᆞ비ᄂᆞᆫ 기오 ᄌᆞ식은 범이라 ᄒᆞ야도 과흔 말이 안이로다. 홍귀동은 비록 년쳔(年淺)ᄒᆞ나 제 ᄋᆞ비 그릇흠을 능히 씨다라 니게 사과흠을 말지 안커늘 제 아비ᄂᆞᆫ 비록 인식(吝嗇)흔 소견으로 제 ᄌᆞ식을 호통ᄒᆞ야 드려가도다."

ᄒᆞ야 쳐엄에 귀동의 작인을 긔특히 보아 갓가히 교유흘 뜻을 두엇던 것이 수류운공水流雲空이 되얏더라.

일일은 죵조께 문안을 파흔 후 홀노 산보ᄒᆞ야 두루 완상(玩賞)ᄒᆞ다가 흔 곳에 이르니 산문(山門) 유수(幽邃)ᄒᆞ고 수셕(樹石)이 졍결ᄒᆞ야 일졈 씌끌이 업ᄂᆞᆫ지라. 길을 차자 졈졈 드러가니 셕벽 사이에 조고만흔 불뎐(佛殿)이 잇셔 규모ㅣ 별로 굉걸(宏傑)치ᄂᆞᆫ 안이ᄒᆞ나 비포(排布)와 위치 극히 소쇄졍결(瀟灑淨潔)하야 범상(凡常) 수$_{28}$찰

---

32) 호부견ᄌᆞ(虎父犬子): 호랑이 아버지와 개의 아들. 유비와 그 아들 유선을 의미함. 『三國志』

에 비홀 비 안이라. 보비 셤돌이 좌우에 버려잇고 긔화요초는 이향(異香)이 촉비(觸鼻)ᄒ며 구슬나무가지에 진금(珍禽)이 조는 속긱(俗客)을 죠롱ᄒ더라. 승도들이 흔수지의 이름을 보고 홍젼문紅箭門33)밧게 마쥬 나아와 합장지비ᄒ며 맛거늘 흔수지 승도를 ᄯ라 올나가며 눈을 들어 슯혀보니 문미(門楣) 현판(懸板)에 대ᄌ(大字)로 령통ᄉ靈通寺라 썻거늘 니심에 헤오디

'니 일즉 드르니 령통ᄉ가 멀지 안케 잇다 ᄒ더니 과연 이곳이로다.'

당상에 올으니 승도 ᄎ를 나아와 디졉ᄒ며 왈

"감히 뭇잡ᄂ니 뉘 덕 공ᄌ신관디 빈ᄉ(貧寺)를 더럽다 안이시고 이처럼 ᄎ지셧ᄂ닛가?"

흔수지 답왈

"일시 지ᄂ가는 사름의 누구임을 무러 무슴 필요 잇쓰리오? 셔셔히 알아도 늣지 안이ᄒ도다."

ᄒ고 대웅뎐大雄殿 십왕뎐十王殿 라흔뎐羅漢殿 산신각山神閣을 ᄎ례로 완상ᄒ고 각 초막(草幕)을 두루 보더니 흔 곳에 이른즉 초막을 졍결히 짓고 빅발로승(白髮老僧) 하나이 벽을 향히 안져 참션공부를 ᄒᄂ디 눈을 굿이 감고 손으로 감즁련坎中連을 쏩앗스며34) 두 억기에 먼지 케로 안쏘 머리 위 검의쥴이 랑ᄌᄒᄂ디 사름에 츌입을 것을ᄯ 보지도 안이ᄒ야 일언반ᄉ(一言半辭) 입을 열미 업거늘 흔수지 심하

---

33) 홍젼문(紅箭門): 대궐이나 사찰 등의 건물 정면에 세우는 문. 둥근 기둥 두 개에 지붕은 없으며, 붉은 살을 세워서 만듦.
34) 손으로 감즁련坎中連을 쏩앗스며: 감괘(坎卦) 모양(☵)으로, 새끼손가락을 엄지손가락과 맞닿게 한 부처의 손모양을 말함.

에 이상히 넉여 압흐로 갓가히 나아가 문왈

"대스야. 무슴 연고로 이갓치 홀노 안져 괴로옴을 둘게 넉이느뇨? 대스의 법호는 무엇이라 ᄒᆞ는다?"

아모리 쳔언만어(千言萬語)를 무르나 일졀 디답지 안이ᄒᆞ거늘 흔수지 다시 말ᄒᆞ야 왈

"니 비록 속안(俗眼)이나 스스로 보건디 대스의 공부ㅣ 놉하 쳥졍ᄒᆞᆫ 도덕이 가득ᄒᆞ얌즉 ᄒᆞᆫ지라. 번거히 뭇노니 나의 팔즈ㅣ 박복ᄒᆞ야 조실부모ᄒᆞ고 가련ᄒᆞᆫ 신셰로 죵조의 집에 의탁ᄒᆞ야 잇노니 대스는 ᄌᆞ비심덕(慈悲心德)으로 리두길흉(來頭吉凶)을 은휘(隱諱)말고 가라치라."

로승이 드른 톄 29)안이ᄒᆞ고 안졋거늘 흔수지 수시(數時) 동안을 셩화갓치 보치니 로승이 불쾌ᄒᆞᆫ 말로

"엇더ᄒᆞᆫ 죵국이완디 공부ᄒᆞ고 잇는 사름을 이갓치 귀치안케 구는다?"

ᄒᆞ더니 다시 말이 업는지라. 흔수지 국식(各色)으로 조르다가 다시 말ᄒᆞ야 왈

"대스야. 니 일즉 드르미 대스가 령통스에서 십년을 문에 나지 안이ᄒᆞ고 건셩(虔誠)을 다ᄒᆞ야 참션공부ᄒᆞᆷ으로 빅쳔만겁(百千萬劫)을 능히 역도(逆睹)35)ᄒᆞᆫ다 ᄒᆞ기로 이쳐로 감히 뭇노니 대스는 사름을 속이지 말고 흔 말로 가라치라. 만일 질겨 가라치지 안일진던 나ㅣ 몃 날이던지 대스의 압흘 ᄯᅥ나지 안이ᄒᆞ고 괴롭게 굴어 공부을 못ᄒᆞ게

---

35) 역도(逆睹): 앞일을 미리 내다봄.

ㅎ리라."

ㅎ고 날이 늣도록 가지 안이ㅎ니 로승이 그졔야 우스며 눈을 써 보다가 크게 놀나며 왈

"과연 상등귀격(上等貴格)의 상모(相貌)로다. 빈되(貧道) 공부의 참착(沈着)ㅎ야 진시 뭇는 말을 답지 못ㅎ야스니 그 실례홈을 칙망 말나. 빈도 팔로로 운유(雲遊)ㅎ며 렬인(閱人)을 만히 ㅎ얏스되 공ᄌ갓치 귀격의 상모는 보던바 처엄이로다. 공ᄌ의 두상에 붉은 긔운이 작작(綽綽)ㅎ야 위세(威勢) 삼엄(森嚴)ㅎ니 불원간(不遠間) 츌장입상(出將入相)ㅎ야 일홈이 텬하에 가득홀 대귀인(大貴人)이 되리니 부딕 마음을 굿게 가져 적은 톄면을 구이치 말고 셩군을 가려 도으면 즁흥지원훈(中興之元勳)이오 국가지쥬석(國家之柱石)이 되리로다."

한슈지 이 말을 듯고 대희ㅎ야 다시 그 모년 모월 시긔(時機)를 뭇고져 ㅎ더니 로승이 임의 눈을 다시 감고 말이 업ᄂᆞᆫ지라. 홀일업시 만만치사(萬萬致謝)ㅎ고 도라와 심닉에 은근히 ᄌ부自負ㅎ야 깃검을 말지 안이ㅎ더라. 훌훌훈 세월이 그 히 동절(冬節)이 임의 다 진ㅎ고 시히 봄이 도라오니 이찌 한슈지의 나이 십오세라. 헌앙훈 장부의 긔상으로 억기에 궁시를 메고 나셔는 양을 볼진던 씩씩훈 무부(武夫)의 긔셰 잇스나 그즁에 문아(文雅)훈 틱도ㅣ 잇셔 화슌(和順)훈 안식이 쳐음 보는 쟈로 30ㅎ야곰 마음을 기우리겟더라.

마춤 츈화일란(春和日暖)홈을 타셔 궁시를 갓초아 날즘싱을 산양훌시 일뎡훈 쳐소 업시 언덕과 들로 ᄉ면 두루 단이더니 이날은 곳 쳥명가졀清明佳節36)이라. 남녀로소가 모다 향속(鄕俗)을 갓초아 국기

션산에 올나 혹 사초도 다시 ᄒᆞ며 혹 다례(茶禮)도 드리거늘 한슈지 구지 그 근쳐로 갓가히 도라단이며 구경ᄒᆞ더니 엇더ᄒᆞᆫ 힝ᄎᆞㅣ 산 아리 길로 지날시 ᄉᆞ인교(四人轎)에 츄죵(追從)이 다슈(多數)ᄒᆞ야 위의 거록ᄒᆞ거늘 한슈지 길을 피ᄒᆞ야 멀즉이 가랴 ᄒᆞᆯ 즈음에 그 힝 ᄎᆞㅣ ᄉᆞ인교를 ᄂᆞ려노코 유심히 한슈지를 솗혀보니 이는 별사람이 안이라 당시 즁츄부ᄉᆞ中樞府事로 잇셔 셰죵대왕의 총이ᄒᆞ심을 입어 명 망이 죠야(朝野)에 쟈쟈ᄒᆞᆫ 지상이니 셩은 민閔이오 일홈은 대ᄉᆡᆼ大生[37]이라. 명절을 당ᄒᆞ야 친산에 셩츄(省楸) ᄎᆞ로 ᄂᆞ려오다가 우연 히 보미 로상에 엇더ᄒᆞᆫ 아히 젼통(箭筒)을 차고 목궁에 단젼을 메여 두루 단이며 시즘싱을 산양ᄒᆞ는 거동이 심히 록록ᄒᆞ야 뵈이지 은이 ᄒᆞ거늘 ᄉᆞ인교 압 장(帳)을 것오라 ᄒᆞ고 그 아히를 유심히 자셰 보 니 년긔 십오셰 밧게 안이되는 슈지인디 과연 용모ㅣ 쳥수(淸秀)ᄒᆞ 고 화긔(和氣) 만면(滿面)ᄒᆞ며 왕셩ᄒᆞᆫ 긔운이 젼신에 어리엇고 광치 사람에게 쏘이며 맑은 눈동ᄌᆞ와 쥬ᄉᆞ(朱沙)갓ᄒᆞᆫ 입슐이 일표 비상 ᄒᆞᆫ 즁 힝동이 늠늠ᄒᆞ야 진짓 일디 영웅의 풍치 잇는지라. 민부ᄉᆞㅣ 대경ᄒᆞ야 왈

"앗갑다. 빅옥(白玉)이 진토(塵土)에 뭇쳣도다. 뎌 아히는 나의 쳐 엄 보는 인물이라. 국가의 동량지ᄌᆡ 되리로다."

ᄒᆞ야 심니에 간졀ᄒᆞ더니 마츰 영졉(迎接) 나아온 산즉을 불너 무 러 왈

"뎌 아히 언의 댁 공ᄌᆞ인다?"

---

36) 청명가절(淸明佳節): 24절기의 하나로 양력 4월 5일 무렵임.
37) 민대생(閔大生): 1372~1467. 조선 초기 문신. 한명회의 장인.

산즉이 고왈

"그 공주는 한씨니 지금 신임 안동부사(安東府使) 령감의 죵손으로 그 부모ㅣ 일즉 구몰ᄒ야 의지 업는 고로 부사 령감이 디려다가 덕에 두고 친자(親子)갓치 수양(收養)ᄒ시는디 그 공주의 외양은 번쥬그러ᄒ오나 글 한 자 닑을 쯧은 안이두고 날마다 산야(山野)로 쒸어단니며 활이나 쏘고 즉란(作亂)으로 죵사ᄒᄂ이다."

민즁츄ㅣ 그 말을 듯고 심니에 싱각ᄒ야 왈

'한동의 자격이 금셰에 가히 견줄 쟈ㅣ 업고 아즉 셩취(成娶)치 안이혼 편발(編髮) 총각인즉 가히 나의 쯧헤녀아와 졍혼(定婚)ᄒ리로다. 니 녀아를 위ᄒ야 널니 턱셔(擇壻)ᄒ는 즁 하나도 가합(可合)혼 인물를 보지 못ᄒ얏더니 이번 셩츄 길이 아름다온 낭재(郞材)을 엇을 됴흔 긔회되엿도다.'

ᄒ고 즉시 묘막으로 드러가 례복을 갓초고 션산에 올나 쳥작포혜(淸酌脯醯)[38]로 졔젼(祭奠)을 맛친 후 익일에 단긔(單騎)로 한부사를 차자가니 이씨 한공이 시로 안동부사를 피임(被任)[39]ᄒ야 아즉 부임치 안이ᄒ고 신연하인(新延下人)[40] 오기를 기디리는 즁이라. 민즁츄ㅣ 밧게서 명자 名刺[41]를 통ᄒ니 부사ㅣ 대경ᄒ야 젼도히 문 밧까지 나아와 영접ᄒ야 졍당에 올나 좌를 졍ᄒ고 한헌(寒喧)을 맛친 후 젹죠(積阻)혼 동안 안강(安康)홈과 원로치빙(遠路馳騁)에 무

---

38) 쳥작포혜(淸酌脯醯): 맑은 술과 포육과 식혜.
39) 피임(被任): 어떤 자리에 임명됨.
40) 신연하인(新延下人): 고을에 새로 부임해 오는 감사나 수령을 맞이하는 일을 맡은 하인.
41) 명자(名刺): 이름이나 신분 따위를 적은 종이. 현대의 명함과 유사함.

량흠을 치하ᄒ고 피차 셰의(世誼)⁴²⁾와 과갈(瓜葛)⁴³⁾의 졍을 말ᄒᆯ시 다과를 나와 관곡(款曲)히 디졉ᄒ더라. 민즁츄ㅣ 무러 왈

"공의 쳥덕(淸德)은 당셰에 뎨일이라. 응당 오복이 구비ᄒ실지니 감히 문노니 기간 옥린셔봉玉麟瑞鳳을 몃이나 두셧ᄂ잇가?"

부ᄉㅣ 위연(喟然) 장탄왈

"소싱이 젼싱 죄얼이 지즁ᄒ야 년근륙십(年近六十)에 겨오 초도(初度)된 ᄌ식이 잇셔 셩실히 자랄 여부를 밋지 못ᄒ야 쥬야 셕려(釋慮)치 못ᄒᄂ 즁 텬힝으로 한낫 죵손이 잇셔 그 명민효슌(明敏孝順)흠이 범상에 ᄲᅱ여나 가히 소싱의 집 셰업(世業)을 ᄯᅡ에 ᄯᅥ러트리지 안이ᄒᆯ ᄯᅳᆺᄒ오니 로경(老境) 우량(踽凉)ᄒᆫ 회포를 스ᄉ로 위로ᄒᄂ이다."

민즁츄ㅣ 츄연ᄒᆫ 빗을 얼골의 가득히 ᄯᅴ여 왈

"셰상 리치를 가히 칙량키 어렵도다. 공의 쳥덕을 ᄉ속(嗣續)이 이갓치 ᄂ김을 엇지 ᄯᅳᆺᄒ얏스리오? 그러ᄂ 죵손32은 곳 ᄉ질(舍姪)의 소싱이라. 친손에셔 얼마 못지 아이ᄒ고 ᄯᅩ 그 자격이 극가(極嘉)ᄒ다 ᄒ니 도로혀 불초ᄒᆫ 소싱 친손보다 못지 안이ᄒ도소이다. 령죵손이 지금 덕에 잇슬진던 한번 봄이 엇더ᄒ오릿가?"

부ᄉㅣ 응락ᄒ고 좌우를 명ᄒ야 공ᄌ를 부르라 ᄒ더니 거미기(居未幾)에 한명회 드러와 례ᄒ고 ᄭᅮ어 공슌히 안거늘 민즁츄ㅣ 다시 보건디 과연 비상ᄒᆫ 자격이라. ᄉ랑ᄒᆫ 마음을 말지 안이ᄒ야 부ᄉ을 도라보아 왈

---

42) 셰의(世誼): 가문과 가문 사이에 대대로 사귀어 온 정을 말함.
43) 과갈(瓜葛): 넝쿨로 자라는 오이와 칡처럼, 서로 얽힌 인척 관계를 비유함.

"진짓 쟌문에 룡구봉츄龍駒鳳雛44)로다. 싱의 끚헤녀식이 잇셔 지금 십오세에 아즉 뎡혼치 못ᄒᆞ얏스니 령죵손과 언약ᄒᆞ야 진진秦晉의 됴흔 의론45)를 미즘이 엇더ᄒᆞ뇨?"

부ᄉᆞㅣ 피셕(避席) 답왈

"셩의(誠意)ᄂᆞᆫ 감ᄉᆞ무디(感謝無地)ᄒᆞ오나 손아가 제 부모ㅣ 업시 방돈(放豚)으로 자라 아모 것도 비온 것이 업ᄉᆞ오니 령랑(令娘)의 싹이 되지 못ᄒᆞᆯ가 져어ᄒᆞᄂᆞ이다."

민즁츄ㅣ 우셔 왈

"형의 겸ᄉᆞㅣ 과ᄒᆞ도다. 령손을 보건디 쥰일(俊逸)ᄒᆞᆫ 풍치 당셰에 독보(獨步) 될지라. 츄루(醜陋)ᄒᆞᆫ 쳔식(賤息)의 분복(分福)에 도로혀 지날가 ᄒᆞ노라."

부ᄉᆞㅣ 공경 대왈

"삼가 쟌명을 밧드오리다."

민즁추ㅣ 대희ᄒᆞ야 당셕에서 쥬단(柱單)을 쳥ᄒᆞ니 부ᄉᆞㅣ 시자(侍者)로 ᄒᆞ야곰 지필을 가져오라 ᄒᆞ야 죵손다려 싱년월일을 쓰라 명령ᄒᆞ니 한슈지 오리 쥬져ᄒᆞ다가 어룬의 명령을 거역지 못ᄒᆞ야 룡연(龍硯)에 먹을 갈아 대간(大簡)을 펼쳐 노코 싱년월일을 일필휘지ᄒᆞᆯ시 슈지 비록 무례(武藝)에 죵ᄉᆞᄒᆞ야 문필(文筆)을 슝상치 안이ᄒᆞ얏스나 연리(原來) 텬싱긔지(天生奇才)라. ᄌᆞ획(字劃)이 긔굴(奇崛)ᄒᆞ야 룡ᄉᆞ(龍蛇)ㅣ 셔린 듯ᄒᆞ더라. 쓰기를 맛치더니 두 손으로 밧들

---

44) 룡구봉츄(龍駒鳳雛): 와룡봉추(臥龍鳳雛)와 같은 말. 와룡은 제갈량, 봉추는 방통을 가리킴. 때를 기다리는 호걸을 의미함.
45) 진진(秦晉)의 됴흔 의론: 진(秦)나라와 진(晉)나라의 좋은 관계를 뜻하는 말로, 서로 혼인하는 관계를 말함.『春秋左氏傳』

어 부ᄉ에게 드리거늘 부ᄉㅣ 밧아 민즁추를 쥬어 왈

"아히 미거(未擧)ᄒ야 주획이 셩양(成樣)치 못ᄒ얏ᄂ이다."

민즁추ㅣ 보고 지슴 칭찬ᄒ고 ᄉ미에 너은 후 도라감을 말ᄒ니 부ᄉㅣ 만유(挽留)왈

"존가(尊家)ㅣ 루디(陋地)에 왕굴(枉屈)ᄒ심이 쳔만 바라ᄂ[33] 밧기라. 한번 환턱(還宅)ᄒ시면 경향(京鄕)이 락락(落落)ᄒ야 운산(雲山)이 아득ᄒ오리니 그 안이 창연(愴然)ᄒ리닛가? 금야에 존가를 잠시 머무ᄉ 오리 막히던 회포를 펴심이 됴흘가 ᄒ나이다."

민즁추ㅣ 답왈

"존의(尊意)ᄂ 감ᄉᄒ오나 상명(上命)이 게ᄉ 급히 도라옴을 지촉ᄒ시니 하졍(下情)에 황송ᄒ야 오리 지톄치 못ᄒ겟ᄂ이다."

부ᄉㅣ 만류치 못홀 줄 알고 쥬찬(酒饌)을 나와 은근히 디졉ᄒ 후 리구(驪駒)[46] 일셩(一聲)에 셔로 손을 난호앗더라. 민즁츄ㅣ 도라ᄀ 후 한슈지 부ᄉ게 그 누구임을 뭇ᄌ온디 부ᄉ 답왈

"당금(當今) 쥬샹 뎐하의 춍이ᄒ시ᄂ 츙신이오 민국대ᄉ(民國大事)를 의론ᄒᄂ 즁츄부ᄉ 민대싱이니라."

슈지ㅣ 고왈

"그 누구임을 알지 못ᄒ고 앗가 엄교(嚴敎)를 밧자와 쥬단을 쓰기ᄂ ᄒ얏ᄉ오나 혼ᄉ를 힝흠은 불가ᄒ오니 곳 하인을 민즁츄에게 보니ᄉ 쥬단을 도로 ᄎ자오소셔."

부ᄉㅣ 놀나 왈

---

46) 리구(驪駒): 이별할 때 부르는 노래. 『詩經』

"무숨 쥬견(主見)으로 이갓치 말ᄒᆞᄂᆞᆫ다?"

슈지 고왈

"소손은 부모 구몰ᄒᆞ고 뎐턱(田宅)이 업셔 일기 빈한가궁(貧寒可矜)ᄒᆞᆫ 쳐디라. 민즁츄갓치 당셰 부귀 혁혁ᄒᆞ야 긔구범빅(器具凡百)이 번화요족(繁華饒足)ᄒᆞᆫ 집 ᄉᆞ위 되오면 민즁츄ᄂᆞᆫ 로셩(老成)ᄒᆞᆫ 지샹으로 간디루47) 모름이 업슬지나 그 녀아로 말솜ᄒᆞ오면 특별ᄒᆞᆫ 식견이 잇스면 이어니와 그러치 안으면 가장을 업슈히 녁이올 것이오니 셩혼의 불가흠이 한 가지오 ᄯᅩᄂᆞᆫ 대장부ㅣ 되야 빈부싱ᄉᆞ(貧富生死)를 ᄌᆞ수(自手)로 판단ᄒᆞ야 빈쳔ᄒᆞ면 빈쳔을 힝ᄒᆞ고 부귀ᄒᆞ면 부귀를 힝ᄒᆞᄂᆞᆫ 것이 가ᄒᆞ거눌 엇지 나의 빈쳔ᄒᆞᆫ 것을 면코져 ᄒᆞ야 쳐가의 뢰덕(賴德)을 둘게 녁이오릿가? 셩혼의 불가흠이 두 가지오 일후 소손이 공도(公道)로 발신(發身)ᄒᆞ야 부귀를 누린다 히도 민가(閔家)의 힘을 빌어 셩ᄉᆞ흠인가 하ᄂᆞᆫ 셰인의 의심을 밧을지니 셩혼의 불가흠이 세 가지라. 이갓치 삼건ᄉᆞ三件事의 불가흠이 잇스오니 업디여 바라34건디 급히 혼의(婚議)를 파ᄒᆞ소셔."

부ᄉᆞ 왈

"네 말을 듯고 싱각건디 십분 무리ᄒᆞ다. 혼인은 인륜대ᄉᆞ라. 우마흥셩(興成)갓지 안이ᄒᆞᄂᆞ니 니 임의 허락ᄒᆞ야 쥬단까지 써 쥬엇거눌 엇디 다시 무르리오? 기실은 네가 비록 부모ㅣ 업스나 문벌이라던지 쳐지라던지 민씨보다 무엇이 불급(不及)ᄒᆞ리오? ᄒᆞᆫ갓 쳥빈ᄒᆞ다 ᄒᆞ나 그ᄂᆞᆫ ᄉᆞᄌᆞ(士子)의 본식이니 무엇이 흠졀(欠節)되리오? 부

---

47) 간디루: 간대로. 쉽게라는 의미.

즐업슨 말 말고 물너가 공부ᄂᆞ 잘 훌지어다."
수지 유유히 물너가더라.

第五回 韓公子射兎失歸路
뎨오회 환공지48) 토기를 쏘다가 길을 일타

각셜. ᄒᆞ부시 그 죵손의 말을 듯고 심너에 깃버 왈

'명회의 지조(志操)ᅵ 록록지 안이ᄒᆞ야 비록 권문셰가의 취쳐ᄒᆞᄂᆞ 결코 그 넘봄을 밧지 안이ᄒᆞ리로다.'

ᄒᆞ더라.

수일 후 안동 신연ᄒᆞ인이 등디(等待)ᄒᆞ거늘 즉시 치힝(治行)ᄒᆞ야 가권을 령솔(領率)ᄒᆞ고 임소에 이르니 안동은 본디 웅쥬거읍(雄州巨邑)이라 관ᄉᆞ(官舍) 위치와 긔구(器具) 범졀(凡節)이 과히 초솔(草率)치 안이ᄒᆞ더라. 칙실(冊室)을 수리ᄒᆞ고 죵손을 거쳐케 ᄒᆞ얏ᄂᆞᆫ디 ᄒᆞ수지 죠셕으로 동헌에 문안을 각근(恪勤)히 ᄒᆞ며 낫이면 ᄉᆞ면으로 다니며 활을 쏘고 밤이면 칙실에 도라와 글을 공부ᄒᆞ더니 우연히 츈흥(春興)을 잇슬어 홀로 젼통과 활을 메고 산즁에 드러 산양ᄒᆞᆯ시 창창ᄒᆞᆫ 십오셰 소동(小童)으로 쳥포를 것고 복건을 미야 바룸49)에 버셔 짐을 단쇽ᄒᆞᆫ 후 이 언덕 져 구렁을 두루 숢히며 가더니 안동은 령남(嶺南) 뎨일(第一) 유명ᄒᆞᆫ 셩디(聖地)라. 산악이 탈틱(奪

---

48) 환공ᄌᆞ: 한공자.
49) 바룸: 바랑. 등에 지는 주머니의 일종.

胎)ㅎ고 수셕이 명낭(明朗)ㅎ야 등림登臨ㅎ는 주로 ㅎ야곰 도라감을 가히 잇게 ㅎ더라. 수지 사랑흠을 말지 안이ㅎ야 바위 밋 로숑(老松)에 의지ㅎ야 ㅅ면을 완샹ㅎ더니 홀연 숩 사이로35셔 큰 토끼 이러 멀지 안이케 쒸어 닷거놀 공주ㅣ 급히 젼통에 단젼[을 니여 그 토끼를 향ㅎ]야 쏘니 살이 활시위를 응ㅎ야 힌 깃을 씌고 번기갓치 샐니 건너가 [토끼의 다리에 꽂히]니 그 토끼 짜에 업허져 굴거놀 공주ㅣ 대희ㅎ야 황망히 쏘추 잡으랴 ᄒᆞᆫ즉 토끼 이러ᄂᆞ 다리를 졀며 닷거놀 공주ㅣ 토끼 살을 다리에 씌고 졀며 가는 양을 보고 마음에 얼마 오이 좃츠면 가히 잡을 ᄯᅳᆺㅎ야 쉬지 오코 짜를시 그 샹거(相距)가 불과 숨ㅅ간(三四間)에 지ᄂᆞ지 오이ㅎ더니 산이 졈졈 깁고 일셰 임의 졈으러 황혼이 되며 토끼의 가는 것이 보이지 오이ㅎ는지라. 거름을 멈츄고 망연히 도라보니 젼후좌우에 틱ᄉᆞᆫ쥰령(泰山峻嶺)이 하늘에 다은 듯ㅎ야 계견(鷄犬)의 소리 젹막ㅎ고 고목가지에 부엉이 만ᄉᆞᆫ(滿山)이 울니게 울 짜ᄅᆞᆷ이라. 희미ᄒᆞᆫ 풀 속 길을 신고(辛苦)히 ᄎᆞ즐시 비곱ㅎ고 긔력이 시진(澌盡)ㅎ야 바위에 걸어안져 아모리 싱각ㅎ야도 도라갈 일이 아득ᄒᆞᆫ지라. 다시 갈 길을 더듬어 ᄎᆞ즐시 져즌 풀입에 귀화(鬼火)는 명멸(明滅)ㅎ고 ᄉᆞᆫ곡 급ᄒᆞᆫ 물소리 좌우에 들네여 창황ᄒᆞᆫ 정신을 수습기 어려온 즁 압으로 가도 길이 오이오 뒤로 가도 길이 오이라. 오도가도 못ㅎ고 탄식ㅎ야 왈

"슯흐다. 하놀이 ᄒᆞᆷ명회를 내심이 응당 젹막히 죽게 오이ㅎ실지어놀 엇지 ᄒᆞᆫ낫 토끼로 미기(媒介)를 삼아 심야숨경(深夜三更) 무지공산(無主空山)에셔 호표(虎豹)에 뵙이 되게 ㅎ시는고? ᄂᆞ의 일신 죽는 것은 이답지 오이ㅎᄂᆞ ᄂᆞ 곳 죽으면 ᄒᆞᆫ씨 가셩(家聲)이 영히50)

짜에 쩌러질지니 그 은이 원통홀소냐?"

문득 흔 가지 계교를 싱각ᄒ고 더듬더듬 긔여 큰 ᄂ무를 ᄎ자 가지를 휘여잡고 놉히 올ᄂ 멀니 발라보니 셔남다이로셔 별빗갓치 경경(耿耿)흔 등불이 보이ᄂ지라. 이에 대희ᄒ야 ᄂ무에셔 내려와 불빗 보이던 방면을 향ᄒ고 압을 더듬어 칭암(層巖)과 졀벽36을 무수히 지ᄂ 거의 죽을 고싱을 다ᄒ며 가노라니 ᄌ연 젼신에 쌈이 비오듯ᄒ고 쳔식(喘息)이 촉급(促急)ᄒ야 간간히 쉬여 졍신을 진뎡ᄒ며 두어 식경을 그 모양으로 가더니 흔 곳에 당두(當頭)ᄒ야ᄂ 언덕이 다ᄒ며 큰 시내물이 압을 가로막앗ᄂ지라. 눈을 씻고 희미흔 야식(夜色)을 인ᄒ야 물을 굽어 ᅀᆞᆲ혀보니 수셰(水勢) 흉녕ᄒ야 급흔 물결이 요란히 소리ᄒᄂ듸 그 심쳔을 가히 알 슈 업ᄂ지라. 진퇴유곡進退維谷이 되야 그 쟈리에 쥬져안져 엇지홀 쥴 모로ᄂ 즁 물 건너 언덕 우에 인가ㅣ 멀지 안케 잇셔 등화(燈火)ㅣ 문틈으로 시여 보이니 그 물 건너 갈 마음이 더욱 조급ᄒ야 아리도리 의복을 추것고 물에 드러셔니 두어 거름을 못 가셔 물이 졈졈 깁허오며 급흔 물결이 후리쳐 자칫ᄒ면 넘어 빅힐 형셰라. 홀일업시 도로 나아와 시내가으로 ᄂ려가며 쳔탄(淺灘)을 찻더니 ᄂ려갈ᄉ록 시내 졈졈 커지거ᄂᆞᆯ 도로 위로 거실너 올나가며 건너갈 곳을 두루 ᅀᆞᆲ히더니 한 곳에 큰 나무등걸이 시내에 가로걸쳐 누어잇ᄂ 것을 보고 만심환희ᄒ야 등걸을 드듸고 건너가랴 흔즉 등걸이 굴며 한 발도 붓칠 수 업ᄂ지라. 싱각다 못ᄒ야 등걸을 걸어타고 안져 쥬츔쥬츔 건너가더니 겨오 즁

---

50) 영히: 영원히.

류(中流)에 당ᄒᆞ야 홀연 등걸이 것잡을 겨를 업시 굴며 몸이 등걸 밋흐로 드러가니 슈지 시셰(時勢) 위급ᄒᆞ야 두 발과 두 손으로 싹지 셔 것구로 미달녀 다시 올녀타려 ᄒᆞ면 등걸이 굴며 몸이 뒤롱거리니 이갓치 신고를 얼마 동안을 ᄒᆞ얏던지 팔다리에 믹(脈)이 업셔지며 싹지 씬 것이 졀노 풀녀 슈즁(水中)에 가 필경(畢竟) 써러지니 쥰급(峻急)흔 산골 물결이 니리 모라오미 슈리(水理)에 싱소ᄒᆞ고 겸ᄒᆞ야 의복을 입엇스니 엇지 능히 헤치고 나오리오? 집단갓치 쓸녀 써 니려가며 업퍼도지고 잡바도져셔 속졀업시 슈즁37고혼이 될 디경이러라.

얼마 거리를 그 모양으로 니려갓던지 손길에 무엇이 붓잡히[거늘] 평싱 힘을 다ᄒᆞ야 단단히 ᄒᆞ고 몸을 번드치니 머리 물 밧갓으로 솟눈지라. 눈을 써보니 손에 잡힌 것은 곳 물가 것고로 드린 슈양버들 나뭇가지어놀 그 가지를 점점 다가 잡아다리며 물가 언덕으로 기어 나아오니 젼신(全身)이 으스러지고 씨아져 모다 압ᄒᆞ고 코와 입으로 물을 마셔 비가 텅챵(膨脹)ᄒᆞ지라. 한 구히 업디려 물을 토ᄒᆞ고 졍신을 추려 몸을 긔동(起動)ᄒᆞ랴 ᄒᆞ즉 ᄌᆞ두지죡(自頭至足)이 엇의 안이 압흔 디가 업고 의복이 모다 렬파(裂破)되야 흔 곳 셩흔 디 업눈지라. 비곱ᄒᆞ고 긔운 업눈 즁에 집에 도라갈 일이 아득ᄒᆞ야 그디로 안져 밤을 시여 날이 붉거던 길을 찻자 ᄒᆞ니 그 모양으로 남 보눈 디 나셔기도 창피ᄒᆞ려니와 그눈 도로혀 둘지오 위션 호표시랑(虎豹豺狼)이 죵힝ᄒᆞ눈 무인심산(無人深山) 안에 혈혈단신이 외로히 밤즁에 잇즈기 두려온 일이라. 눈을 드러 뵈이던 불을 추즈니 침침칠야(沈沈漆夜)에 검은 구름이 하늘에 가득ᄒᆞ야 별빗죠ᄎ 업셔지고 뵈이던 불이 흔적도 업눈지라.

정히 엇지홀 쥴 모로더니 화불단힝禍不單行으로 난듸업눈 뢰젼이 급ᄒᆞ며 삼듸갓흔 비 퍼부어오니 슈지 엇지홀 슈 업셔 니가 언덕 밋헤 가 굽으리고 드러안져 찬 비를 피ᄒᆞ다가 구름이 것고 비 긋친 후 다시 언덕 위 뎨일 놉흔 곳으로 긔어올나가 남다히로 바라보니 텬만 쯧밧게 인가에 불빗이 갓가히 보이눈지라. 심니에 하놀이 한명회를 아죠 쥭게 안이ᄒᆞ시도다 ᄒᆞ고 불 잇눈 곳을 향ᄒᆞ야 텬신만고로 긔어 ᄎᆞ자가노라니 과연 산샹긔야山上開野혼 곳에 큰 와가(瓦家)] 잇거놀 갓가히 가보니 집 제도(制度)] 극히 굉걸혼듸 대문[을] 쳡쳡(疊疊)히 닷앗거놀 두 손을 두다리며 사룸을 살니라 ᄒᆞ나 물에서 고싱38훈 남져지51)에 찬 비를 맛졋스니 엇지 한젼(寒戰)이 업스리요? 자연 속에셔부터 니여 썰니며 말소리 겨오 입쇽에 잇눈지라. 소리를 지르다 못ᄒᆞ야 물너셔 그 겻흘 슯혀보니 조고마훈 협문(夾門)이 잇거놀 압흐로 가 열어보니 그 문이 텬힝으로 걸이지 안이ᄒᆞ얏눈지라. 드러셔 그 갓흔 문을 슈삼쳐(數三處) 지나니 그제야 곳곳이 불을 둘아 빅쥬갓치 붉은듸 아모리 쳔호만환(千呼萬喚)ᄒᆞ야도 사룸의 디답이 업눈지라. 심히 의아ᄒᆞ야 오리 쥬져ᄒᆞ다가 다시 젹은 문을 드러가 둘너보니 슈호문창(繡戶紋窓)이 화려훈 니당이 보이거놀 뭇지 안코 드러가 당샹에 올으되 아모 동정이 또훈 업거놀 일졍 뷔인 집이로다 긔위 드러왓스니 방닉에 드러가 밤을 지닉여 효표의 환(患)을 면홈이 가ᄒᆞ다 ᄒᆞ고 창문을 열고 보니 엇더훈 졀대가인 아

---

51) 남져지: 나머지.

리목에 비단금침을 펴노코 그 겻헤 홀노 안져 등하에 침션을 침착히 ᄒᆞ거눌 슈지 불문곡직ᄒᆞ고 쮜어 드러가 젓즌 의복을 훌훌 벗고 금침을 덥고 누은니 그 녀ᄌᆞㅣ 놀ᄂᆞ 침션을 뎡지ᄒᆞ고 무러 왈

"그대가 사름인다? 귀신인다? 귀신갓ᄒᆞ면 유명(幽明)의 길이 둘으거눌 엇지 사름 보이ᄂᆞᆫ대 언연히 드러왓스며 사름갓ᄒᆞ면 남녀유별ᄒᆞ거던 무인반야에 엇지 돌입ᄒᆞ야 무례 터심ᄒᆞ뇨? ᄲᆞᆯ니 ᄂᆞ아가 죽음을 ᄌᆞ취(自取)치 말지어다."

슈지 답왈

"ᄂᆞᄂᆞᆫ 귀신이 온이라 사름이러니 죽기에 림흠이 염치를 불고ᄒᆞ고 드러왓노니 용셔ᄒᆞ라."

녀ᄌᆞㅣ 정식왈

"그대 엇더ᄒᆞᆫ 사름이완대 일이 잇스면 밧게셔 쥬인을 불너 ᄉᆞ정을 말홀지던 쥬인이 가히 구흠즉 ᄒᆞ면 구ᄒᆞ야 줄 것이어늘 무슴 담(膽)으로 남의 니뎡(內庭)에를 무란돌입(無斷突入)ᄒᆞ야 의복을 벗고 마ᄋᆞᆷ대로 금침 쇽으로 드러가 누어잇ᄂᆞᆫ다?"

슈지 소왈

"부인은 로를 긋치고 ᄂᆞ의 말을 드르라. 니 텬셩이 활쏘기를 됴와ᄒᆞ더[니] 금39일 우연히 궁시를 가지고 손에 올낫다가 토끠를 만나 한번 쏘미 살이 토끠의 뒤다리 마져 피를 흘니고 잘 닷지 못ᄒᆞ기로 쫏ᄎ 잡고져 ᄒᆞ더니 토끠 멀니도 온이 가고 거위거위52) 잡을 뜻ᄒᆞ야 심산궁골에 드러옴을 끼닷지 못ᄒᆞ얏는데 임의 일락셔산(日落西

---

52) 거위거위: 거의거의. 매우 가까운 정도로, '거의'보다 더 가까운 상태.

山)ᄒ야 황혼이 되니 토끼의 간 곳도 모로겟고 도라갈 길을 일어 무한히 신고ᄒ다가 놉흔 나무에 올ᄂ 블빗을 바라보고 얼마쯤 오노라니 큰 시니 압흘 가리엇거눌 니가로 오로나리며 건널 곳을 찻다가 큰 ᄂ무등걸이 가로노여 잇슴을 보고 그 등걸을 타고 건너다가 즁류에서 등걸이 돌며 물에 ᄶ러져 젼신을 모다 씨치고 ᄶ니려가 거의 죽게 되얏더니 텬힝으로 버드ᄂ무가지를 부뜰고 간신히 언덕으로 기여ᄂ왓ᄂ대 별은간 폭우가 눈을 못쓰게 퍼붓ᄂ지라. 오도가도 못ᄒ다가 비 긔기를 기대려 근근히 이곳을 ᄎ자오니 의복은 져 모양으로 열파되야 견딜 수 업시 치운 즁 비곱파 긔력을 ᄌ릴53) 수 업스니 언의 겨를에 례모를 도라보리오? ᄉ이도ᄎ(事已到此)ᄒ얏스니 부인 처분만 바라노라."

그 녀ᄌ ㅣ 이윽히 보다가 몸을 이러 부억으로 니려가더니 얼마 못되야 밥을 데워 상에 밧처다 노코 의장(衣欌)을 열더니 비단의복 일습(一襲)을 니여쥬며 왈

"이러ᄂ 이 옷을 입고 밥을 먹으라."

수지 사양의 말 한 마디 은이ᄒ고 이러ᄂ 의복을 입은 후 밥을 다 먹고 의구히 금참(衾枕)을 덥고 누으니 그 녀ᄌ ㅣ 대칙(大責)왈

"그대 긔한(飢寒)이 심ᄒ다 ᄒ기로 인심소관(人心所關)에 구제(救濟)치 아일 도리 업셔 의복을 쥬고 밥을 쥬엇거늘 가지 은이ᄒ고 도로 금침을 덥고 누음은 무슴 도리오? 어셔 급히 ᄂ아가라. 만일 지완(遲緩)ᄒ면 그대의 싱명이 온젼치 못ᄒ리라."

---

53) ᄌ릴: ᄎ릴.

슈지 답왈

"밥을 먹으미 더욱 젼신이 로곤(勞困)ᄒ야 긔동홀 긔력이 업스니 잠시 참으면 40니 나아가리라."

녀ᄌㅣ 지삼 가기를 지쵹ᄒ다가 홀일업시 안졋더니 슈지 다시 이러나 방구억에 셔 잇는 부산 은슈복54) 노은 쟝쥭(長竹)을 집어 머리맛헤 노인 단쳔옥합(短淺玉盒)을 열고 담비 한 디를 담아 불을 븟쳐 물고 밧쥬인 일반으로 것침업시 안졋거늘 그 녀ᄌㅣ 보다가 우셔 왈

"과연 긔안이 됴흔 남ᄌ로다. 엇지ᄒ면 뎌다지 겁이 업는고?"

슈지 그 녀ᄌ의 응용(雍容)혼 음셩이 낭낭ᄒ야 옥을 부슴 갓고 웃는 얼골이 도화ㅣ 반씀 퓌임 갓흠을 보니 진짓 일디가인이라. 스ᄉ로 탄식왈

'니 일즉 녀식을 등한히 보아 갓가히 훈 일이 업더니 이졔 뎌 녀ᄌ를 자셰 보미 팔ᄌ아미(八字蛾眉)는 호졉(胡蝶)이 나는 듯ᄒ고 단슌강협(丹脣絳頰)은 련화(蓮花)ㅣ 일슬55)을 먹음은 듯ᄒ며 셤셤옥슈(纖纖玉手)는 봄산 고사리오 가는 허리는 동풍셰류(東風細柳)로다.'

라군쥬샴(羅裙朱裳)에 티도ㅣ 빙졍(氷晶)ᄒ고 흑운(黑雲)갓튼 운발(雲髮)에 유향(遺香)이 쵹비(觸鼻)ᄒ니 슈지 ᄉ랑ᄒ는 마음이 더욱 간졀ᄒ야 써나 나올 ᄯᅳᆺ이 업는 즁 밤이 아즉 시지 안이ᄒ얏고 하

---

54) 부산 은슈복: 은으로 수복(壽福)이라 새긴 담뱃대로, 부산지방에서 만들어 냄. 『춘향전』에 은수복(銀壽福) 부산대(釜山竹)가 나옴.
55) 일슬: 이슬.

놀에 흑운이 가리워 지척을 분변키 어려오니 모로는 길을 차ᄌ가고자 ᄒ다는 이왕 지넌 고초를 ᄯ 당ᄒ기 십상팔구라. 짐짓 염치업는 사름이 되야 녀ᄌ다려

"옛말에 사름을 죽이면 모름즉이 피를 보고 사름을 구ᄒ면 죵시지혀終始之惠를 베풀나 ᄒ얏누니 긔위 죽을 사름에게 의식을 쥬어 살닌 이상이니 아모리 례모의 손상(損傷)이 되오나 이 밤을 드시여 붉은 날 길을 차자가게 ᄒ시면 가히 칠야에 방황ᄒ다가 사오나온 즘싱에 히를 면홀가 ᄒ노라."

녀ᄌㅣ 슈지의 일표(一表)ㅣ 당당흠을 보고 십분 흠모ᄒ야 옥안에 우슴을 ᄯᅱ우고 짐짓 힐난ᄒ야 왈

"세상에 무의몰염(無意沒廉)ᄒ 일도 보겟도다. 그딕가 엇의 사는 누구인지는 모로나 죽을 경우을 당ᄒ야 남의 닉쳥(內庭)에 돌립(突入)ᄒ 것을 보고 경상이 측은ᄒ야 그 무41례흠을 용셔ᄒ고 의복 음식을 쥬어 긔한을 면케 ᄒ얏스니 당연히 지쳬 안이ᄒ고 ᄲᆞᆯ니 나아감이 도리에 온당ᄒ거놀 진지구무이秦之求無已56)로 ᄯᅩ 밤을 지니고 감을 말ᄒ누뇨?"

슈지 왈

"부인의 말이 절절 당연ᄒ나 그러나 하놀이 한명회의 일신을 세상에 닉심이 응당 젹막히 죽게 안이ᄒ실지어놀 오날 부인이 이쳐로 구축(驅逐)ᄒ야 ᄉ세 부득이 가다가 무슴 화익을 당ᄒ야 싱명을 부지치 못ᄒ면 부인은 엇지 뉘웃침이 업스리오?"

---

56) 진지구무이(秦之求無已): 진나라의 요구가 끝이 없다는 것에서 유래하여 욕심이 끝없음을 뜻함. 『戰國策』

그 녀즈 묵묵히 슈지를 바라보다가 한숨을 길게 쉬며 츄슈(秋水) 량안(兩眼)에 누슈(淚水)ㅣ 방방(滂滂)ᄒᆞ야 왈

"공쥬는 모로시고 쥬인된 사름에 인정이 미몰ᄒᆞ믈 칙망키 용혹무괴(容或無怪)오나 이곳이 호표시랑보다 더욱 위험ᄒᆞ오니 여러 말솜 말으시고 밧비 몸을 피ᄒᆞ야 가소셔."

슈지 의아ᄒᆞ야 무러 왈

"이곳은 사름 사는 집이어눌 엇지 그다지 위험타 ᄒᆞ눈다?"

녀즈ㅣ 깁슈건을 가져 옥안에 누흔(淚痕)을 씨스며 왈

"이곳은 로구산 비파동 老嫗山琵琶洞이라. 산이 깁고 골이 험ᄒᆞ야 인적이 부도(不到)ᄒᆞ눈지라. 대적(大賊) 오운림 吳雲林[이]라ᄒᆞ눈 쟈ㅣ 슈하(手下) 도당(徒黨) 삼십여명(三十餘名)을 거느려 이곳에 이 집을 건축(建築)ᄒᆞ야 소혈(巢穴)을 작만ᄒᆞ고 낫이면 드러잇다가 밤이면 각쳐 부가(富家)를 로략ᄒᆞ러 나아가ᄂᆞ니 오리지 안이ᄒᆞ야 도라올지라. 만일 도라와 공쥬의 잇슴을 볼진던 필경 용셔치 안이ᄒᆞ고 살히ᄒᆞ고야 말지니 그 엇지 위험치 안이ᄒᆞ오릿가?"

슈지ㅣ 그 말을 듯고 대소왈

"원리 이곳이 적굴(賊窟)이로다. 니 비록 쳑슈단신(隻手單身)으로 촌(寸)만ᄒᆞᆫ 텰물(鐵物)이 업스나 족히 오운림갓흔 무리는 일호 외겁(畏怯)지 안이ᄒᆞ노니 아모 념려말나."

다시 무러 왈

"그디를 잠시 보건디 량가(良家) 녀즈갓거눌 엇지ᄒᆞ야 적당(賊黨)에게 와 잇눈다?"

녀즈ㅣ 답왈

"쳡은 안동 읍즁 량가 녀ᄌ러니 슈삭 젼에 젹당이 ₄₂불의에 돌입ᄒ야 지물을 로략ᄒ다가 쳡ᄭ지 디려와 강졔로 계집을 삼으니 엇지 량심에 즐겨 슌죵ᄒ리오마는 모진 목슘 ᄭᆫ키가 용이치 못ᄒ고 만일 틈을 타 도쥬ᄒ면 대화(大禍)ㅣ 부모에ᄭ지 밋츨지라. ᄉ셰 부득이 살아잇거니와 공ᄌㅣ 부즈럽시 지체(遲滯)ᄒ시다는 도젹의 손에 히를 면치 못ᄒ시리니 어셔 급히 도라가소셔."

수지 일호 두려온 빗이 업시 우스며 그 녀ᄌ의 옥수를 잡아 압으로 ᄭᅳ러 왈

"가엽도다. 그딕의 일이여. 일홈난 쏫이 진흙에 ᄯ러짐과 일반이로다."

ᄒ며 견권(繾綣)ᄒᆫ ᄯᅳᆺ이 간졀ᄒ거늘 녀ᄌㅣ 역시 ᄉ모ᄒ는 마음이 잇셔 아모 ᄉ양업시 금금(錦衾)에 한게 나아가 운우(雲雨)의 락(樂)을 이루엇더라.

第六回 老嫗賊義釋韓秀才
뎨뉵회 로구순 도젹이 한수지를 의로 놋타

추셜(且說). 그 녀즈ㅣ 한수지의 견권흔 셩(情)을 괄시치 못ᄒ야 운우지락을 이룬 후 수지의 손을 잡고 목 밋쳐 늣겨 왈

"쳡의 팔즈ㅣ 긔구ᄒ야 도젹의 수즁에 잡힌 바ㅣ 되야 부모 형뎨에게 수졍을 통치 못ᄒ고 심슨궁곡에 갓쳐잇셔 유유흔 셰월을 속졀 업시 보니더니 쳔만 뜻밧게 공즈를 만나 과도히 수랑ᄒ심을 밧즈오니 그 감격흠이 몸 둘 곳을 모로오나 이곳은 쳔금 귀톄(千金貴體)의 오리 지체훌 ᄯᅡ이 온이오니 어셔 이러나셔 지체 말으시고 문 밧 멀즉이 은신(隱身)ᄒ셧다가 날이 붉거던 길을 차ᄌ 평안 환턱(平安還宅)ᄒ소셔. 만일 쳡을 드럽다 안이실진던 환턱ᄒ신 후 쳡의 집을 ᄎ자 쳡의 이 디경으로 잔명(殘命)이 부지ᄒ야 잇는 것이나 통지(通知)ᄒ야 쥬시면 그 은혜 각골난망(刻骨難忘)일가 ᄒ나이다."

수지 왈

"그디의 신즁흔 부탁은 맛당히 명심ᄒ려니와 금야에 그$_{43}$디를 흘노 두고 엇지 구구히 몸을 피하야 스ᄉ로 긔운을 굴(屈)ᄒ리오? 니 죠쳐훌 도리 별노 잇노니 아모 념려 말고 누어잇스라."

ᄒ고 녀즈를 품에 단단히 안고 놋치 안이ᄒ니 녀즈ㅣ 셩화(成火)

ᄒᆞ야 몸을 일고져 ᄒᆞ야 왈

"공쥬ᄂᆞᆫ 엇지 이다지 싱각지 못하시나닛가? 오운림은 텬하 력ᄉᆞ(力士)ᄲᅮᆫ 안이라 수하 도당(手下徒黨)에 려력 잇ᄂᆞᆫ 쟈ㅣ 무수(無數)ᄒᆞ오니 공쥬의 혈혈단신으로 뎌당(抵當)치 못ᄒᆞ심은 두 번 말ᄒᆞᆯ 바ㅣ 안이라. 그 도라오기 전에 화를 피ᄒᆞ심이 가ᄒᆞ거눌 엇지ᄒᆞ시자고 이쳐럼 고집ᄒᆞ시ᄂᆞ뇨? 쳡은 긔위 몸이 젹혈(賊穴)에 ᄲᅡ져 임의로 거취를 못ᄒᆞ거니와 금야에 공쥬의 쥬최ᄂᆞᆫ 텬힝으로 수직(守直)ᄒᆞᄂᆞᆫ 젹도ㅣ 맛참 병들어 고통ᄒᆞ야 사름의 츌입을 모로오니 지금 피신곳 ᄒᆞ시면 아모 흔젹 업슬지니 좁은 계집의 소견으로 고ᄒᆞᄂᆞᆫ 말ᄉᆞᆷ이오나 소홀히 넉이지 말ᄋᆞ시고 어셔 이러나소셔."

ᄒᆞ며 몸을 일냐 훈즉 수지 더욱 닥아 안고 놋치 안이ᄒᆞ니 엇지ᄒᆞᄂᆞᆫ 도리 업셔 다만 울며 쳔언만어로 셩화갓치 보치것마ᄂᆞᆫ 공쥬ᄂᆞᆫ 일졀 못 드른 톄ᄒᆞ고 잇더라. 거무하에 밧그로죠ᄎᆞ 인마(人馬)의 들네ᄂᆞᆫ 소리 들이니 그 여자ㅣ 질식ᄒᆞ야 울며 왈

"공자야. 무ᄉᆞᆷ 연고로 이갓치 고집하야 대화(大禍)를 자ᄎᆔ(自取)ᄒᆞ시ᄂᆞᆫ닛가? 이 밤에 칭소ᄒᆞᆫ 남자가 제 집에 잇만히도 져놈 심슐에 결코 살녀두지 으이ᄒᆞ려던 함을며 쳡과 이갓치 동품ᄒᆞ고 누어잇ᄂᆞᆫ 양을 보면 한 칼에 우리 둘의 목이 ᄭᅳᆫ어질지니 다른 곳으로 가시든 안이ᄒᆞ신듸도 쳡의 몸을 노아쥬사 각각 좌셕을 멀즉이 ᄒᆞᄉᆞ니다."

슈쥬ㅣ 우셔 왈

"불가ᄒᆞ다. 니가 그듸를 노아도 도젹의 의심을 밧기ᄂᆞᆫ 일반이라. 긔위 의심을 밧ᄂᆞᆫ 이상이면 찰하리 실듸를 보게ᄒᆞ야 대장부의 힝식을 구차로히 안니ᄒᆞ리니 잔말 말고 감안이 잇스라."

ᄒᆞ고 놋치 안44이ᄒᆞ니 녀ᄌᆞㅣ 셩화를 ᄒᆞ며 버셔나오고져 ᄒᆞ나 엇지할 도리 업셔 다만 울기[만 ᄒᆞ]ᄂᆞᆫ듸 슈지ᄂᆞᆫ 일호 근심업시 탄평히 희소자약(喜笑自若)ᄒᆞ니 그 녀ᄌᆞㅣ 혼불부톄(魂不附體)ᄒᆞ야 반쯤은 죽어잇더라. 이ᄯᅢ 밧게셔 짓ᄯᅥ드ᄂᆞᆫ 소리 졈졈 요란ᄒᆞ며 무슴 짐짝을 우둥둥둥 마루쳥이 울이게 ᄂᆞ려놋ᄂᆞᆫ 것 갓ᄒᆞ며 엇던 쟈가 급히 방문을 열며 왈

"랑ᄌᆞ야. 도두령(盜頭領)이 오셧ᄂᆞ이다. 어셔 나아와 맛즈소셔."

녀ᄌᆞㅣ 그 소리를 듯고 더욱 초조ᄒᆞ야 슈지를 쓸며 이러나고져 ᄒᆞ니 슈지 죠곰도 움작이지 안이ᄒᆞ고 더욱 단단이 안고 놋치 아니ᄒᆞᄆᆡ 녀ᄌᆞㅣ 늣겨 이걸왈

"졔발 노아쥬스 잔명이나 부지케 ᄒᆞ소셔."

슈지 왈

"념려 말나. 쥭지 안이ᄒᆞ리니 과히 근심말나."

그 말을 겨오 그치자 큰기침 소리 한 마듸가 나며 마루 우에 신 벗ᄂᆞᆫ 소리 나더니 엇더ᄒᆞᆫ 쟈가 방문을 호긔잇게 열고 드러셔거ᄂᆞᆯ 슈지 이불 틈으로 감아니 눈을 ᄯᅥ보니 과연 건장 영특(健壯英特)ᄒᆞᆫ 대한(大漢)이 손에 장금(長劍)을 들고 몸에 간단 경쳡(簡單輕捷)ᄒᆞᆫ 의복을 장속(裝束)ᄒᆞ얏ᄂᆞᆫ듸 얼골이 크고 모지며 눈이 한 치ᄂᆞᆫ ᄶᅵ어지고 입이 모졋ᄂᆞᆫ지라. 공주ㅣ 심니에 싱각ᄒᆞ되

'과연 됴흔 놈이어ᄂᆞᆯ 길을 잘못 드러 강도의 두령이 되얏도다.'

ᄒᆞ야 못ᄂᆡ 자탄ᄒᆞ며 틱연히 누엇더니 그놈이 웃둑셔셔 문왈

"랑ᄌᆞ야. 어디가 압흔다? 엇지 누어 일지 안이ᄒᆞᄂᆞᆫ다?"

지삼 뭇되 아모 더답이 업거ᄂᆞᆯ 그놈이 괴이히 싱각ᄒᆞ야 달녀드러

이불을 들고 보미 엇더흔 총각 아히가 상하 의복을 모도 벗고 져의 사랑ᄒᆞᄂᆞᆫ 녀ᄌᆞ를 품에 안고 누어 본도 안이ᄒᆞᄂᆞᆫ지라. 그놈이 어이 업셔 칼을 집고 자셰 슒혀보니 그 아히 년긔 십오륙셰 가량은 되얌즉 ᄒᆞᆫ디 령롱흔 미목과 헌앙흔 풍치 낫에 가득ᄒᆞ고 녀ᄌᆞᄂᆞᆫ 얼골이 지빗이 되고 눈물이 비오듯 ᄒᆞ며 고기를 숙여 엇지흘 쥴 모로45ᄂᆞᆫ 모양이라. 젹괴 그 광경을 보고 무명업화(無名業火)가 만장(萬丈)이나 이러나 소리를 크게 질너 [수하를] 부르니 십여명 젹한(賊漢)이 일시에 디답하고 모여 오ᄂᆞᆫ지라. 젹괴(賊魁) 호령ᄒᆞ야 간부(姦夫)를 잡아니여 묵그라 ᄒᆞ니 건장흔 놈 수명(數名)이 돌녀드러 한수지의 머리치를 잡아 낙구어 한거름에 계하로 니려가 쌜ᄂᆞ쥴로 우아ᄅᆡ를 단단이 묵거 안치고 젹괴 그 녀ᄌᆞ를 ᄭᅳ러니여 란타ᄒᆞ며 문초왈

"져놈이 누구완디 겁 업시 간통ᄒᆞᄂᆞᆫ다?"

그 녀ᄌᆞㅣ 울며 고왈

"간통을 ᄒᆞ얏슬 디경이면 맛당히 비밀히 훌지어놀 엇지 두령이 보시ᄂᆞᆫ디 안연히 움작이지 안이ᄒᆞ고 누어잇ᄉᆞ오릿가?"

젹괴 대질왈

"본부 업ᄂᆞᆫ 사이에 타인(他人) 남ᄌᆞ와 동품ᄒᆞᄂᆞᆫ 것이 간통이 안이면 무엇인다?"

녀ᄌᆞㅣ 울며 왈

"심산 무인쳐(無人處)에 셤셤약질(纖纖弱質) 녀ᄌᆞ를 홀로 두고 도라보지 안이ᄒᆞ야 이갓흔 욕을 당케 ᄒᆞ고 도로혀 나를 칙망ᄒᆞᄂᆞᆫ다? 수직ᄒᆞᄂᆞᆫ 졸도(卒徒)ᄂᆞᆫ 병이 들어 인ᄉᆞ를 모로고 다만 나흘로 등촉을 밝히고 안져 침션을 하노라니 졸디에 뎌 남ᄌᆞ가 젼신에 물

젓고 열파된 의복에 류혈이 랑ᄌᆞᄒᆞ야 쒸어드러와 일언반ᄉᆞ 업시 상하 의복을 훌훌 버셔더지고 쌀아노은 금침으로 드러가 누어 사름을 살니라 ᄒᆞ기로 부지불각 즁 그 광경을 당ᄒᆞ야 놀는 가슴을 겨오 진뎡ᄒᆞ고 연고를 무른디 일모도궁(日暮途窮)ᄒᆞ야 갈 바를 모로고 깁흔 시니에 싸져 거의 죽게 되얏다가 겨우 륙디에 기어나아와 쏘 촉우(觸雨)를 맛고 긔한(飢寒)이 도골(到骨)ᄒᆞ더니 텬우신죠ᄒᆞ야 인가의 등광(燈光)을 바라보고 쳔신만고로 차자와 염치를 도라보지 못ᄒᆞ노니 사름을 살녀지라 ᄒᆞ기로 분ᄒᆞ고 가통(可痛)ᄒᆞᆫ 소위 싱각ᄒᆞ면 도라볼 여의(餘裕) 업스나 그 인싱이 가련ᄒᆞ야 밥을 차려쥬고 의복 일습을 니여쥬며 어셔 입고 가라 ᄒᆞ얏더니 차쳥입실(借廳入室)57)46로 몸이 칩지 안코 비불으나 갈 싱각을 안이ᄒᆞ고 맛츰니 강간의 악ᄒᆡᆼ위를 ᄒᆡᆼᄒᆞ야 ᄭᅵ고 누어 놋치 안이ᄒᆞ니 약질 녀ᄌᆞ 홀노 엇지 장뎡 남ᄌᆞ를 져당ᄒᆞ리오? ᄉᆡ셰 부득이 욕을 보앗ᄂᆞ니 이ᄂᆞᆫ 나의 음란ᄒᆞᆫ 죄 안이라 두령이 가수(家數) 보호를 잘못ᄒᆞ신 소연(所然)이오니 십분 용셔ᄒᆞᄉᆞ 실낫갓흔 잔명을 살녀지이다."

젹괴 로긔 등등ᄒᆞ야 한수지다려 문왈

"너는 어디잇는 놈이완디 무슴 대담(大膽)으로 반야 슴경에 남의 집에 돌입ᄒᆞ야 유부녀를 강간ᄒᆞ고 당돌히 누어잇는다?"

한수지 대소왈

"너는 도젹 즁에도 가장 지혜 업는 무리로다. 나ㅣ 임의 너의 집에 드러와 계집을 간통ᄒᆞᆫ 이상에 구구히 몸을 피ᄒᆞ야 범과(犯過)ᄒᆞᆫ

---

57) 차쳥입실(借廳入室): 행랑 빌리면서 안방까지 빌린다는 뜻의 '차청차규(借廳借閨)'와 동의어.

바를 숨기면 이는 스스로 텬량天良에 붓그러올 바이라. 나ㅣ 평싱 ᄒᆞ는바 일을 일일이 타인을 디하야 말ᄒᆞ고 은휘홈이 업고져 홈으로 짐짓 누어 너의 드러옴을 기다렷노니 너ㅣ 보미 응당 분홀지라. 쓸 디업는 잔말로 장황히 굴지 말고 속히 죽여 너의 분심(忿心)을 신셜(伸雪)ᄒᆞ라."

적괴 듯다가 긔가 막히여 소왈

"이놈이 가장 담이 큰 톄ᄒᆞ야 장담ᄒᆞᄂᆞᆫ도다. 너ㅣ 년긔와 외양이 앗갑도다."

적도를 호령ᄒᆞ야

"긔동에 ᄃᆞᆯ나. 나ㅣ 시장ᄒᆞ니 요긔흔 후 져놈의 비를 갈너 셜분ᄒᆞ리라."

ᄒᆞ니 적도들이 쳥령(聽令)ᄒᆞ고 한수지를 들어다가 대쳥 상긔동에 동고라케 미여돌더니 각기 물너가거늘 적괴 녀ᄌᆞ를 도라보아 왈

"쥬효(酒肴)를 쥰비ᄒᆞ얏는다?"

녀ᄌᆞㅣ 쓸며 고왈

"임의 작만ᄒᆞ야 두엇ᄂᆞ이다."

적괴 왈

"그러면 어서 가져오라."

ᄒᆞ니 녀ᄌᆞㅣ 몸을 일어 나아가더니 거미긔(居未幾)에 쥬안상을 공손히 들어다 압혜 노오미 적괴 상에 덥흔 식지(食器)를 열고 큰 쟌에 슐를 부으라 ᄒᆞ야 마시고 도야지 다리를 들고 쯧어먹거늘 한수지 긔동에 다이어 ᄂᆡ려다보며 ᄭᅮ지져 왈

"[이 무식ᄒᆞ여] 47례모(禮貌)를 아지 못ᄒᆞᄂᆞᆫ 놈아. 너ㅣ라셔 사롬

을 죽이고쟈 ᄒᆞ면 진시 하수(下手)홀 것이어눌 그러치 안코 아즉 살여둔 이상에는 곳 네 집 손이라. 쥬인된 도리에 손을 겻헤 두고 쥬육을 독식ᄒᆞ니 례의 동방(東方)에 너 홀로 오랑키 풍속이로다."

적괴 먹다가 문득 대소왈

"너ㅣ가 도로혀 나다려 례의를 몰은다 시비ᄒᆞ니 가히 독ᄒᆞ고 돌랑ᄒᆞᆫ 놈이로다. 쥬육을 쥬면 너ㅣ 능히 먹으려는다?"

수지 우셔 왈

"대장부ㅣ 치쥬를 안족ᄉᆞ卮酒安足辭58)리오? 너ㅣ 쥬육을 쥬기 곳 ᄒᆞ면 맛다히 먹으리라."

적괴 슐을 큰 그릇에 부어 여자를 쥬며 왈

"슐을 가져다가 너의 간부 놈을 먹이라."

여자ㅣ 망지소죠(罔知所措)ᄒᆞ야 왈

"슐을 무솜 일로 먹이라 ᄒᆞ시며 하필 나다려 가져다쥬라 ᄒᆞ시ᄂᆞ닛가?"

적괴 로식을 씌여 왈

"너의 ᄌᆞ의로는 쥬육을 지셩시럽게 먹이다가 나ㅣ 식이미 거역코져 ᄒᆞ는다? 만일 이 슐을 가져 뎌놈을 먹이지 안이ᄒᆞ면 이 칼로 너부터 두 죠각에 니이리라."

ᄒᆞ니 녀ᄌᆞㅣ 말지못ᄒᆞ야 슐잔[을] 밧다 가지고 한슈지의 입에 디여쥬미 슈지 일호 ᄌᆞ져치 안이ᄒᆞ고 한숨에 다 마시고 ᄯᅩ ᄭᅮ지져 왈

---

58) 치쥬를 안족ᄉᆞ(卮酒安足辭): 번쾌가 유방을 구한 고사에서 유래함. 항우가 번쾌에게 술을 더 마실 수 있는지 물으니 번쾌가 "신은 죽음도 피하지 않았는데, 한 잔 술을 어찌 사양하겠습니까?(臣死且不避 卮酒安足辭)"라고 함.『史記』

"이 도적 놈아. 슐은 쥬고 안쥬는 너 홀로 먹는다?"

젹괴 왈

"슐을 쥬엇거던 엇지 안쥬를 안이 쥬리오? 투정 말고 쥬는디로 다 먹고 쥭으라."

ᄒ고 장금을 들어 싯으로 졔육을 쒜여 니여밀미 한슈지 의심 업시 목을 늘여 입으로 졔육을 바다먹으니 젹괴 우셔 왈

"속담에 구복(口腹)이 원슈라 ᄒ더니 너를 두고 이름이로다. 당장 쥭을 놈이라셔 식욕(食慾)은 엇지 그다지 만으뇨?"

ᄒ고 장금을 들어 비를 질으려 ᄒ니 한슈지 크게 우셔 왈

"이 량(量) 젹은 쇼인 놈아. 사름을 죽이고자 ᄒ거던 찰하리 속히 하슈ᄒ야 쾌한 슈단을 뵈일 것이어늘 엇지 대장부를 향ᄒ야 여간 쥬육으로 죠롱ᄒᄂ뇨? 션비는 가히 죽일지[48]언정 욕뵈믄 불가하다 ᄒ거늘 아모리 무식한 놈이기로 션비를 이다지 욕뵈이는다?"

젹괴 대로왈

"셰상에 쳐엄 보는 독죵도 잇도다. 나ㅣ 진시 죽여 욕을 더 당ᄒ지 안이ᄒ리라."

ᄒ고 다시 장금을 들고 견오며

"이놈아. 네가 죵시(終時)도 담 큰 체 훌소냐?"

한슈지 안식이 ᄌ약ᄒ야 왈

"너는 손을 잠시 멈츄라. 한 마듸 부탁홀 일이 잇노라."

젹괴 손을 멈츄며 왈

"이놈아. 어린 놈이 ᄯᅩ 무슴 휘욕(詬辱)을 ᄒ고자 ᄒ야 부탁홀 일이 잇다 ᄒ는다? 뎌 계집을 한 칼에 갓치 죽여 한 곳에 뭇어 달나

부탁코져 ᄒᆞᄂᆞᆫ다?"

한슈지 ᄯᅩ 대소왈

"너는 무식ᄒᆞᆫ 무리라 아ᄂᆞᆫ 것이 계집과 지물 ᄲᅮᆫ이로다. 나는 대장부의 신분으로 일시 희롱에 지나지 안인 일이니 계집을 엇지 그다지 못 잇져 ᄉᆞ후(死後) 부탁까지 잇스리오? 나의 부탁은 둘은 일이 안이라 나ㅣ가 세상에 낫다가 립신양명ᄒᆞ야 문호를 빗ᄂᆡ며 ᄉᆞ업이 쳔츄에 썩지 안케 못ᄒᆞ고 도로혀 일홈 업ᄂᆞᆫ 도적의 손에 죽으미 그것이 창피ᄒᆞᆯ ᄯᆞ름이라. 다른 관념(觀念)이 업거니와 나ㅣ 너를 보미 긔골이 장대ᄒᆞ고 신톄 건장ᄒᆞ야 겸인지용(兼人之勇)은 잇셔 보이거ᄂᆞᆯ 지금 쥬상뎐히 셩덕으로 인지를 널니 구ᄒᆞ시ᄂᆞᆫ 시대를 당ᄒᆞ야 가히 쓸만ᄒᆞᆫ 그릇이 되지 못ᄒᆞ고 록림(綠林) 즁에 몸을 깃드려 타가겁사打家劫舍와 살인약지殺人掠財로 장기(長技)를 삼다가 필경 안명수쾌眼明手快ᄒᆞᆫ 포교(捕校)의 손에 잡힌 바ㅣ 되야 참혹ᄒᆞᆫ 형살을 당ᄒᆞᆯ 날이 잇슬지니 금일 나의 ᄉᆞ혐(私嫌)으로 너의 손에 죽ᄂᆞᆫ 일을 싱각ᄒᆞ야 일후 너의 국법으로 포교의 손에 죽을 일을 싱각거던 쇽히 회기ᄒᆞ야 셩디량민(聖代良民)으로 강구연월(康衢煙月)을 노릭ᄒᆞ며 나의 죽기 림ᄒᆞ야 이갓치 부탁ᄒᆞᄂᆞᆫ 말을 감ᄉᆞ히 넉이라. 더ᄒᆞᆯ 부탁이 업스니 쇽히 하수ᄒᆞ야 너갓치 몰지각ᄒᆞᆫ 놈과 장황히 수작지 말게 ᄒᆞ라."

적괴 듯기를 다ᄒᆞ고 이윽히 싱각ᄒᆞ다가 손에 가졋던 장금을 ᄯᅡ에 더지며 왈

"올타. 됴흔 말이오. 쾌ᄒᆞᆫ 남ᄌᆞ로다. 나ㅣ 그ᄃᆡ를 죽이면 하ᄂᆞᆯ이 반다시 무심치 안으실지라. 용셔코져 ᄒᆞ노니 그ᄃᆡ가 언의 덕 귀공

주시뇨?"

한수지 우셔 왈

"이 녹녹훈 위인아. 언의 덕 공주는 알아 무엇ᄒ랴ᄂ다? 반상(班常)을 가리어 죽이고 안이 죽이기를 결단코자 ᄒᄂ다?"

적괴 뭇지 못ᄒ고 이러나 제 손으로 수지의 결박ᄒ야 미단 것을 글너 상좌(上座)에 안치고 복복 사죄(僕僕謝罪)ᄒ야 왈

"나ㅣ 무식 소치(所致)로 당세 영웅을 몰나보고 욕을 뵈얏스니 그 실례흠을 용서ᄒ소셔."

한수지 답왈

"이ᄂ 나ㅣ 위급훈 디경을 당ᄒ야 네 집에 이르럿다가 너의 위인을 시험코져 짐짓 자취흠이니 너의 잘못이 안이로다. 나는 본읍 부ᄉ의 죵손 한명회러니 칙실에 잇셔 밤이면 글을 닑고 낫이면 활쏘기로 일삼더니 우연히 산에 들어 산양ᄒ다가 토끼를 쏠아 그 토끼 뒤다리에 살을 씌고 겨오 닷거눌 그 토끼를 잡으랴 쫏다가 산에 깁히 드러옴을 ᄭᅢ닷지 못ᄒ얏더니 일셰(日勢) 거연 졈으러 도라갈 길을 일코 비상(非常)훈 고싱을 격다가 등화를 바라보고 네 집에 이르러 본즉 적적 무인(寂寂無人)훈 집에 다만 안방에 더 녀즈 홀노 잇기로 죽기는 일반이라 불고염치ᄒ고 ᄯᅱ어드러가 져즌 의복을 벗고 금침 쇽으로 드러가 긔한에 곤난흠을 말ᄒ즉 더 녀지 밥을 쥬고 의복을 쥬기로 그 밥을 먹고 그 옷을 입은 후 싱각ᄒᆫ즉 그 밤에 가자 ᄒ니 길을 여젼히 찻기 어려워 싱소훈 험쳐(險處)에셔 무진(無盡)훈 고싱을 쏘 ᄒ다가 필경 밍수 독츙(猛獸毒蟲)에게 피히(被害)ᄒ기 십상팔구인즉 경션(徑先)히 나셜 수 업고 안이 가고자 ᄒᆫ즉 반야 삼경

에 졀문 남녀 단 두 사람이 잇스니 필경 의심을 면키 어려온지라. 무단히 남의 의심을 밧을 필요 업시 녀주와 간$_{50}$통이 되얏는디 긔위 간통된 이상에 소인의 티도로 죄과(罪過)를 감쵸아 구추로히 살고져 하는 것은 대장부의 일이 아이기로 짐짓 녀주를 안고 너 도라오기를 기디려 하회(下回)를 보고자 하얏노라."

적괴 크게 웃고 칭찬왈

"공주는 가위 당셰 인긔(當世人器)로다."

녀주다려 쥬효를 셩비(盛備)하야 오라 하야 여러 순비 권흔 후 은근히 말하야 왈

"나ㅣ 공주에게 별로히 쳥홀 일 한 가지 잇스니 용납하야 쳥죵하실소냐?"

수지 무러 왈

"무슴 말을 하고쟈 하느뇨?"

第七回 義賊一劒斷情緣
뎨칠회 의젹이 한 칼로 인연을 씃타

추셜. 한수지 젹괴의 쳥홀 일이 잇다 홈을 듯고 그 리유을 무룬디 젹괴 한수지의 손을 잡아 왈

"공즈는 범상훈 인물이 온이라. 일후 풍운제회(風雲祭會)59)를 어더 위권(威權)을 장악(掌握)에 즙을 날이 잇슬 것이니 나를 위디(危地)에셔 살녀쥬겟다는 수표(手標) 한 쟝을 친필로 써쥬기를 바라노라."

수지 미소왈

"후일 일을 엇지 알관디 수표를 써둘느 흐는다?"

젹괴 왈

"공즈는 먼져 실례홈을 심즁에 통분히 넉여 표 써 쥬기를 근지(靳持)흐느뇨? 일시 지난 허물을 용셔흐시고 일후(日後) 오운림이 유수시에 진심 구제흐야 줄 쯧을 한 쪽 죠희에 긔록흐야 빙거(憑據)될만 흔 신젹(信迹)을 쥬시면 싱젼 몸에 보관흐야 두고져 흐노라."

한수지 왈

"그는 어렵지 온이흔 일이느 엇지 일즉 기과쳔션치 온이흐고 쟝

---

59) 풍운제회(風雲祭會): "구름은 용을 따르고, 바람은 범을 좇는다.(雲從龍 風從虎)"는 말에서 유래하여, 임금이 어진 신하를 만나는 것을 뜻함. 『周易』

구히 록림긱(綠林客)이 되려ᄒᆞᄂᆞᆫ다?"

젹괴 답왈

"공ᄌᆞ의 금셕지언을 간폐(肝肺)에 삭이어 쟝ᄎᆞ 긔회를 기디려 귀화(歸化)코쟈 ᄒᆞᄂᆞ 임의 오리 젹괴로 유명ᄒᆞ야 포교의 귀에 셩명이 우뢰ᄀᆞ치 잇ᄂᆞ니 엇지 일싱 무ᄉᆞᄒᆞᆷ을 바라리요? 그러ᄒᆞᆷ으로 일후 쳐변(處變)홀[수 있는 수표롤 부]51탁코져 ᄒᆞᄂᆞ이다."

한수지 허락ᄒᆞ고 지필을 가져 일필휘지ᄒᆞ야 젹괴를 쥬니 젹괴 대희ᄒᆞ야 무슈 사례ᄒᆞᆫ 후 다시 말ᄒᆞ야 왈

"량반 ᄌᆞ뎨로 국가 동량지신(棟樑之臣)이 되야 홍대(弘大)ᄒᆞᆫ ᄉᆞ업을 셩취ᄒᆞ야 일홈이 쥭빅에 드리고져 홀진디 셩경 현젼(聖經賢傳)을 부즈러니 공부ᄒᆞ야 치텬하지대경대법治天下之大經大法60)을 통달ᄒᆞ여야 홀지니 한낫 무부의 장긔에 지나지 못ᄒᆞᄂᆞᆫ 활쏘기로 죵ᄉᆞ치 말으시고 도라가시ᄂᆞᆫ 날로부터 부즈런히 글공부를 ᄒᆞ소셔."

한슈지 그 됴흔 ᄯᅳᆺ을 ᄉᆞ례ᄒᆞ더라. 붉ᄂᆞᆫ 날 오운림이 죠반을 셩비ᄒᆞ야 대졉ᄒᆞᆫ 후 셔로 작별홀시 젹괴 녀ᄌᆞ를 가라쳐 왈

"이 계집이 임의 공ᄌᆞ와 합궁ᄒᆞ얏슨즉 곳 공ᄌᆞ의 사ᄅᆞᆷ이라. 거류(去留)를 공ᄌᆞ 쳐분에 맛기노니 디려가시거나 이곳에 아즉 두시거나 량단간(兩端間)에 죵편(從便)ᄒᆞ소셔."

한슈지 닝소왈

"나의 녀ᄌᆞ를 갓가히 홈은 일시 희롱에 지나지 안이ᄒᆞᆫ 일이어늘 엇지 그 거류를 나의 쳐분이라 ᄒᆞᄂᆞ뇨?"

---

60) 치텬하지대경대법(治天下之大經大法): 세상을 다스리는 큰 원리와 법칙을 의미함. 『書傳』

젹괴 웃고 니당으로 드러가 녀ᄌᆞ를 부르더니 거미거에 션지 피가 쭉쭉 듯ᄂᆞᆫ 사ᄅᆞᆷ의 머리를 들고 나아와 한슈지 압헤 놋커ᄂᆞᆯ 자셰 보니 이 곳 그 녀ᄌᆞ의 슈급(首級)이라. 대경질식ᄒᆞ야 연고를 무른ᄃᆡ 젹괴 왈

"이 녀ᄌᆞ를 살녀 이곳에 두면 쳣지ᄂᆞᆫ 공주의 마ᄋᆞᆷ이 왕래ᄒᆞ야 공부ㅣ 젼일치 못ᄒᆞ실지오 둘지ᄂᆞᆫ 공주ㅣ 나의 마ᄋᆞᆷ을 의심ᄒᆞ실지라. 공주 보시ᄂᆞᆫ ᄃᆡ 죽여 은졍을 ᄯᅳᆫ케 ᄒᆞᆷ이로이다."

한수지 차셕(嗟惜)ᄒᆞᆷ을 말지 안이ᄒᆞ며 길을 ᄯᅥ날시 젹괴 산 밧게 멀니 나아와 젼송ᄒᆞ더라.

한수지 길을 차자 칙실로 도라와 의복을 밧고아 입고 동헌에 드러가 문후ᄒᆞᆫᄃᆡ 부ᄉᆞㅣ 무러 왈

"너ㅣ 어졔 아모 말 업시 나아가 밤을 지니고 안이 옴으로 그 곡졀을 몰나 방장(房掌) 관례(官隷)로 ᄒᆞ야곰 ᄉᆞ면 탐문(四面探問)코져 ᄒᆞ더니 마ᄎᆞᆷ 도라왓도다. 공부ᄒᆞᄂᆞᆫ 아[52]희가 엇의를 가 자고 온다?"

한수ᄌᆞㅣ ᄌᆡ비 고왈

"작일에 산에을 올나 산양ᄒᆞᆸ다가 공교히 토씨를 쏘아 뒤다리를 맛고 즐며 가기로 잠착(潛着)ᄒᆞ야 ᄶᅩᆾ다가 날이 어둡ᄂᆞᆫ 것을 씨닷지 못ᄒᆞ와 심산 칠야(深山漆夜)에 길을 못 찻고 고싱ᄒᆞ다가 날 발기를 기다려 지금이야 도라왓ᄂᆞ이다."

부ᄉᆞㅣ 놀나 왈

"심산에셔 홀노 경야(經夜)를 엇지 ᄒᆞ단 말가? 호표가 죵힝ᄒᆞ야 극히 위험ᄒᆞ거ᄂᆞᆯ 무슴 몰지각ᄒᆞᆫ ᄒᆡᆼ동을 이갓치 ᄒᆞᄂᆞᆫ다? ᄎᆞ후로ᄂᆞᆫ

그런 일을 힝치 말나. 너는 곳 우리집 동량이라 소즁(所重)이 즈별(自別)흔 고로 나ㅣ 로릭(老來)에 너를 틱산갓치 밋거눌 몸을 스스로 가뷔야히 구러 나의 근심을 이루눈다?"

한수지 공수 디왈

"츠후로눈 삼가 죠심ᄒ오리다."

칙실로 도라와 거야(去夜) 소경력(所經歷)을 다시 싱각흔즉 정신이 아득흔 즁 젹괴의 권고ᄒ던 말이 심히 유리ᄒ야 다시 활쏘기를 전폐(全閉)ᄒ고 쥬야 공부를 자자히 ᄒ더라.

일일은 글을 넑다가 울젹ᄒ야 방즈를 다리고 압 시니에 나아가 탁족(濯足)코져 ᄒ더니 엇더훈 즁 하나이 바랑을 지고 머리에 셰디삭갓(細대삿갓)61)을 숙여 썻스며 목에 빅팔념쥬를 걸고 손에 목탁을 들[었으]디 그 힝식이 힝걸승(行乞僧)으로 미곡을 엇어 지고 졔 졀로 도라가는 모양갓흔지라. 압흐로 지나다가 한수지를 보고 합장비례(合掌拜禮)ᄒ거눌 한수지 무러 왈

"언의 졀에 잇눈 즁이다?"

그 즁이 공슌히 고왈

"소승은 빅운암에 잇ᄉ옵더니 량미(糧米)를 빌어가지고 도라가는 길이로소이다."

수지 왈

"빅운암이 예서 얼마나 멀며 수셕이 유수훈다?"

즁이 답왈

---

61) 셰디삭갓(細대삿갓): 가늘게 쪼갠 대나무로 만든 대삿갓. 주로 승려가 씀.

"관수 뒤산 쥬봉(主峰)을 넘어가면 곳 소승의 졀이온디 비포는 비록 젹은 암주에 지나지 못ᄒ오나 디경이 유수ᄒ고 수셕이 가려ᄒ야 한 졈 쇽루(俗陋)ㅣ 업슴으로 각쳐의 공부ᄒᄂ 즁들이 만히 와 잇ᄉ오며 쇽인(俗人)도 죵죵 와셔 글을 닑ᄂ이다."

수지 왈

"그러면 읍에53셔 빅운암 가ᄂ 거리 얼마나 되ᄂ뇨?"

즁 왈

"평디(平地) 갓ᄉ오면 불과 숨 마장 밧게 못되오나 긔[험](崎險)ᄒ 셕경(石經)이 심히 험쥰(險峻)ᄒ고 울밀(鬱密)ᄒ 수림(樹林)이 하눌을 가리워 빅쥬 쳥명(白晝淸明)ᄒ 날도 싱소 초ᄒᆡᆼ(生疎初行)은 왕리ᄒ기 극난ᄒ여이다."

한수지 그 말을 듯고 로구산에셔 길 일어 고싱ᄒ던 일을 싱각ᄒ고 탄식홈을 말지 안이ᄒ다가 다시 무러 왈

"너의 졀에 죵용ᄒ 쳐소 잇ᄂ다? 니 쟝ᄎ 가셔 수년간 글공부를 ᄒ고자 ᄒ노라."

즁이 머리를 죠아 왈

"공주ㅣ 힝ᄎ 곳 ᄒ시면 죵용ᄒ 초막(草幕)을 치워 공부ᄒ시도록 진공(進供)ᄒ오리다."

한수지 즁을 보니고 칙실로 도라와 밤을 지닌 후 익일 죠죠에 동헌에 문후ᄒ 후 부ᄉ게 고ᄒ야 왈

"칙실이 번요ᄒ와 글 닑기에 정신이 젼일(專一)치 못ᄒ옵더니 듯ᄌ온즉 관수 뒤 멀지 안인 산상에 빅운암이라 칭ᄒᄂ 암지ㅣ 잇다 ᄒ오니 수년간 그 암ᄌ에 츌졉(出接)ᄒ야 공부ᄒ올가 ᄒᄂ이다."

부스 왈

"네가 겻헤 갓가히 잇셔도 죠셕으로 못보면 나의 마음이 극히 결연(缺然)ㅎ거던 엇지 멀이 쩌나보니리오? 그러나 기위 너의 쯧이 공부흠을 젼일키 위ㅎ야 가고져 홀진디 그리ㅎ되 밤이면 문을 일즉 닷아 험디에 왕리치 말나. 근일 드르니 밍호(猛虎) ㅣ 횡힝ㅎ야 민가 륙츅을 왕왕 상흔다 ㅎ더라."

한수지 승명ㅎ고 칙실에 이르러 스셔삼경(四書三經)과 졔ᄌ빅가셔(諸子百家書)를 수습ㅎ야 건장흔 관례에게 지우고 ᄌ긔는 죽장망혜(竹杖芒鞋)로 방ᄌ를 다리고 쳔쳔히 거러 빅운암을 ᄎᄌ 올나갈 시 실낫갓흔 길이 수목 사이로 위이굴곡(委迤屈曲)흔 즁 쓴어진 셕벽과 가로막힌 시닌 간간히 잇셔 힝보가 심히 어렵더라. 한수지 로구산에셔 길 일턴 것을 젼감(前鑑)을 삼아 력력히 엇더흔 나무와 엇더흔 돌을 긔억ㅎ며 가더니 빅운이 발 아리 둘니고 하눌이 이마에 다은 듯ㅎ며 로셕창숑(露石蒼松)이 젹은 동학(洞壑)을 비포54흔 가온디 단쳥(丹靑)이 션명흔 불뎐(佛典)이 뵈이거늘 거름을 지쵹ㅎ야 졈졈 갓가히 가니 졔승이 마죠 나아와 마져 법당으로 인도ㅎ거놀 수지 쥬승(主僧)을 불너 일너 왈

"나는 이 고을 부스의 죵손으로 칙실의셔 공부ㅎ더니 드른즉 이 졀이 유수 쳥결ㅎ야 글 닑기 미오 젹당ㅎ다 ㅎ기로 이쳐럼 올나왓노니 대스는 한 간 초막을 앗기지 안이할소야?"

쥬승이 합쟝 비례왈

"분부디로 거힝ㅎ오리다마는 졀이 빈한소치(貧寒所致)로 초막이 심이 루츄(陋醜)ㅎ오니 귀ㅎ신 공ᄌ 거쳐ㅎ시기 어려올가 ㅎᄂᆞ이

다."

한수지 웃고 관례 식이어 힝구 셔칙(行具書冊)을 운젼ᄒᆞ야 쥬승의 지뎡ᄒᆞᄂᆞᆫ 초막으로 가니 방샤(坊舍)ㅣ 졍결ᄒᆞ고 창호(窓戶)ㅣ 명랑ᄒᆞ야 진짓 공부홀 쳐소라. 심히 깃거 셔칙과 문방을 졍돈ᄒᆞ고 방ᄌᆞ와 관례를 도라보닐시 일봉(一封) 샹셔(上書)를 닥가 부ᄉᆞ의게 올녓더라. 그 샹셔에 ᄒᆞ얏스되

업디여 두어 쥴 글월을 죵조부쥬 젼에 올니노니 소손이 미거ᄒᆞ야 ᄂᆞ이 십오세 지나오되 유희로 종ᄉᆞᄒᆞ며 셰월을 랑도(浪度)ᄒᆞ와 우으로 죠부쥬의 근심을 더ᄒᆞ고 아리로 소손의 젼졍이 아득ᄒᆞ오니 업디여 싱각건디 죄송ᄒᆞ온 ᄯᆞᆷ이 등에 졋ᄉᆞ오며 금번 빅운암에 와 보온즉 법계(法戒) 쳥졍(淸淨)ᄒᆞ고 거쳐ㅣ 한젹ᄒᆞ와 가히 션비의 공부홀만ᄒᆞᆫ 곳이라. 금일로붓터 활쏘고 말달니기를 폐지ᄒᆞ고 잠심ᄒᆞ야 글 닑기로 결심ᄒᆞ오나 지질이 로둔ᄒᆞ와 셩취ᄂᆞᆫ 미리 기필(期必)키 어려온 즁 멀니 ᄯᅥ나 조셕으로 시칙(侍側)지 못ᄒᆞᄂᆞᆫ 일이 죄송이로소이다. 고인(古人)은 셜창형화雪惚螢火에 근면ᄒᆞ야 운로붕졍雲路鵬程62)을 도돌ᄒᆞ얏ᄉᆞ오니 소손도 촌음을 앗기어 소진의 ᄌᆞ고蘇秦刺股63)와 광형의 쳔벽匡衡穿壁64)을 본밧고[자] 55 ᄒᆞ오나 지질(才質)이 로둔ᄒᆞ와 벌제伐齊의 허명(虛名)65)을 면치 못할가

---

62) 운로붕졍(雲路鵬程): '운로(雲路)'는 구름이 오가는 길이라는 뜻으로 벼슬길에 나아감을 비유하며, '붕졍(鵬程)'은 갈 길이 먼 것을 비유함.『莊子』
63) 소진의 ᄌᆞ고(蘇秦刺股): 주(周)나라의 소진이 잠이 오면 허벅지를 송곳으로 찌르며 공부했다는 것에서 유래한 말.『戰國策』
64) 광형의 쳔벽(匡衡穿壁): 한(漢)나라의 광형이 가난해서 공부할 때 촛불을 켤 수 없자 벽을 뚫어 이웃집의 촛불 빛을 이용한 것에서 유래한 말.『西京雜記』
65) 벌제(伐齊)의 허명(虛名): 벌제위명(伐齊爲名)과 같은 말. 제나라 장수 전단(田單)이 '연(燕)나라 악의(樂毅)가 제나라를 정복한 후에 제나라의 왕이 되려고 정벌하

져어ᄒᆞᄂᆞ이다.

부ᄉᆡ 람필(覽畢)의 대희ᄒᆞ야 니아에 드러와 그 부인게 셜화ᄒᆞ고 찬슈(饌需)를 진미로 갓초 작만ᄒᆞ야 빅운암에 보니여 죵손으로 ᄒᆞ야곰 긱디 음식에 넘오 담박홈을 면토록 ᄒᆞ라 부탁ᄒᆞ더라. 한슈지 빅운암에 잇셔 불쳘쥬야ᄒᆞ고 글을 넑을시 창 밧게 눈이 오던지 비가 오던지 일졀 모로고 다만 칙상을 디ᄒᆞ야 이오셩(咿唔聲)66)이 긋치지 안이ᄒᆞ니 ᄉᆞ즁 여러 승도들이 모다 혀 차 칭찬ᄒᆞ야 왈

"우리 졀에 공부ᄒᆞ는 션비가 다슈(多數)히 잇셧스나 항다반(恒茶飯)67) 일폭십한(一曝十寒)68)으로 셩실치 못ᄒᆞ되 오즉 셔편 초막에 계신 권공ᄌᆞ 와셔 공부흔 지 장근(將近) 일년에 창 밧글 여어 보지 안이ᄒᆞ고 글 넑기만 잠심ᄒᆞ기로 당셰에 그 갓ᄒᆞ니 다시 업슬리라 ᄒᆞ얏더니 한공ᄌᆞ에 열심 근업(勤業)홈이 권공ᄌᆞ만 못지 안이ᄒᆞ도다."

한수지 그 말을 귀결에 듯고 스스로 싱각ᄒᆞ기를

'나ㅣ 이 졀에 온 지 수삭에 공부ᄒᆞ는 션비 ᄯᅩ 잇슴을 모로고 나 홀로 ᄲᅮᆫ이어니 ᄒᆞ얏더니 뎌 즁들의 셜화(說話)를 듯건더 일명 유지(有志)흔 쟈ㅣ 이곳에 ᄯᅩ 잇도다.'

ᄒᆞ고 즁을 불너 무른디 즁이 디답ᄒᆞ되

"공ᄌᆞ 계신 곳은 동편 초막이어니와 셔편 초막에 본읍 권진ᄉᆞ덕 ᄌᆞ뎨 죽년부터 와셔 글을 공부ᄒᆞ는디 미우 부즈런ᄒᆞ야 잠시 쉬지

는 흉내만 낸다.'는 헛소문을 퍼뜨린 데서 유래함. 어떤 일을 하는 척하고 뒤로는 다른 일을 하는 것을 말함. 『通鑑節要』
66) 이오셩(咿唔聲): 글을 읽는 소리.
67) 항다반(恒茶飯): 차를 먹는 것처럼 늘 있는 일반적인 일.
68) 일폭십한一曝十寒: 하루는 덥고, 열흘은 춥다는 뜻으로 성실하게 일하지 못하고 중간에 끊기는 것을 의미함. 『孟子』

안이ᄒᆞᄂᆞ이다."

 한수지 그 말을 듯고 그 엇더ᄒᆞᆫ 인물임을 알고져 ᄒᆞ야 비로소 문 밧게 나아와 즁과 한게 셔편 초막으로 가니 과연 활발ᄒᆞᆫ 글 소리 쳥산류수갓ᄒᆞᆫ지라. 른간 압으로 갓가히 가니 반쯤 것은 쥬렴 안에 일위 소년 슈지 단정히 안져 칙상을 디하야 글을 외오며 문 밧 인젹 잇는 것을 씨닷지 못ᄒᆞ고 졍신이 글에만 젼일ᄒᆞᆫ지라. 한수지 자셰 숣혀보미 쥰수ᄒᆞᆫ 얼골이 대장부[56]의 긔상을 씌웟고 령롱ᄒᆞᆫ 안치(眼彩)ᄂᆞᆫ 닥근 거울 갓흐며 붉은 입슐과 검은 눈셥이 심샹ᄒᆞᆫ 류(類)ㅣ 안이라. 심니에 대희ᄒᆞ야 이윽히 보다가 알아드를 만치 기침 한 번을 ᄒᆞ고 압흐로 나아가니 그 소년이 바야흐로 눈을 들어 보더니 칙상을 한편으로 물니고 이러 마져 왈

 "귀긱(貴客)이 누구신디 폐우(弊寓)에 이쳐럼 심방(尋訪)ᄒᆞ시뇨?"

 한수지 답례왈

 "속긱이 귀좌(貴座)를 번거히 굴어 히공(害工)이 되오니 죄송ᄒᆞ도다."

 그 소년이 불감흠을 말ᄒᆞ고 좌(座)를 뎡ᄒᆞᆫ 후 이윽히 보다가 무러 왈

 "형이 한명회씨 안인다?"

 한수지 놀나 왈

 "형이 불ᄉᆞ(不仕)ᄒᆞᆫ 셩명을 엇지 아시ᄂᆞ뇨?"

 ᄒᆞ고 다시 권수지를 보더니 우셔 왈

 "형이 쳥쥬 사졍에셔 궁시를 썩거바리고 힝힝히 가시던 쟈 안인다?"

권수지 우셔 왈

"뎨가 외가에 단이러 쳥쥬에 갓다가 동료를 짜라 활 쏘더니 과연 기시(其時) 형에게 ᄉ졍 쥬인을 쎼앗기고 궁시를 썩거 오활(迂闊)ᄒᆞᆫ 본식을 로츌ᄒᆞ던 권람(權擥)69)이어니와 형이 엇지 이곳에 지나ᄉᆞ 폐우에 욕림(辱臨)ᄒᆞ셧ᄂᆞ뇨?"

한수지 왈

"나도 무예가 문학(文學)만 갓지 못홈을 비로소 씨다라 글을 닑고져 ᄒᆞ더니 마ᄎᆞᆷ 나의 동죠(宗祖) 이곳 부ᄉᆞ로 도림ᄒᆞ심이 칙실에 와 잇더니 빅운암의 한젹ᄒᆞ다는 말을 듯고 공부ᄒᆞ기 합당홀가 ᄒᆞ야 올나왓더니 형을 이쳐럼 만나기는 쳔만 ᄯᅳᆺ밧 젹지 안인 연분이로다. 피ᄎᆞ 고젹(孤寂)ᄒᆞ디 한 쳐소에 모여 글을 닑음이 엇더ᄒᆞ뇨?"

권수지 겸ᄉᆞ왈

"용렬ᄒᆞᆫ 위인을 멀니 버리지 안이시고 동업(同業)홈을 말ᄉᆞᆷᄒᆞ시니 이ᄂᆞᆫ 고소원이언졍 불감쳥(固所願不敢請)이로라."

피ᄎᆞ 깃버홈을 말지 안이ᄒᆞ고 그날부터 둘이 거쳐훌시 동편 초막이 셔편 초막보다 헌활(軒豁)홈으로 동초 편막70)으로 모여 공부홀시 조셕으로 학문을 셔로 론난(論難)ᄒᆞ야 미미ᄒᆞᆫ 담화와 은근ᄒᆞᆫ 졍의 날로 갓갑더라.

일일은 한수지 셕반을 지57니고 ᄯᅳᆯ에셔 권수지와 셔로 경의(經義)를 문답ᄒᆞ며 거닐시 ᄯᅢ 졍히 삼오야(三五夜)라. 월식이 죠요(照耀)

---

69) 권람(權擥): 1416~1465. 조선 전기의 문신. 한명회의 죽마고우로 세조가 즉위하는 데에 공을 세움.
70) 동초 편막: 동편 초막.

[하야 환한 낮] 갓흐니 한수지 별안간 주긔 죵조게 승후홀 마음이 간절ᄒᆞ야 월식을 씌워 아즁에 [다녀 오고자]ᄒᆞ니 권수지 만류왈

"야반 심산에 호표의 념려ㅣ 업지 안이ᄒᆞ거놀 엇지 홀노 [다녀오려 하ᄂᆞ]뇨? 아모리 문후홀 정셩이 간절ᄒᆞ나 밤을 지니고 릭일 붉거던 가심이 가홀[가 하노라]."

[한수지] 답왈

"형의 말숨이 가ᄒᆞ나 공부홀 ᄉᆞ룸이 엇지 한만(閑漫)히 낫에 왕릭ᄒᆞ리오? [마침 지금 월색이] 명랑ᄒᆞ야 낫과 ᄀᆞᆺ흐니 념려 말나. 이곳셔 아즁이 얼마 멀지 안이ᄒᆞ니 닉[조심히 갓다가 바로] 도라오리라."

ᄒᆞ고 긔어히 나셔니 권수지 다시 만류치 못ᄒᆞ더라.

한수[지 곧바로 빅운암 문]밧게 나셔니 올나올 씨에 긔역ᄒᆞ얏던 나무와 돌이 눈ᄋᆞᆸ헤 력력ᄒᆞ지[라 석벽과 시내의 좁]은 길을 셔슴지 안이ᄒᆞ고 ᄂᆞ려올시 문득 두 눈이 등잔ᄀᆞᆺ흔 대호(大虎)ㅣ 길[을 막고 한수지 앞에 셧]거늘 한수지 틱연히 발을 멈츄고 웃둑 셔며 무러 왈

"너ㅣ가 빅수(百獸) 즁 [가장 신령하고 용맹함]으로 사룸이 너를 혹 수왕獸王이라 혹 산군山君이라 부르ᄂᆞ[니 가만히 산을 지키며 일]홈에 적당케 잇슬지라. 이밤에 나의 가는 길을 막ᄌᆞ르니 나를 히[치고자 하여 공격을 할진]던 긴말홀 것 업시 너의 ᄒᆞᄂᆞ디로 맛겨두려니와 그러치 안커던 [내 갈 길을 갈터이니 앞장서라]."

대호ㅣ 머리 조아 례(禮)ᄒᆞ는 모양을 뵈이고 이러 ᄋᆞᆸ셔 셜넝셜[넝 걸어가 밤 길을 안내하니 한수지 두]려운 마음이 변ᄒᆞ야 든든ᄒᆞᆫ 싱각이 나며 탄평히 ᄯᅡ라[가니 어느덧 아중 문 앞에 도착하였더라. 대]

호] 다시 고기를 조으며 하즉ᄒᆞᄂᆞᆫ 의ᄉᆞ를 발[하고 곧장 산으로 돌아가니 수지 대호의 행동을 이상히 싱각ᄒᆞᄂᆞᆫ 즁 무한히 홀로 깃거ᄒᆞ58[더라. 한수지 관례를 부르니 관례] 그 목소리를] 알아듯고 나아와 문을 열고 마즈며 놀나 [왈

"수지께서 한밤 중에 무슨 일이뇨? 빅운암 험지]ᄂᆞᆫ 빅쥬에도 말이 쇼슙(疏澁)ᄒᆞ야 겨우 ᄎᆞᄌᆞ왓거[니와 또한 길도 어둡고 험난할 것이]오 쇼로로 힝ᄎᆞᄒᆞ시노라 곤난을 얼마ᄂᆞ 당ᄒᆞ셧ᄂᆞ닛[가?"

한수지 답왈

"[이미 올라 가 봣기]로 한 번 단여본 길이 무슴 쇼슙ᄒᆞ리오?"

바로 동헌에 드러[가 부시께 인사하니 부ᄉᆞ]] 왈

"너] 언제 왓ᄂᆞ다?"

수지 고왈

"셕반 후에 왓ᄂᆞ이다."

부ᄉᆞ] 대왈

"집을 떠나서 공부ᄒᆞᄂᆞᆫ] 아히가 자조 올 것도 업고 졍 오고자 홀진던 붉은 날 올 것이지 뉘[가 죽어 험한 길을 마다]ᄒᆞ고 밤에 온다?"

슈지 꿀어 고왈

"비록 밤이오나 달이 낫갓치 밝고 거[리가 가까워서 그리] 어렵지 안이ᄒᆞ오니 아모 하념(下念) 마옵소셔."

감을 고ᄒᆞ고 니아에 단여 칙[실에 잠시 들어가니] 임의 오경(五更)이라. 등을 물니고 금금에 나아가 잠시 자다가 계명셩啓[明星71) 점차 밝아옴]을 보고 즉시 이러나 뒤문으로 나셔 빅운암을 향훌시 수

보(數步)를 못 힝ᄒ[야 갑자기 간밤의 대]호ㅣ ᄯᅩ 나와 쇼리를 치고 머리 죠아 인ᄉᆞ를 아ᄂᆞᆫ 것 갓고 압을 여젼히 [인도하여 백운암까]지 오더니 머리를 죠아 하즉ᄒᆞᄂᆞᆫ 모양을 짓고 산으로 가거ᄂᆞᆯ 한수ᄌᆡ [대호에게 감동하]여 초막으로 드러가니 권수ᄌᆡ 이러 마져 왈

"형은 가위 신실 군ᄌᆞ(信實君子)로다. 엇[던 재주로 이다지] 속왕 속리 ᄒᆞ얏ᄂᆞ뇨?"

---

71) 계명성(啓明星): 샛별. 금성.

[第七]回 韓秀才力薦同窓生[72)
[뎨]칠회 한수지 힘써 동창싱을 쳔거ᄒ다

츠셜. 한권(韓權) 량수지(兩秀才) 빅운암에 잇셔 공부ᄒᆞᆯ시 한수지 삼일 일ᄎᆞ식 밤이면 아즁에 ᄂᆞ려[가니]

59[73)]말으소셔."

한수지 소왈

"너의ᄂᆞᆫ 부즈럼슨 의심으로 쥬져(躊躇)치 말나. 뒷일은 나라셔 담당ᄒᆞ리라."

ᄒᆞ고 방자를 불너 유리(由吏)[74)]에게 젼문(錢文) 일빅량(一百兩)을 달나 ᄒᆞ야 엽호(獵戶) 등을 난호와 쥬라 ᄒᆞ고 손소 함졍 문을 열고자 ᄒᆞ니 모여드러 구경ᄒᆞ던 로소ㅣ 모다 놀나 풍지박ᄉᆞᆫ(風飛雹散)으로 쥐 숨듯ᄒᆞ고 엽호 등은 창봉(槍棒)을 각기 가져 만일 디호ㅣ 읍흐로 덤뷔면 막을 쥰비를 ᄒᆞ야 멀즉이 숨어 엿보ᄂᆞᆫ디 그즁 담디ᄒᆞ고 효용훈 엽호 한 명이 급히 뛰어드러와 한수지의 손을 잡아 읍을 막으

---

72) 본래 8회가 나올 순서인데 7회로 잘못 표기되었음.
73) 본문 58쪽과 59쪽 사이의 페이지가 누락된 것으로 보임. 한명회가 백운암에서 관아로 왕래하는 길을 안내하던 호랑이가 사냥꾼들의 함정에 걸려 잡힌 내용으로 추정됨.
74) 유리(由吏): 이방(吏房)에 속한 아전.

며 왈

"불가ᄒ도다. 공자ㅣ 션심(善心)으로 긔어히 뎌 디호를 살녀 보니고자 ᄒ실진던 함정 문에 ᄭᆞᆫ을 미여 멀즉이 피신ᄒ시고 그 ᄭᆞᆫ을 잡아다리면 문이 열니게 ᄒ소셔."

한수지 우셔 왈

"나도 싱각이 잇ᄂᆞ니 과히 근심 말나."

ᄒ고 것침업시 함정 문을 잡아 열치고 손을 들어 가라쳐 왈

"ᄉᆞ군아. 어셔 나아오라."

ᄒ니 디호ㅣ 셜넝셜넝 거러 함정 밧그로 나아와 겻헤 안즈미 한수지 손으로 디호의 귀밋흘 어루만즈며 왈

"영특ᄒᆞᆫ 신분으로 그만 지혜 업셔 썩은 기아지를 보고 식욕을 억제치 못ᄒ야 ᄉᆞ디(死地)에 ᄲᅡ져 인심을 소동ᄒ고 위엄을 ᄯᅥ러트린다? 다시는 구구한 구복지계(口腹之計)로 그릇ᄒᆞᆷ이 업도록 쥬의ᄒ라."

디호ㅣ 이윽히 듯다가 말을 맛치미 이러나 손을 향ᄒ고 몃 거름 가더니 큰소리 한 번에 급ᄒᆞᆫ 바롬이 일며 문득 간 곳이 업거놀 이씨 엽호가 은신ᄒ야 보다가 그 광경을 보고 놀나 셔로 말ᄒ야 왈

"한공자는 텬신 하강(下降)ᄒᆞᆷ이오 보통 사롬은 안이로다."

ᄒ야 그 말이 졈졈 젼파(傳播)ᄒ니 듯는 쟈ㅣ 뉘 안이 이상타 ᄒ리오? 부ᄉᆞ 그 말을 듯고 놀나 즉시 그 죵손을 불너 ᄉᆞ실을 무른디 한수지 빅운암 동구에셔 쳐엄 디호 만나던 일로 미양 동ᄒᆡᆼᄒ야 왕리ᄒ던 말을 일일히 고ᄒᆞᆫ 후 함정에 ᄲᅡ진 범을 가[60]보미 동ᄒᆡᆼᄒ던 디호ㅣ 분명ᄒᆞᆷ으로 의심 업시 구ᄒ야 쥰 ᄉᆞ실을 고ᄒ니 부ᄉᆞㅣ 심

니에 심상치 안케 넉이며 짐짓 훈계(訓戒)ᄒ야 왈

"군자는 위방불입君子危邦不入75)ᄒᄂ니 엇지 즘싱을 사름갓치 밋고 위퇴ᄒᆫ 일을 힝ᄒᄂ다? 금번 요힝의 일을 밋고 일후는 위험ᄒᆫ 싸에 림ᄒ지 말지어다."

한슈지 유유 쳥명(唯唯聽命)ᄒ고 인ᄒ야 하즉을 고ᄒᆫ 후 빅운암으로 올나와 의구히 공부ᄒᆯ시 문ᄉ(文事) 일취월쟝ᄒ야 가히 한마韓馬76)를 병가(竝駕)ᄒ고 구소歐蘇77)를 압도(壓倒)ᄒᆞ너라.

하로는 한슈지 아즘에 도라와 부ᄉ쎄 문안ᄒ고 뫼셔 경의(經義)를 문답ᄒ더니 문득 역말 역승(驛丞)이 드러와 고왈

"지금 졀니(殿內)로셔 봉셔ㅣ 이르럿ᄂ이다."

ᄒ거ᄂᆯ 부ᄉ 창황히 이러나 관복을 갓초고 상탁(床卓)을 베푸러 북향사비(北向四拜)ᄒᆞᆫ 후 홍보(紅褓)를 글너 봉셔를 쎼워보니 이는 쥬상뎐하게셔 사찰(使札)로 안부를 무르시고 빅셩을 사랑ᄒ야 일경(一境)을 안도케 ᄒ라 부탁ᄒ신 후 쏘 말슴ᄒ야 가르사디 여러 대군의 공부를 위ᄒ야 왈 '팔로(八路) 유림(儒林) 즁 지자(才子)를 턱츌(擇出)ᄒ야 일이명(一二名)식 동접(同接)케 ᄒ려 ᄒ노니 경은 문견이 넓은지라 응당 춍명 지자(聰明才子)를 만히 알지니 가합(可合)ᄒᆫ 주격 일이명을 션턱 상송(選擇上送)ᄒ라.' ᄒ신지라. 부ᄉ 공손히

---

75) 군자는 위방불입(君子危邦不入): 군자는 위태로운 나라에 들어가지 않는다는 뜻. 『論語』
76) 한마(韓馬): 당(唐)나라의 정치가이자 문장가인 한유(韓愈, 768~824)와 북송(北宋)의 학자인 사마광(司馬札, 1019~1086)을 뜻함. 둘 다 문장으로 이름을 떨침. 한유는 당송팔대가(唐宋八大家)의 한 사람.
77) 구소(歐蘇): 송나라의 정치가이자 문학자인 구양수(歐陽脩, 1007~1072)와 북송(北宋)의 뛰어난 문장가인 소동파(蘇東坡, 1037~1101)를 뜻함. 둘 다 당송팔대가에 속함.

봉셔를 것우고 죵손다려 셩의(聖意)를 말ᄒ여 왈

"당금(當今) 나 아ᄂᆞᆫ 지사(才士)로ᄂᆞᆫ 너만ᄒᆞᆫ ᄌᆞ격이 업스나 죵죠 되야 그 죵손을 쳔거ᄒᆞ기 극히 미안ᄒᆞ고 다른 사름은 아ᄂᆞᆫ 쟈ㅣ 업스니 이 일을 장차 엇지ᄒᆞ면 됴흘소냐? 사셰 부득이 혐의를 무릅쓰고 너를 쳔보(薦報)ᄒᆞᄂᆞᆫ 슈 밧게 다른 도리 업도다."

한슈지 피셕 디왈

"이ᄂᆞᆫ 만만 불가(萬萬不可)ᄒᆞᆫ 분부로소이다. 소손의 잡은 뜻은 슈년 공부를 더ᄒᆞᆫ 후 ᄉᆞ방에 놀아 지긔를 널니 사괴여 가슴에 품은바 경륜(經綸)을 한 번 크게 발뎐(發展)코져 ᄒᆞ옵거ᄂᆞᆯ 아즉 지식이 부족ᄒᆞᆫ 자격으로 공주 왕손 문하에 머리를 슉이고 업디려 잇셔 구구ᄒᆞᆫ 싱활을 짓ᄉᆞ옴이 불가ᄒᆞ오니 혐폐(嫌弊) 업셔 당연히 쳔거(薦擧)될지라도 소손은 봉승치 못ᄒᆞᆯ지라. 감히 한 ᄉᆞ룸을 쳔거ᄒᆞ오리니 시험ᄒᆞ야 치용ᄒᆞ소셔."

부ᄉᆞ 대희ᄒᆞ야 죵손의 넓은 도량을 칭찬ᄒᆞ며 무러 왈

"너의 쳔거코쟈 ᄒᆞᄂᆞᆫ 사름은 누구며 그 지죠 너의 비ᄒᆞ면 엇더ᄒᆞ뇨?"

한슈지 텬연이 꾸러안져 고왈

"소손이 빅운암에 가 잇슨지 월여(月餘) 만에 즁의 말을 듯ᄌᆞ온즉 그 암주에 공부ᄒᆞᄂᆞᆫ 션비 쏘 잇다 ᄒᆞ옵기로 누구임을 알고쟈 ᄒᆞ야 일부러 차쟈가 보온즉 그 사름은 곳 이 고을 권진ᄉᆞ의 아달 권람이니 용모ㅣ 단정하고 이목이 총명ᄒᆞ며 동작이 법도에 버셔나지 안이ᄒᆞ옵기로 동접ᄒᆞᆷ을 쳥ᄒᆞ야 한 초막에 일쥬년간(一週年間)을 거쳐ᄒᆞ야 한 상에서 밥을 먹고 한 베기에셔 잠을 쟈며 정의 친밀ᄒᆞᆯ 쑨 안

이라 피츠 학문의 유익(有益)홈이 불소(不少)ᄒ온디 그 ᄌ격이 금셰에 류ㅣ 드물가 ᄒᄂ이다."

부ᄉㅣ 깃거 왈

"권싱의 쟈격이 너의 말과 갓흘진디 가히 쳔거홀 나의 낫이 무식지 안케 되리로다. 그러ᄂ 너는 오날 빅운암에 올나가 권싱다려 이러흔 말을 ᄒ야 그 의향(意向)을 드러보라. 거연히 쳔보ᄒ얏다가 만일 권싱이 너의 뜻과 갓치 즐겨 안이ᄒ면 도로혀 쳔거 안이ᄒ니만 못ᄒ리로다."

한슈지 승명ᄒ고 익조(翌朝)에 빅운암에 이르러 권슈지를 향ᄒ야 말을 젼ᄒ니 권수지 겸ᄉ(謙辭)ᄒ야 왈

"형은 망발의 말ᄉᆷ을 ᄒ시ᄂ도다. 막즁 젼교(莫重傳敎)로 인지를 구ᄒ심이 소홀히 져륵楮櫟지지[78]를 쳔거치 못ᄒᆯ지라. 뎨(弟)의 로둔흔 위인이 져륵에 지나지 못ᄒ거ᄂᆯ 엇지 그 쳔거를 감당ᄒ리오? 뎨의 소견으로ᄂ 지략이 과인ᄒ고 문무 겸비ᄒ야 오리지 안이ᄒ야 국가의 큰 그릇이 될 쟈격은 형의 지날 쟈ㅣ 업슬가 ᄒ노라."

한수지 소왈

"형은 쓸디업ᄂ 겸ᄉ 말고 나와 한게 아즁으로 ᄂ려가 나의 죵조게 뵈옵고 발졍(發程)ᄒᆯ 일ᄌ를 결명흔 후 본딕으로 도라가 경ᄉ로 갈 힝리를 쥬션ᄒ라. 싱은 이로조차 쥭장망헤로 강호에 두루 놀아 붕우을 널니 사괴고ᄌ ᄒ노라."

권수지 다시 고집지 안이ᄒ고 쾌히 응락ᄒ니 한수지 한게 아즁에

---

[78] 져륵(楮櫟)지지: 저력지재(樗櫟之才), 저력산목(樗櫟散木)과 같은 말. 쓸데없는 물건이나, 쓸모없는 사람을 뜻함. 『北史』

이르니 부ᄉ│ 권람의 용모 헌앙(軒昻)ᄒ고 거지 단정흠을 보고 심히 깃거ᄒ야 짐짓 셩의를 론난ᄒ야 그 쳔심(淺深)을 시험코져 ᄒ더니 권람이 응디 여류(如流)ᄒ야 다문박식(多聞博識)흠이 쳔쥬(薦主)된 ᄌ긔의 싱식이 만장(萬丈)은 될지라. 칭찬흠을 말지 안이ᄒ고 쥬육을 셩비ᄒ야 은근히 디졉[ᄒ] 후 젼문 수빅량으로 반젼(盤纏)을 보조ᄒ더라. 한수지 인도ᄒ야 한게 칙실로 물너와 수년 동고(同苦)ᄒ다가 멀니 셔로 ᄶᅥᄂᆞᆫ 회포를 말ᄒ며 쥬안(酒案)을 나와 젼별(餞別)ᄒᄂᆞᆫ ᄯ을 표ᄒᆯ시 한수지 권람의 숀을 잡아 왈

"형은 지감이 고명(高名)ᄒ지라. 뎨의 용렬흔 부탁을 기디리지 안이ᄒ고 가히 우흐로 어진 인군을 셤기어 요슌의 지치를 이루고 아리로 어리셕은 빅셩을 도탄에 건지기로 금션무(急先務)를 삼을 쥴은 아나 그러나 총명 인덕(聰明仁德)흔 쥬인을 가리어 셤기지 못ᄒ면 가슴에 품은 경륜을 실디에 힝키 어려옴은 고사ᄒ고 젼도 랑피(前途狼狽)ᄒ야 신셰까지 쳐량ᄒ리니 형이 금번에 가면 ᄌ상(自上)으로 여러 대군 즁 한 곳을 지뎡ᄒᄉ 비동(陪童)으로 동학케 ᄒ리니 만일 ᄯ에 맛지 안일진던 두류 관망(逗留觀望)ᄒ야 지체(遲滯)치 말고 도라올 것이오 텬힝(天幸) 활달대도(豁達大度) 가진 쥬의(主人) 긔상(氣像)이 잇슬진던 국궁진최(鞠躬盡瘁)ᄒ야 큰 훈업을 세상에 빗닉기를 힘쓰라. 옛날 범아부范亞父[79])는 그 지략이 소하 장량蕭何張良[80])에 지나되 그 쥬인을 잘못 맛는 연고로 필경 등창이 발ᄒ야 죽엇

---

79) 범아부(范亞父): 범증(范增, BC.277~BC.204.) 초나라 항우의 책사. 진나라에 대항하여 군사를 일으킴.
80) 소하 장량(蕭何張良): 소하(蕭何, ?~BC.193.)와 장량(張良, ?~BC.186.)은 모두 한나라 고조 유방 때의 정치가. 한신(韓信)을 포함하여 한나라 삼걸(三傑)로 꼽힘.

느니 아모조록 심량(深量)ᄒ라. ᄌ고로 죵실에는 흥픠(興敗) 만으미 그럼으로 가셕ᄒ 일이 다수 발싱ᄒ[여] 63[유]지쟈(有志者)의 탄식을 말지 안이ᄒ느니 부디 목젼(目前)의 안일(安逸)을 탐치 말아 일후 실픠가 업도록 삼갈지어다. 형의 지조는 가위 국ᄉ무쌍國士無雙이라 소하 장량에 못지 안이ᄒ니 [아모]조록 여망(餘望) 업는 쥬인에게 속박되야 초목과 갓치 도라가지 말기를 밋노라."

권수지 이러 졀ᄒ고 공경 디왈

"형의 금셕지교(金石之交)를 황연디각(晃然大覺)ᄒ얏스니 맛당히 폐부에 삭이어 잇지 은이ᄒ리라."

한수지 왈

"나ㅣ 일즉 드름이 지금 왕ᄌ 디군들이 모다 쥰수ᄒ야 셔로 인지를 ᄉ랑ᄒ야 문인 지ᄌ(文人才子)와 협킥 의ᄉ(俠客義士)를 닷토아 망라網羅ᄒᆫ다 ᄒ즉 필경 일후에 셔로 분징이 이러나 국가ㅣ 요론ᄒ리니 폐흉 츄길(避凶取吉)은 미리 쥰비치 은으면 도뎌히 못될지라. 만일 그 쥰비를 능히 못ᄒᆯ 것 갓ᄒ면 귀타여 이번 길을 힝ᄒᆯ 것 업고 진시 쳥운에 ᄯᆺ을 ᄭᆫ어 빅운 쳥산(白雲靑山)에 한낫 일민(逸民)을 짓느니만 못ᄒ니라."

인ᄒ야 젼쥬(典酒) 수비(數杯)를 마시고 연연ᄒ 회포를 억제ᄒ야 셔로 손을 난호니라.

이날 권수지 길을 ᄯ나 ᄌ긔 집에 도라와 부모께 그 ᄉ연을 고ᄒ 후 수일 만에 경ᄉ에 득달(得達)ᄒ니 은동 관례 임의 봉셔를 밧드러 집현뎐 입직 관원에게 밧치어 등쳘(登徹)케 ᄒ고 남문 근쳐에 쥬져ᄒ며 권수지를 고디ᄒ다가 수지의 죽장망혀로 오는 양을 보고 반겨 인스훈 후 스관을 명호고 동명통호(洞名統戶)를 긔록호야 집현뎐에 드린 후 은동으로 도라가니라.

이찌 집현뎐 입직 관원은 윤주운(尹子雲)[81])이라 호는 명사라. 안동 부스의 봉셔를 밧아 승젼 니시(承傳內侍)에게 젼호얏더니 승젼비(承傳色) 거무하에 도로 나아와 셩지(聖旨)를 구젼(口傳)호되 상이 명일 집현젼에 친림호사 안동셔 올나온 권람을 불너보신다 호니 윤학스ㅣ 즉시 권수지 잇는 스관(私館)으로 젼교(傳敎)을 젼호야 명일 입시(入侍)호라 지휘호더라.

익일에 권람이 심의 박디(深衣博帶)에 유건(儒巾)을 쓰고 결문 밧게 복디 디령(伏地待令)호디 아이오 집현전 셔리 나아와 입궐호라 지휘호거놀 권람이 싸라 집현젼에 당도호니 일디 집현젼 학스들이 모혀 의긔양양(意氣揚揚)호고 용지 단아(容止端雅)호야 모다 지필(紙筆)을 가져 시문표칙(詩文表策)과 고스금문(古今事文)을 져슐찬집(著述纂集)호니 문물의 셩홈이 만고(萬古)에 드믄지라. 권람이 비록 하방(遐方)에 션비나 정신이 당돌호고 거지 옹용호야 일호도 차착이 업더라. 이찌 입직훈 윤주운 정인지(鄭麟趾)[82]) 두 학스ㅣ 수직소(守直所)로 쳥호야 한헌을 필훈 후 편젼(便殿)에 입시(入侍)훌시 권람이 탑젼(榻前)에 복디 비알훈디 상이 명호스 평신호라 호시고 이윽히 보시더니 룡안에 깃거옴을 씌오사 그 인물의 비범홈을 칭도

---

81) 윤주운(尹子雲): 윤자운. 1416~1478. 조선 전기의 문신. 세종 때 과거에 급제하여 정인지와 『高麗史』를 편찬하고, 세조가 계유정난을 일으킬 때 요속(僚屬)으로 활동함.
82) 정인지(鄭麟趾): 정인지. 1396~1478. 조선 전기의 문신. 태종 때 생원시에 합격하여, 세종, 문종, 단종 등의 왕을 거쳐 세조의 신임을 얻어 좌의정 등을 역임함.

ᄒᆞ사 왈

"과연 죠흔 자격이라. 타일에 가히 국가 동량이 되리로다."

그찌 마춤 여러 대군이 시립ᄒᆞ셧거늘 권람을 향ᄒᆞ야 젼교ᄒᆞ사 왈 "옛말에 량금(良禽)은 나무를 턱ᄒᆞ야 깃드린다 ᄒᆞ얏스니 너는 죠곰도 어려워 말고 여러 대군을 너ㅣ 눈으로 슓혀보아 언의 대군의 궁으로 가 잇셔 동졉을 ᄒᆞ던지 마음에 됴흘디로 ᄒᆞ라."

권람이 국궁(鞠躬)ᄒᆞ며 감아니 눈을 들어 슓힐시 슈양대군의 졀쥰용안隆準龍顏과 텬일지표天日之表 졔(諸) 대군 즁 뎨일 특이ᄒᆞ신지라. 권람이 츄창(趨蹌)ᄒᆞ야 슈양대군 겻헤 가 비립(排立)ᄒᆞ거늘 상이 그 뜻을 짐작ᄒᆞ시고 즉시 슈양대군게 분부ᄒᆞ사 권람을 비동으로 디리게 ᄒᆞ시니 대군이 부복산혼(俯伏山呼)ᄒᆞ고 권람을 거ᄂᆞ려 본궁(本宮)으로 도라오신 후 날로 졔우 밀밀(悌友密密)ᄒᆞ야 쥬소(晝宵)를 물론ᄒᆞ고 긔거 음식을 한게 ᄒᆞ시고 글 닑기와 활쏘기를 갓치ᄒᆞ시니 권람은 본러 령리ᄒᆞ고 도략(度略)이 과인ᄒᆞ지라. 미ᄉᆞ를 의론ᄒᆞ시미 그 늣게 만남을 오히려 한탄ᄒᆞ시더라. 일로[조차] 궁즁 상하(宮中上下)ㅣ 모다 권람을 우러보아 감히 징형(爭衡)치 못ᄒᆞ더라.

슈양대군 궁은 종남산하 쌍림65동終南山下雙林洞83)이라. 궁호ᄂᆞ 슈남궁壽南宮이니 궁이 남산 즁 허리를 의지ᄒᆞ야 고루거각(高樓巨閣)을 건축ᄒᆞ고 장원이 광활ᄒᆞᆫ 즁 슈목이 무셩ᄒᆞ고 화회 란만(花卉爛漫)ᄒᆞ야 진짓 셩시(盛時) 즁 명구(名區)러라. 권수지 수남궁에 잇셔 일신의 영귀(榮貴)홈이 비홀 더 업스니 쳥쥬 한명회의 싱각이 더욱 간

---

83) 종남산하 쌍림동(終南山下雙林洞): 종남산은 남산의 이칭. 쌍림동은 서울 남산의 북쪽. 현재의 중구 쌍림동.

[뎨]칠회 한수지 힘써 동창싱을 쳔거ᄒᆞ다

졀ᄒ야 이에 일봉 셔간을 닥가 심복 사환(心腹使喚)을 쥬어 안동으로 보넛더라.

第八回 閔中樞排訕招賢婿84)
뎨팔회 민즁츄가 부인의 말을 물니치고 현셔를 엇다

각셜. 권수지 수남궁에 잇셔 대군을 뫼시고 항상 고디 스업(古代事業)과 명쟝(名將)의 권변(權變)을 진슐(陳述)ᄒ야 대군의 뜻에 맛지시도록 ᄒ니 대군이 더욱 사랑ᄒ스 왈

"권람은 학식과 경륜이 비범ᄒ니 가위 나의 관즁 악의管仲樂毅85)로다."

ᄒ시더라. 권수지 한명회의 쳔거ᄒᆫ 은혜를 싱각ᄒ고 일봉셔로 감스흠을 베푸러 심복 사환을 쥬어 보니니 사환이 셔간을 허리에 ᄯᅴ고 여러 날 만에 안동부에 다다라 칙실에 드니 이씨 한수지 그 종죠게 고ᄒ야 권수지를 쳔거ᄒ고 하회의 엇지됨을 아지 못ᄒ야 정히 궁금ᄒ더니 문득 방즈ㅣ 일봉셔를 드리거놀 ᄯᅴ여 보니 이 곳 권수지의 친필 셔신(親筆書信)이라 ᄒ얏스되

우제 권람은 졀ᄒ고 두어 쥴 글월을 한형(韓兄) 각하에 올니ᄂ 니 셰도ㅣ 강쇠(降衰)ᄒ야 안평즁晏平仲86)의 사름 사괴ᄂ 도리를 아

---

84) 본래 9회가 나올 순서인데 8회로 잘못 표기되었음.
85) 관즁 악의(管仲樂毅): 춘추시대 제나라의 정치가 관중(管仲, ?~BC.645.)과 연나라의 무장 악의(樂毅, BC.324~BC.262.)를 말함.
86) 안평즁(晏平仲): 안영(晏嬰, ?~BC.500.). 제나라의 정치가로 관중과 함께 훌륭한

눈 쟈 업슴으로 영즁빅셜(郢中白雪)87)을 화답ᄒᆞ리 업고 변화(卞和)의 발굼치88)를 속졀업시 베일지라. 그윽히 관포(管鮑)의 우도(友道)89)와 진뢰(陳雷)의 교졍(交情)90)을 싱각ᄒᆞ고 미양 탄식ᄒᆞᆷ을 마지 안이ᄒᆞ더니 하ᄂᆞᆯ이 됴흔 연분을 빌니66ᄉᆞ 형을 빅운암에셔 한 번 뵈오미 데의 용렬ᄒᆞᆷ을 과히 사랑ᄒᆞ사 간담(肝膽)으로써 허락ᄒᆞ시니 그 감격ᄒᆞᆷ이 임의 분수에 넘치거눌 함으며 져륵지지를 국가에 쳔거ᄒᆞ사 텬탑 지쳑(天榻咫尺)에 이르러 쳐분을 업디려 기디리더니 우악(優渥)ᄒᆞ신 셩은으로 불ᄉᆞᄒᆞᆫ 죄를 뭇지 아니ᄒᆞ시고 도로혀 기리시며 ᄌᆞ의(自意)로 여러 대군 즁 한 분을 턱ᄒᆞ야 동졉ᄒᆞ라 ᄒᆞ시나 하방 소젹(遐方疎迹)으로 이갓흔 영광을 당ᄒᆞᆷ은 평싱에 바라던 밧기라. 셩황 셩공(誠惶誠恐)ᄒᆞ온 즁 눈을 들어 잠간 졔위 대군을 뵈온디 그 탁월 쥰수(卓越俊秀)ᄒᆞ심이 우열이 업스시나 오쟉 수양대군이 특별히 영미(英邁)ᄒᆞ심으로 뫼셔 동학ᄒᆞᆷ을 ᄌᆞ원(自願)ᄒᆞ얏더니 특별히 대군이 허심(許心)ᄒᆞ사 미ᄉᆞ를 의론ᄒᆞ시니 그윽히 싱각건디 쥬인은 삼싱 소원ᄒᆞ던 바어니와 혹 착오 불민(錯誤不敏)ᄒᆞᆷ이 잇셔 쳔쥬 형의 낫의 무식ᄒᆞᆷ이 밋칠가 쥬소 두려워 ᄒᆞ노라. 다시 바라건디 형은 지기와 포부ㅣ 당셰에 독보 될지

재상으로 유명함.
87) 영즁빅셜(郢中白雪): 고상한 노래를 부르니 따라 부르는 사람이 적었다는 고사를 지닌 〈양춘백설가(陽春白雪歌)〉와 유사한 말로 최고급의 노래를 뜻함.『文選』
88) 변화(卞和)의 발꿈치: 초(楚)나라의 변화(卞和)가 형산(荊山)의 옥돌을 여왕(厲王)과 무왕(武王)에게 바쳤다가 발꿈치를 잘림. 후에 문왕(文王)이 옥돌의 가치를 알아봄.『韓非子』
89) 관포(管鮑)의 우도(友道): 춘추시대 관중과 포숙아의 깊은 우정을 뜻함.『史記』
90) 진뢰(陳雷)의 교졍(交情): 후한(後漢) 때의 진중(陳重)과 뇌의(雷義)의 깊은 우정을 뜻함.『後漢書』

라. 조야에 미몰ᄒᆞ야 됴흔 시긔를 허송치 말으시고 일즉 경ᄉᆞ에 올나오사 풍운 수단(風雲手段)을 시험ᄒᆞ시고 몽미(夢寐)호 녜를 붉히 지도ᄒᆞ소셔. 두어 말로 형의 만복을 츅원ᄒᆞᄂᆞ이다.

ᄒᆞ얏거눌 한수지 보기를 다ᄒᆞᆫ 후 즉시 그 셔간을 가져 부ᄉᆞ게 드리니 부ᄉᆞㅣ 깃거 왈

"권람을 너의 말만 듯고 쳔거ᄒᆞ얏더니 과연 랑피 업시 진용(進用)되니 비단 권룸의 일신만 잘될 ᄲᅮᆫ 안이라 쳔쥬된 우리 톄면도 극히 죳토다."

한수재 뭇ᄌᆞ오되

"수양대군의 자품(姿稟)이 엇더ᄒᆞ시닛가?"

부ᄉᆞㅣ 답왈

"쥬샹 젼하ㅣ 팔대군(八大君)을 탄싱ᄒᆞ셧스니 뎨일남(第一男)은 지금 동궁이시니 원량元良ᄒᆞ신 텬질이 가히 틱평 셩군이 되실지나 한갓 긔단(氣短)ᄒᆞ사 셩수(星數)가 장원치 못ᄒᆞ[실까] 67심려며 뎨이남(第二男)은 곳 수양대군이니 영미호 긔샹과 관홍호 도량이 한 광무(漢光武)91)와 방불ᄒᆞ시나 차례가 둘재시니 다른 말은 장황홀 것 업고 신ᄌᆞ지렬(臣子之列)에 계신더도 응당 셩샹 만긔聖上萬機를 협찬(協贊)ᄒᆞ사 인물이 가히 일셰를 진동홀만 ᄒᆞ시고 지차(之次) 여러 대군은 한 가지 단쳐(短處)ㅣ 각각 잇셔 혹은 넘오 소탕(疏宕)ᄒᆞ시고 혹은 넘오 창고(蒼枯)ᄒᆞ신 즁 안평 금셩安平錦城92) 량대군(兩大君)은 미

---

91) 한 광무(漢光武): 유수(劉秀). BC.6~AD.57. 후한을 개국한 황제.
92) 안평 금셩(安平錦城): 세종의 셋째 아들 안평대군(1418~1453)과 여섯째 아들 금성대군(1426~1457)을 말함. 후에 세조에 의해 죽임을 당함.

샹불(未嘗不) 영웅의 자품이 갓초셧스나 한갓 면샹에 살긔 잇셔 만년(晩年) 길흉을 미리 말홀 수 업ᄂ니 이눈 오쟉 나의 쳔견으로 짐쟉홈이라. 족히 심신(深信)홀 바ㅣ 못되거니와 대기 권싱이 그 쥬인을 잘 맛낫다 ᄒ노라."

한수재 암암 칭긔(暗暗稱奇)ᄒ고 칙실로 물너와 홀노 말ᄒ야 왈

'수양대군의 자격이 그갓치 영걸(英傑)ᄒ시다 ᄒ니 권롬이 과연 쥬인을 잘 만나 텬하ᄉ를 의론ᄒ리로다.'

ᄒ야 심독희ᄌ부 心獨喜自負 ᄒ더라.

일일은 부ᄉㅣ 종손을 불너 일너 왈

"지금 경셩으로셔 젼인(專人)이 왓ᄂ듸 나의 벼슬이 체차(遞差)되야 ᄂ직(內職)으로 동부승지(同副承旨)를 졔슈ᄒ셧스니 너는 ᄂ힝(內行)을 디리고 쳥쥬로 올나가면 나는 슈일 잇셔 문부(文簿)를 졍리ᄒ고 신구관(新舊官)이 교구(交龜)[93]ᄒ 후 집으로 가셔 경셩으로 반이(搬移)홀 쥰비를 ᄒ겟노라."

슈지 분부를 듯고 물너 ᄂ아로 드러가 힝장을 슈습홀시 부ᄉㅣ 손에 셔간 일폭을 들고 드러와 말ᄒ야 왈

"이ᄂ 곳 민즁츄의 친필이니 셔두에 동부승지로 승차(陞差)됨을 치하ᄒ고 그 다음은 혼례 진힝홈을 지촉ᄒ야 금번에 너를 디리고 경셩으로 올나와 일즉 셩례를 식이ᄌ ᄒ얏스니 일이 심히 교묘ᄒ도다."

한슈지 고왈

---

93) 교구(交龜): 문무관원이 바뀔 때 거북 모양의 인신(印信)을 인수인계하는 것.

"혼인이 아즉 급지 안이ᄒ오니 소손의 공부ㅣ 셩취되고 년긔 더 쟝셩ᄒ 후 의론ᄒ심이 됴흘가 ᄒᄂ이다."

부ᄉ 왈

"그러치 안이ᄒ도다. 니 임의 답셔에 허락ᄒ얏스니 변경ᄒ지 못ᄒ 68겟고 너의 년긔 췌실홀 씨 되엿ᄂ니 엇지 무단이 실시(失時)ᄒ리오? 공부ᄂ 셩혼ᄒ 후라도 너만 근간(勤幹)ᄒ면 넉넉히 홀지니 여러 말 말고 나의 지휘디로 ᄒ라."

한슈지 승명ᄒ고 곳 니힝을 뫼셔 쳥쥬로 도라온 지 슈일 만에 부ᄉㅣ 신관과 교구ᄒ고 고향에 이르러 혼솔(渾率)을 치힝ᄒ야 경ᄉ로 올나오니라.

각셜. 민즁츄의 집은 경셩 졍동94)인디 원로 디신(元老大臣)으로 명망이 됴야에 놉고 루디 셰신(累代世臣)이라 샹이 극히 우디ᄒ시며 빅료ㅣ 모다 의앙ᄒ더라. 민즁츄ㅣ 두 녀아를 두엇스니 쟝녀ᄂ 임의 츌가ᄒ고 ᄎ녀ᄂ 아즉 규양(閨養)으로 잇셔 시셔 침션(詩書針線)을 공부홀시 그 명민ᄒ 자품과 빙뎡(俜停)ᄒ 터도ㅣ 진짓 요죠슉녀라. 그 모부인 홍씨 한샹(恒常) 민공을 디하야 말ᄒ야 왈

"우리 ᄎ녀의 위인과 지질이 당셰 뎨일이라. 심샹ᄒ 범부의 싹을 삼지 못홀지니 바라건디 샹공은 아모죠록 가랑(佳郞)을 널니 구ᄒ사 져와 갓흔 자격을 엇어 맛기소셔."

민공이 소왈

"부인은 아모 근심 말으소셔. 나ㅣ 임의 가합ᄒ 랑ᄌ를 보앗기로

---

94) 경셩 졍동: 현재 서울 중구 정동.

녀아의 혼ᄉᆞ를 완뎡(完定)ᄒᆞ얏ᄂᆞ이다."

홍씨 얼골의 깃거온 빗을 가득히 씌오며 왈

"샹공이 범연ᄒᆞ실 바는 안이오나 그 랑ᄌᆞ는 누구라 ᄒᆞᄂᆞ잇가?"

민공 왈

"랑ᄌᆞ는 다른 ᄉᆞ룸이 안이라 곳 안동부ᄉᆞ로 잇다가 근일(近日)에 동부승지로 승차ᄒᆞᆫ 한상덕의 죵손 한명회라 ᄒᆞ는 랑ᄌᆞ로소이다."

홍씨 듯다가 발연 변ᄉᆡᆨ(勃然變色)왈

"그러면 제 부모 구몰ᄒᆞ야 류리 표박(流離漂泊)ᄒᆞ는 것을 제 죵죠가 디려다 두탁(投託)으로 둔 아히 안이오닛가?"

민공이 소왈

"과연 그러ᄒᆞ거니와 년젼에 나ㅣ 셩추 차로 쳥쥬 ᄯᅡ에 갓슬 ᄯᅢ에 한명회의 위인이 비샹ᄒᆞᆷ을 보고 마음에 흠모ᄒᆞ야 곳 그 죵죠를 ᄎᆞᄌᆞ보고 면약(面約)ᄒᆞ얏스나 부인을 디ᄒᆞ야 진시 셜화치 안이ᄒᆞᆷ은 죠만간 한씨가 니직으로 경셩에 올나오면 그 죵손도 한게 올[69]지라. 부인이 친히 간션(看選)[95]ᄒᆞᆫ 후 의론ᄒᆞ야도 늣지 안일가 ᄒᆞ얏더니 금일 부인이 먼저 부탁ᄒᆞ시기로 말ᄒᆞᆷ이어니와 그 집 일힝이 오리지 안이ᄒᆞ야 경셩에 도박(到泊)ᄒᆞ리니 쳥컨디 부인은 한명희 죠고 령뎡무고령정(孤零丁)ᄒᆞᆷ을 혐의치 말으시고 한순 쳥ᄒᆞ야 친히 간션ᄒᆞ소셔. 로부의 사룸 봄이 과히 억임이 업슬가 ᄒᆞ노라."

홍씨 로긔 등등ᄒᆞ야 칙망왈

"샹공은 로망ᄒᆞ시도다. 쟝즁보옥(掌中寶玉)갓흔 우리 녀아로 ᄒ

---

95) 간션(看選): 선을 봄.

야곰 하필 무부모 기걸ㅎ는 무리에 쫙을 삼아 그 신셰를 참혹ㅎ게 만들고져 ㅎ시느뇨? 우리 친죡이 쳥쥬 짜에 만히 잇셔 왕리ㅎ는 편에 한가 즈식의 팔즈 긔구흠과 힝신 불량흠을 력력히 드럿노니 졔 어미 아비 업던 것을 죵죠 되는 이가 불상히 넉여 것어둘 디경이면 얼마쯤 황감ㅎ야 부즈런히 시봉(侍奉)ㅎ고 틈틈이 글즈나 넓어 장취지망(將就之望)이 잇셔야 가위 사롬이라 홀지어늘 졔 죵조의 은 덕은 일호도 싱각지 안이ㅎ고 날 곳 시이면 활이나 둘러 매고 말 갈 디 소 갈 데 함부루 싸다니며 심지어 남의 소아지까지 무단히 쏘아 죽여 촌민의 손히를 불소(不少)히 씨치고 기타 괴샹훈 힝동이 무슈 부지(無數不知)ㅎ다는 말을 임의 드러 아노니 쳔만 부당훈 말솜을 말으시고 하로 밧비 퇴혼(退婚)ㅎ소셔."

민공 왈

"부인은 남의 젼ㅎ는 험담만 듯고 져리ㅎ나 나는 친히 그 자격을 보앗느니 부즈럽슨 말 말으소셔."

홍씨 셩품을 못 익이여 늣겨 울며 왈

"나의 싱명이 업셔지면 이어니와 살아 잇셔는 쳔금 녀아가 걸인 놈에게 가(嫁)흠을 보지 못ㅎ리니 상공 쳐분디로 ㅎ소셔."

민공이 말을 더ㅎ고져 ㅎ다가 그리 ㅎ노라면 졈자는 가뎡에 큰 소리가 즈연 나 창피흘 디경이라. 눙쳐 우스며 왈

"부인은 졸스간(猝乍間) 옹식(壅塞)훈 싱각으로 고집지 말고 금야에 더 연구ㅎ야 나의 깁흔 뜻을 져바리지 말나."

ㅎ고 외당으로 나아가니 홍씨 홀노 결심ㅎ야 왈

'나ㅣ 십싱구스(十生九死)훌지라도 한가에게는 나의 녀아를 보닉지

안이ᄒ리라.'

ᄒ야 될 방면으로 연구ᄒ기ᄂ 고ᄉᄒ고 도로혀 반디홀 ᄯᆺ을 굿게 품어 익일 민공의 말ᄒ기를 기다리다가 급기 민공이 녀아의 혼ᄉ를 ᄯᅩ 셜화ᄒ미 홍씨 낫에 가득이 불편ᄒ 빗을 씌우고 음성을 놉혀 왈

"샹공은 한갓 걸긱에게 눈이 [취]ᄒ사 만만 불가ᄒ 일을 고집 말ᄋᆞ소셔. 문호 샹디(門戶相對)ᄒ고 부귀 헌혁(富貴顯赫)ᄒ 집 옥골 귀동이 허구 만커눌 하필 한가갓튼 빈한 무의ᄒ고 부랑 방돈자(浮浪放豚者)에게 막니로 귀히 길은 녀아를 맛기어 비샹ᄒ 고싱과 비샹ᄒ 쳔역을 식이게 ᄒ면 무엇이 마음에 샹쾌ᄒ오릿가? 부귀 번화ᄒ 집에로 보닛다가도 불ᄒᆼ히 탕피(蕩敗)ᄒ야 목젼에 고초를 격게 되면 부모된 마음에 ᄲᅧ가 압ᄒ고 살이 져릴 것이어던 당초부터 고싱홀 곳을 자쳐ᄒ야쥬면 그 안이 인정에 갓갑지 못ᄒᆞᆫ 일이오릿가?"

민공이 징을 니여 왈

"자식을 낫키ᄂ 아모리 부인이 ᄒ얏슬지라도 그 혼ᄎᆔᄂ 아비되ᄂ 나ㅣ가 쥬장홀지어늘 아모 두셔도 모르며 이갓치 고집ᄒ나뇨? 우리 부부 이갓치 장황히 굴 것이 안이라 당자(當者)되ᄂ 녀아를 불너 ᄉᆞ유를 말ᄒ고 그 ᄯᆺ을 좃침이 엇더ᄒ뇨?"

홍씨 대희왈

"그 일이 뎨일 필요ᄒ도소이다."

즉시 차환을 명ᄒ야 소져를 불으라 ᄒ니 이씨 소져ㅣ 자긔 쳐소에서 흉비(胸背)에 슈를 놋타가 차환를 ᄯᅡ라 정당에 이르니 민공이 갓가히 안지라 ᄒᆫ 후 부부ㅣ 셔로 쥬장ᄒᄂ 젼후 ᄉᆞ유를 말ᄒ 후 무러 왈

"이는 너의 평싱 대계라 소홀히 못홀 바이니 깁히 싱각ᄒ야 좌우간 말을 ᄒ라."

소져ㅣ 량협에 붉은 빗을 씌오고 아미(蛾眉)를 슉여 잠잠히 잇다가 민공이 또 무름을 인ᄒ야 랑랑혼 음셩으$_{71}$로 슈습(羞澁)히 디답ᄒ되

"원컨디 부명(父命)을 좃ᄉ오리다."

홍씨 대로ᄒ야 여셩(厲聲) 대칙왈

"이 지각 업는 것아. 너ㅣ 텬싱 팔자 도망은 못ᄒᄂ고ᄂ. 하다훈 부귀 가랑을 다 니더지고 하필 의지업는 샹등 걸긱(上等乞客)이 소원인다? 텬동인다? 쳔동인지 무엇이엇던 것인지 젼혀 모로고 부명을 좃겟노라 부명을 좃는 것이 짜로 잇지 네가 실타 말 훈 마디면 그까짓 놈과는 퇴혼을 ᄒ고 부귀가 당셰에 읏듬 될만훈 귀동자(貴童子)에 짝이 되야 너의 신셰도 편은ᄒ고 늙은 어미의 마음도 깃겁게 훌지어늘 소견 업고 싱각 업시 규중 녀ᄌ의 신분으로 혼인지ᄉ에 활발히 디답ᄒ는다?"

소져ㅣ 피셕ᄒ야 고기를 슉이고 공손히 디답왈

"그는 그러치 안이ᄒ오니 사롬의 빈부는 일뎡훈 일이 은이오라 금일 귀쟈가 명일 빈쳔키도 ᄒ고 금일 빈쳔쟈가 명일 부귀홈이 당연히 잇ᄂ니 왕후장샹이 엇지 씨 잇ᄉ오릿가? 혼인은 우마의 훙셩(興成)갓지 은이ᄒ와 도로 무르지 못ᄒ옵ᄂ니 부친이 임의 허락ᄒ셧거날 감고$_{甘苦}$ 간에 엇지 이론(異論)을 ᄒ오릿가?"

홍씨 더욱 분ᄒ야 두 손으로 ᄌ긔 가슴을 두다리며 발악ᄒ야 왈

"너까지 나의 가슴을 이처럼 틱오니 너 보는 디 ᄌ쳐라도 홀 것이

니 걸직 놈을 엇어가던지 팔는봉96)을 엇어가던지 네 마음디로 ᄒ
라."

소제 울며 고ᄒ야 왈

"모친 아식(兒息)이 아모리 불효(不孝)ᄒ압기로 엇지 모친의 ᄯᅳᆺ을 거역ᄒ오릿가마는 이는 인륜 데일되는 일이라. 찰하리 쳐녀로 규즁에셔 늙을지언졍 타문에 가지 ᄋᆞ이홀 터인 고로 규방 녀ᄌᆞ의 븟그럼을 도라보지 못ᄒ압고 심니에 결단ᄒ 바를 고ᄒ오니 복원 모친은 깁히 통촉ᄒ압소셔."

민공이 소져를 명ᄒ야 쳐소로 믈너가라 ᄒ고 즉시 홍씨다려 ᄒ칭의 인긔를 자랑ᄒ며 혼인론지는 리로지풍婚姻論財夷虜之72風97)이니 무단히 반디 말라 쳔언만어로 효유ᄒ나 홍씨는 맛춤니 듯지 ᄋᆞ이홀 ᄲᅮᆫᄋᆞ이라 일ᄌᆞ 이후로 소져를 사랑치 ᄋᆞ이ᄒ야 구박이 ᄌᆞ심ᄒ니 민공이 급히 근심ᄒ더니 마츰 한부ᄉᆞ 가권이 경셩으로 올ᄂᆞ와 멀지 안케 집을 뎡ᄒ얏ᄃᆞ는 긔별을 듯고 즉시 의관을 가초고 한씨의 집을 차ᄌᆞ가니 한부ᄉᆞㅣ 계하에 ᄂᆞ려 반겨 마져 당상에 좌를 뎡ᄒᆞᆫ 후 피ᄎᆞ 한헌을 필ᄒ고 민즁츄ㅣ 치ᄒ왈

"형이 오리 외읍(外邑)에 계셔 졍쳥민안政淸民安ᄒ야 치젹(治積)이 두소杜召98)에 ᄂᆞ리지 안이ᄒ시더니 금일 니직으로 영젼ᄒ시니 극히 감ᄉᆞᄒ야 숑무빅열松茂栢悅의 마음이 잇도소이다."

---

96) 팔는봉: 가지각색의 온갖 난봉을 부리는 사람.
97) 혼인론지는 리로지풍(婚姻論財夷虜之風): 혼인에 재물을 논하는 것은 오랑캐의 풍습이라는 말. 『小學』
98) 두소(杜召): 정치를 잘했던 전한(前漢)의 소신신(召信臣)과 후한(後漢)의 두시(杜詩)를 말함. 두 사람 모두 남양 태수(南陽太守)로서 남양을 잘 다스림. 『漢書』

한부ᄉ이 피셕 손ᄉ왈

"소생이 무삼 치젹이 잇ᄉ오릿가? 막비 셩은이 망극ᄒ여이다."

인ᄒ야 쥬찬을 느와 슈슌이 지ᄂ 후 민공이 무러 왈

"금번에 령죵손도 비힝ᄒ얏ᄂ잇가?"

한부ᄉ 왈

"손아ᄂ 니힝을 령솔(領率)ᄒ야 먼져 왓도소이다."

ᄒ고 좌우을 명ᄒ야 공ᄌ를 부르라 ᄒ더니 거무하에 한슈지 드러와 공손히 비례ᄒ고 꾸어안거놀 민공이 ᄃ시 볼ᄉ록 그 영풍 호긔(英風豪氣) 실로 당셰 뎨일 인물이라. ᄉ랑흠을 익의지 못ᄒ야 갓가히 오라 ᄒ야 숀목을 잡고 등을 어루만져 왈

"로부ㅣ 그디갓흔 호걸로 동상긱(東牀客)을 삼고져 ᄒ니 넘오 분복에 넘칠가 져어ᄒ노라."

한슈지 피셕 숀ᄉᄒ더라. 민공이 한부ᄉ를 향ᄒ야 왈

"향일(向日) 두어 쥴 글로 대강 뎨의 뜻을 말솜ᄒ얏거니와 령죵숀의 년광(年光)이 임의 장셩ᄒ고 뎨의 녀식도 출가홀 년긔 되얏스니 쳥컨디 쇽히 길일을 턱ᄒ야 셩례 식임이 엇더ᄒ뇨? 뎨의 쳔년(賤年)이 점점 엄ᄌ락일_崦嵫落日99)_에 ᄀᆺ가오니 오작 단촉(短促)ᄒᆫ 생각 ᄲᅮᆫ이라. 생젼의 져의 쌍으로 깃드려 원앙 비취의 즐기ᄂ 거동을 보고져 ᄒᄂ이다."

한부ᄉㅣ 답왈

---

99) 엄ᄌ락일(崦嵫落日): 엄자(崦嵫)ᄂ '엄자산'을 가리키ᄂ 데 전설에서 해가 지ᄂ 곳을 뜻하며, 낙일(落日)은 지ᄂ 해를 뜻하며, 둘 다 사람의 노년(老年)이나 만년(晚年)을 의미함. 『山海經』

"삼가 죤의를 좃₇₃ᄉ오리ᄃ."

민공이 대희ᄒ야 즉시 본뎨(本第)로 도라와 일관(日官)을 불너 턱일ᄒ야 일변 한씨가에 연길(涓吉) 단ᄌ를 보니고 일변 연슈(宴需)를 작만코져 ᄒ야 니당에 드러와 홍씨에게 ᄉ연을 말ᄒ니 홍씨 로왈

"ᄆ일 한가 걸긱을 가니에 다려오면 단도을 가져 ᄉ싱결단을 홀 터이니 공은 싱긱디로 ᄒ소서."

민공이 홍씨의 협이(狹隘)흠을 크게 근심ᄒ야 즉시 인동에 집 ᄒ 치를 별로히 ᄉ고 소져로 ᄒ야곰 거쳐케 ᄒ고 길일을 당ᄒ야 교비와 잔치를 그 집에서 셜힝(設行)ᄒ고 일절 본집에ᄂ 통리치 안이토록 쥰비ᄒ얏더라.

이씨 한부ᄉㅣ 연길 단ᄌ100)를 밧아보니 납치(納采)101)ᄂ 오월 ᄉ일이오 뎐안(奠雁)102)은 오월 오일이라. 이날은 곳 텬즁가졀ₜₕₑ中佳 節103)이라 일긔 불한불열(不寒不熱)ᄒ야 의복 음식이 심히 젹당ᄒ니 부ᄉㅣ 납치홀 쥰비와 신랑의 관복 긔마(冠服騎馬)를 일신히 판비(辦備)ᄒ야 ᄉ일 밤에 납치케 ᄒ고 익일 쳥죠(淸早)에 신랑을 장쇽(裝束)ᄒ야 은안 빅마(銀鞍白馬)의 ᄃ솔 하인(多率下人)ᄒ고 안부(雁夫)로 압을 인도ᄒ며 부ᄉᄂ 친히 후힝이 되야 민씨집으로 향ᄒ더니 문득 마쭝 ᄂ온 하인이 타쳐(他處)로 인도ᄒᄂ지라. 부ᄉㅣ 곡절을 뭇고져 ᄒᄃ가 경숄흔 톄모ㅣ 될가 ᄒ야 묵묵히 하회만 보더

---

100) 연길 단ᄌ: 혼인 등의 경사(慶事)에 좋은 날을 골라 적은 종이.
101) 납치(納采): 전통 혼례 절차엔 육례(납채·문명·납길·납폐·청기·친영) 중 하나로 남자 집에서 정혼하면 여자 집에서 받아들이는 의식.
102) 뎐안(奠雁): 혼인날 신랑이 신부집에 기러기를 가지고 가는 예(禮).
103) 텬즁가졀(天中佳節): 단오. 음력 5월 5일.

니 급기 이르는 곳은 불과 됴고마흔 려렴집이라. 부쇼ㅣ 십분 의아ᄒᆞ더니 그 집으로셔 민즁츄ㅣ 누아와 마즈며 짐짓 장찬(粧撰)ᄒᆞ야 왈

"부녀 등의 쇽긔(俗忌)로 별로 ᄉᆞ쳐(私處)를 뎡ᄒᆞ얏노니 형은 로부의 용쇽(庸俗)흠을 웃지 말느."

부쇼ㅣ 됴흔 말로 디답ᄒᆞ고 신랑을 지휘ᄒᆞ야 뎐안 교비케 흔 후 신랑은 머물너 삼일을 지니라 ᄒᆞ고 즈긔는 즉시 환가ᄒᆞ얏더라. 이 날 한싱이 동방화촉 하에 신부을 디ᄒᆞ니 그 유한졍졍(幽閑靜貞)흔 틱도ㅣ 과연 요됴슉녀라. 심즁에 못니 깃버ᄒᆞ는 즁 신부의 마음을 시험코져 ᄒᆞ야 짐짓 뭇되

"악장岳丈이 무부珷玞104)를 옥으로 잘74못 보아 복(僕)갓흔 향곡 우부(鄕曲愚夫)를 마져 동샹킥을 삼으시니 부인갓흔 부귀가 쳔금귀양(千金貴孃)으로 ᄒᆞ야금 욕됨이 불소ᄒᆞ도다."

민씨 슈삽ᄒᆞ야 아미를 슉이고 말이 업거늘 한싱이 쏘 가르되

"내 드르니 악장이 무심이 혼인을 뎡ᄒᆞ시고 뉘우치심을 말지 으으시나 톄면의 부득이ᄒᆞ야 금일 혼례을 힝케 ᄒᆞ셧다 ᄒᆞ니 그 말이 과연인다?"

민씨 쏘한 묵묵부답ᄒᆞ니 한싱이 졍식ᄒᆞ야 왈

"부인은 당시(當時) 대신의 금옥 귀양임을 자세(藉勢)ᄒᆞ야 복을 한낫 향곡 우믱(愚氓)으로 넘보고 힘쎠 뭇는 말을 디답지 안이ᄒᆞ니 이는 죡히 아울너 말흘 가치가 업게 넉임이로다. 혼례를 힝키 젼에

---

104) 무부(珷玞): 아름답지만 옥이 아닌 돌을 의미함. 어리석은 사람을 비유하거나, 자신의 겸칭으로 사용하기도 함.

눈 피츠 타인이라 부귀자교인(富貴者驕人)[105]이 용혹무괴(容或無怪)어니와 이제는 부부 된지라 가쇽 되야 가장을 업슈히 보고 뭇는 말 디답지 안임이 온당훈 일인ᄃ?"

민씨 듯기에 심히 민망ᄒ야 옥안에 홍훈(紅暈)을 ᄯᅱ오고 수괴훈 음셩으로 겨오 대답왈

"녀ᄌ의 평싱 궁달(平生窮達)이 가장에게 돌녓거늘 엇지 친가 부귀로 교만훈 마음을 두오며 대인의 평일 졍대ᄒ심을 응당 들으셧슬지니 후회ᄒ시는 망거(妄擧)ㅣ 잇ᄉ오릿가?"

훈생이 우셔 왈

"그는 그러ᄒ거니와 부인의 친가는 장안 갑뎨(長安甲第)라 ᄒ거늘 이갓흔 두옥(斗屋)에셔 혼례를 힝케 홈은 무슴 연고이뇨?"

민씨 그 말에 당ᄒ야는 과연 ᄉ졍을 대답키 어려워 아미를 슉이고 ᄌ져ᄒ니 훈싱이 더욱 의심ᄒ야 지삼 뭇다가 징니여 왈

"이는 반다시 큰 곡졀이 잇슴이라. ᄉ실을 말ᄒ지 안으면 복은 결코 이 밤을 도라가 싱젼 부인을 상대치 안이ᄒ리라."

민씨 말지못ᄒ야 ᄌ긔 모친의 혼인 반대ᄒ던 일을 말ᄒ고 그럼으로 ᄌ긔 모친이 혼례ᄒ는 양을 보지 은이ᄒ랴 홈으로 이 집을 별로 장만ᄒ야 힝례(行禮)케 홈을 다강 말ᄒ고 수식이 만면ᄒ야 몸둘 곳을 몰으거늘 한싱이 대소[75]ᄒ고 됴흔 말로 위로왈

"부인의 국견(局見)은 용혹무괴라. 악모 엇지 악장의 관홍ᄒ신 도량을 츄칙ᄒ시리오? 그러나 이 일은 부인이 글으도다. ᄌ식 되야 그

---
105) 부귀자교인(富貴者驕人): 가진 것이 없는 사람은 잃을 것이 없어서 더 당당하다는 의미.『史記』

모친의 뜻을 거스름은 불효오 녀주 되야 잘못 츌가ᄒᆞ면 평싱 고싱이 될지어눌 무슴 쥬견으로 고집ᄒᆞ야 복갓흔 빈한흔 쟈에게 허신ᄒᆞ야 고초를 쟈취ᄒᆞᄂᆞ뇨?"

민씨 졍식 디왈

"혼인은 인륜에 읏듬이라 한 번 뎡ᄒᆞ면 변경치 못ᄒᆞ옵ᄂᆞ니 엇지 빈부를 교계(較計)ᄒᆞ야 인륜(彛倫)을 두상(斁喪)ᄒᆞ오릿가? 일즉이 듯ᄉᆞ오니 혼인론지ᄂᆞᆫ 이로지풍婚姻論財夷膚之風이라 ᄒᆞ오니 군쟈의 말슴을 듯건디 쳡의 불사흠을 이로도곤 못ᄒᆞ게 넉이심이니 스ᄉᆞ로 몸둘 곳을 모로ᄂᆞ이다."

한싱이 웃고 실언흠을 사과ᄒᆞ더라. 익일에 한싱이 소세를 맛치고 민즁츄을 가 뵈온디 민즁츄ㅣ 빅수 홍안(白鬚紅顔)에 깃거온 빗을 가득히 씌워 마져 왈

"로부ㅣ 현셔를 보미 마음이 틔산갓치 든든ᄒᆞ도다. 모로미 현셔ᄂᆞᆫ 미거흔 쳔식을 십분 용셔ᄒᆞ야 미ᄉᆞ에 암미흠을 붉히 가라쳐 졔 이비된 로부의 무식흠이 업도록 흠을 바라ᄂᆞ라"

한싱이 공수 디왈

"대인의 놉흐신 풍치를 산두山斗갓치 우럿다가 금일 문하에 츄창ᄒᆞ오니 삼싱의 원이 다시 업슬가 ᄒᆞ오며 쳔금 귀양의 ᄅᆞᆫ쟈 혜질千金貴孃姿蕙質로 향곡 로둔필부駑鈍匹夫에게 욕되히 허혼ᄒᆞ시니 감ᄉᆞ흠보다 황송흠이 압셔ᄂᆞ이다."

민공이 대소ᄒᆞ고 넘오 과즁흠을 일컷더라. 한싱이 짐짓 고왈

"감히 뭇잡노니 악모ㅣ 언의 쳐소에 계시온지 승후코져 ᄒᆞᄂᆞ이다."

민공이 부득이ᄒᆞ야 몸을 이러 먼져 니당으로 드러가며 왈

"현셔는 잠시 안졋스라. 니 로쳐(老妻)에게 현셔 이름을 말ᄒᆞ리라. 이씨 민즁츄ㅣ 니당에 드러가 홍씨다려 한싱의 이름을 말ᄒᆞ니 홍씨 머리를 싸고 벽76을 안고 도라누어 못 드른 쳬ᄒᆞ야 대답지 안이ᄒᆞ니 민공이 겻헤 갓가히 안즈며 ᄉᆞ리(事理)를 드러 효유ᄒᆞ야 왈

"부인은 엇의가 편치 안이ᄒᆞ뇨? 셜혹 몸이 불편ᄒᆞᆯ지라도 잠시 강작(强作)ᄒᆞ야 시 사위를 맛즈라. 도금(到今) 사셰(事勢)ᄒᆞ야 하여(許與)ᄒᆞᆫ 쟈격이고 긔위 나의 사위가 된 이상이니 고집지 말고 이러나 됴흔 낫으로 빅년 가긱(百年佳客)을 디ᄒᆞᆯ지어다."

홍씨 분홈을 못 익이여 늣겨 우러 왈

"첩은 쟈식도 업고 사위도 업ᄂᆞ니 부즈럽시 힐난 말으시고 상공이나 흘노 쟈식의 효도와 사위에 쟈미를 만히 보소셔."

민공이 우셔 왈

"나의 쟈식 사위는 곳 부인의 쟈식과 사위어놀 무슴 망발을 이다지 심히 ᄒᆞᄂᆞ뇨? 그리 말고 어셔 이러ᄂᆞ소셔. 한싱이 지금은 비록 빈흔ᄒᆞᆯ지라도 후일 부귀 무궁ᄒᆞᆯ지니 기시(其時)에는 우리 니외 로리(老來)에 쟈미가 엇더타 ᄒᆞ리오? 부인의 이갓치 히거홈을 한싱이 알고 보면 로경에 견모(見侮) 적지 안이ᄒᆞ니 싱각을 넉그럽게 ᄒᆞ야 옹식ᄒᆞᆫ 편셩(偏性)을 두지 말ᄂᆞ."

홍씨 다시 대답지 안이ᄒᆞ고 묵묵히 잇스니 민공이 징니여 [여]셩(厲聲)ᄒᆞ야 왈

"부인은 식견이 협이ᄒᆞ야 남의 견모를 쟈취홈이어니와 소위 가장 되는 나는 무슴 곡절로 무식홈을 당케 ᄒᆞᄂᆞ뇨? 부인이 일향 고집ᄒᆞᆯ

진딘 로리에 히거라 ᄒ겠스나 결코 싱젼에 다시 부인의 얼골을 디
ᄒ지 안일지니 싱각ᄒ야 ᄒ라."

홍씨 그졔야 말지못ᄒ야 이러 안즈며

"한가 보고 안이 보는 일에 디ᄒ야 그쳐럼 심ᄒ신 말솜ᄒ실 것이
무엇잇ᄂ닛가? 샹공 의향이 졍 그러ᄒ시거던 ᄒ가다려 잠시 드러와
보고 가라 ᄒ소셔."

공이 다시 당부왈

"부인은 ᄒ싱을 디ᄒ야 일호 온의(慍意)를 보이지 말고 흔연히 구
러 미안ᄒ 쯧이 업도록 ᄒ소셔. 만일 불평히 디우ᄒ면 비단 우리 ᄂ
외의 낫이 싹길 ᄲᆞᆫ 안이라 [여아에]게 불소ᄒ 영향이 밋칠가 ᄒ노
라."

ᄒ고 즉시 외당으로 나아와 ᄒ싱을 지휘ᄒ야 ᄂ당으로 드려보ᄂ
니라.

第十回 賢夫妻手歸鄕里
뎨십회 어진 부쳐ㅣ 손을 잇끌고 향리로 도라가다

 츠셜. 훈싱이 그 악옹 민즁츄의 지휘를 듯고 니당에 이르니 그씨 민즁츄 부인 홍씨 일향 거졀ㅎ고 훈싱을 디면치 안이ㅎ랴 ㅎ다가 민공이 징니여 생젼 피츠 셔로 보지 말ᄌ ㅎ는 말에 젹이 외겁(畏怯)ㅎ야 부득이 훈생을 볼시 안샹(顔上)에 로훈 긔식이 것치지 안이ㅎ고 두어 마듸 훈헌 쑨 강잉(强仍)히 기구(開口)ㅎ더니 밋 훈생이 물너감을 고ㅎ미 만류커나 잘 가거라는 말 훈 마듸 안이ㅎ니 훈생이 임의 그 뜻을 짐쟉ㅎ고 심니에 넝소ㅎ며 묵묵히 외당으로 나아오니 민공이 훈싱의 손목을 잡아 왈
 "현셔야. 그디는 가슴이 희희(熙熙)훈 대쟝부라 젹은 일에 이체(礙滯)훌 바ㅣ 업스려니와 로부는 스스로 졔가 잘못훈 붓그럼이 업지 안이ㅎ노라."
 훈싱이 공슌히 디답왈
 "악쟝이 임셕지언(衽席之言)106)을 물니치시고 불ᄉ훈 소싱을 과도히 ᄉ랑ㅎ시니 도로혀 송황(悚惶)ㅎ도소이다."

---

106) 임셕지언(衽席之言): '임셕'은 침실에 까는 이부자리로 주로 부인의 처소를 의미함. 임셕지언은 민대생의 아내인 홍씨의 말을 뜻함.

민공 왈

"그는 현셔의 쟈겸(自謙)ᄒᆞᄂᆞᆫ 말이어니와 니 특별히 현셔에게 부탁홀 일이 잇노니 로부는 쇠로(衰老)ᄒᆞᆫ 긔질이라 셔산락일西山落日이 갓가와 현셔의 쟝릭 ᄉᆞ업(將來事業)을 목도치 못ᄒᆞ려니와 그디에 얼골에 샹셔로온 광치 어려잇셔 후일 영귀(榮貴)ᄂᆞᆫ 가히 극진홀 것이로디 미간에 은연히 살긔 잠겨잇스니 이ᄂᆞᆫ 쟝악(掌握)에 싱살지권(生殺之權)을 잡을 증조(徵兆) ㅣ라. 부디 일후 당권(當權)커던 나의 부탁을 깁히 명심ᄒᆞ야 인명(人命)을 람살(濫殺)치 말지어다."

한싱이 재비 수명(再拜受命)ᄒᆞ고 물너와 한부ᄉᆞ게 뵈온디 부ᄉᆞㅣ 깃거옴을 말지 안으며 부인을 디ᄒᆞ야 신부의 극78가(極嘉)흠을 만구 칭찬(萬口稱讚)ᄒᆞ더라.

이ᄶᅢ 권람이 수양대군을 뫼시고 수남궁에 잇셔 날로 제우ㅣ 갓가와 대군이 잠시도 권람으로 ᄒᆞ야곰 겻흘 쎠나지 못ᄒᆞ게 ᄒᆞ시더니 일일은 권람이 고왈

"소인의 쥭마고구(竹馬故友) 한 사롬이 향녜(鄉廬)로죠차 근일 경사에 이르럿다 ᄒᆞ오니 잠시 심방ᄒᆞ고 도라오겟ᄂᆞ이다."

대군이 무러 가라사디

"그디의 쥭마고우면 그 셩명이 무엇이며 위인(爲人)이 엇더ᄒᆞ뇨?"

권람 왈

"셩명은 한명회니 젼조 공신 상당부원군 한악의 오디손(五代孫)이오 문렬공 한상질의 손ᄌᆞ니 곳 지금 은동부ᄉᆞ로셔 동부승지 제수된 한상덕의 종손이온디 영특 쥰수훈 자품과 문무 겸비훈 지죠ㅣ

당셰에 짝이 업슬가 ᄒᆞᄂᆞ이다."

대군이 대희ᄒᆞᄉᆞ

"그러면 한명회 그듸에게 비ᄒᆞ면 가위 막샹막하(莫上莫下) 되겟도다."

권람 왈

"소인갓치 로둔ᄒᆞᆫ 무리ᄂᆞᆫ 한명회 편비소쟝(褊裨小將)에 지나지 못ᄒᆞᆯ가 ᄒᆞᄂᆞ이다."

대군 왈

"이ᄂᆞᆫ 그듸가 자긔ᄂᆞᆫ 겸ᄉᆞᄒᆞ고 타인은 과찬ᄒᆞ야 공변되지 못ᄒᆞᆫ 말이어니와 쥭마고의를 막을 길 업스니 심방코져 ᄒᆞ거던 속히 리왕ᄒᆞ야 나로 ᄒᆞ야곰 기듸리지 말게 ᄒᆞ며 한명회를 소기ᄒᆞᆯ 경우거던 아모됴록 동힝ᄒᆞ야 올지어다."

권람이 머리를 됴아 응명ᄒᆞ고 곳 한부ᄉᆞ 집을 ᄎᆞ자 한싱을 무르니 한싱이 마쥬 나아와 반기며 손을 셔로 잇ᄭᅳ러 당샹에 올나 쥬긱의 좌를 뎡ᄒᆞᆫ 후 한싱 왈

"뎨가 입셩(入城)ᄒᆞ지 임의 수슌이 되얏ᄉᆞ오나 자연 분쥬 골몰(奔走汩沒)ᄒᆞ야 형을 찻지 못ᄒᆞ얏더니 형이 이처럼 먼저 욕림(辱臨)ᄒᆞ시니 심히 괴송(愧悚)ᄒᆞ도다."

권싱이 소왈

"친고(親舊)의 ᄎᆞ짐이 엇지 션후가 잇스며 드르니 형은 근일에 민즁츄부ᄉᆞ에 이셔(愛壻) 되야 동방화촉에 무궁ᄒᆞᆫ 자미를 보신다 ᄒᆞ니 무슴 겨를이 잇셔 한만히 친고를 찻ᄉᆞ오릿가?"

한싱이 소왈

"형이 근리 존귀ᄒᆞᆫ 왕자궁에 쳣 [방의 문][79]긱이 되야 날로 총이

ᄒᆞ심을 밧는다 ᄒᆞ더니 고구(故舊)의 졍을 잇고 향곡 우밍을 넘어107) 죠롱ᄒᆞᄂᆞᆫ도다."

피츠 박장대소ᄒᆞ고 쥬은(酒案)을 나와 논호며 토진간담(吐盡肝膽)ᄒᆞ야 미미히 담화ᄒᆞᆯ시 한싱이 무러 왈

"수양대군이 졔 대군 가온디 뎨일 영걸ᄒᆞ시다 ᄒᆞ더니 기간 친히 뫼셔 가히 그 심쳔을 짐쟉ᄒᆞᆯ지라. 과연 대군의 자품이 엇더ᄒᆞ시더뇨?"

권싱 왈

"여러 대군이 뉘 은이 영쥰ᄒᆞ시리오마는 뎨의 쥬인 슈양대군으로 말ᄒᆞ면 륭졀용안(隆準龍顔)과 활둘대도ㅣ 옛날 한 광무와 방불ᄒᆞ시니라."

ᄒᆞᆫ싱이 우어 왈

"형이 쥬인의 칭찬을 넘오 과히 ᄒᆞᄂᆞᆫ도다. 광무는 수하에 이십팔장二十八將108)이 잇셔 망ᄒᆞᆫ ᄒᆞᆫ나라를 회복ᄒᆞ야 금도긔업金刀基業을 즁흥(中興)109)ᄒᆞ얏거늘 형의 쥬인 수양디군 수하에 일즉이 이십팔장갓흔 쟈 몃몃이 잇ᄂᆞᆫ다?"

권싱 왈

"디군의 이인하ᄉᆞ(愛人下士)ᄒᆞ심은 옛젹 신릉 평원信陵平原110)으로

---

107) 넘어: 너무.
108) 광무는 수하에 이십팔장(二十八將): 후한(後漢) 광무제의 정권수립에 공을 세운 스물여덟 명의 무장. 등우, 마성, 오한, 왕량, 가복, 진준, 경감, 두무, 구순, 부준, 잠팽, 견담, 풍이, 왕패, 주우, 임광, 체준, 이충, 경단, 만수, 갑연, 비동, 요기, 유식, 경순, 장궁, 마무, 유륭.
109) 금도긔업(金刀基業)을 즁흥(中興): '금도(金刀)'는 유(劉)가 묘(卯)·금(金)·도(刀)로 이루어진 것에서 한(漢)나라 왕조를 의미함. 금도기업을 중흥하는 것은 무너져 가는 한나라를 다시 일으켰다는 것을 의미함.

당치 못홀지라. 텬하 유지지스(天下有志之士) 불원간 구름 뫼듯 ᄒ
리니 엇지 그 수효ㅣ 혼 광무 이십팔장에 긋치리오? 그러ᄂ 아즉은
문하에 문스ㅣ 젹고 오쟉 무스ㅣ 만은 즁 무비(無非) 하등 츌신이로
디 인격은 영웅 안인 쟈ㅣ 업스니 손물 림운(孫勿林芸)[111]등 십여인(十
餘人)은 항샹 디군을 뫼셔 잇서 촌보(寸步)를 ᄯᄂ지 안이는 가동
(家僮)이오 남촌 무변(武弁) 오위장(五衛將) 송셕손(宋碩孫)[112]이라 ᄒ
ᄂ 사롭은 긔안이 걸오ᄒ고 의긔 츙민(充滿)ᄒ야 가히 디스를 의론
흠즉 혼 인지라. 디군이 극히 스랑ᄒ사 심복으로 넉이시ᄂ니라."

혼싱이 소왈

"디군이 텬싱 쟈품은 형의 말을 비겨 가히 알녀니와 그 수하에 인
지 젹음이 가히 앗갑도다."

권싱 왈

"데가 쟝추 형을 쳔거코져 ᄒ노니 형은 뷔인 걱졍만 부즐업시 ᄒ
지 말고 쳥컨디 디군 문하에 일등 샹식이 되야 히니 영웅을 쳔진(薦
進)ᄒ며 민국 디사를 의론홈이 엇더ᄒᄂ뇨?"

혼싱이 [80]쟉식왈

"형은 쳔만불가혼 말 말나. 데ᄂ 공명에 ᄯᄉ이 업셔 스방에 운유(雲
遊)코져 ᄒ노니 구추히 디군을 교유ᄒ야 무엇ᄒ리오?"

권생이 다시 강권(强勸)치 못ᄒ고 혼갓 혼담만 ᄒ다가 몸을 니러

---
110) 신릉 평원(信陵平原): 위(魏)나라 신릉군(信陵君)과 조(趙)나라 평원군(平原君)을 의미함. 문하에 많은 식객이 있었다고 함. 『史記』
111) 손물 림운(孫勿林芸): 수양대군의 노비. 손물(孫勿)은 명확치 않으나, 임운(林芸)이 김종서를 철퇴로 죽인 것으로 알려짐.
112) 송셕손(宋碩孫): 송석손. 1427~1482. 수양대군의 문객으로 단종 원년 거사에서 수양대군을 말림. 세조 즉위 후 은거함.

쟉별ᄒᆞ거늘 ᄒᆞᆫ생 왈

"뎨가 귀우(貴寓)에 회사(回謝)코져 ᄒᆞ나 향긱이 귀인 문하에 발쟈최 셔어(齟齬)홈을 훈탄ᄒᆞ노라."

한생113) 왈

"회사라 ᄒᆞ심은 만만 불감ᄒᆞ오나 형이 만일 ᄒᆞᆫ극 잇셔 뎨를 ᄎᆞᆺ고져 ᄒᆞ실진던 수남궁을 ᄎᆞ쟈오사 문 직힌 쟈에게 영현당(迎賢堂)을 무르시면 응당 길을 인도ᄒᆞ오리니 영현당은 문에 드러셔 멀지 안이ᄒᆞ고 ᄃᆞᆼ니에 타인이 업셔 뎨 홀노 거쳐ᄒᆞ노라."

ᄒᆞᆫ싱 왈

"그러ᄒᆞᆯ진던 뎨 맛당히 명일에 회사ᄒᆞ리라."

권싱이 탑(榻)을 쓸어 기디림을 말ᄒᆞ고 도라가니라.

익일에 ᄒᆞᆫ싱이 수남궁을 ᄎᆞ쟈가 영현당을 무러 드러가니 권싱이 업고 다만 젹은 아히 뷔인 방을 수직ᄒᆞᆯ ᄯᆞ름이어늘 아히다려 권싱의 거취를 무르니 아히 고ᄒᆞ되

"지금 디군을 뫼셔 후원에 활을 쏘러 가시며 귀긱이 오시거던 통지ᄒᆞ라 ᄒᆞ더니다."

ᄒᆞᆫ싱이 아히를 보니여 쳥코져 ᄒᆞ다가 다시 싱각ᄒᆞᆫ즉 디군이 드르시ᄂᆞᆫ디 즈긔 이름을 말ᄒᆞ면 샹면(相面)홈을 강쳥(强請)ᄒᆞ시기 십샹 팔구 되리니 단녀간 신젹(身迹)만 멈으로고 도라감만 갓지 못ᄒᆞ다 ᄒᆞ고 지필을 가져오라 ᄒᆞ야 셩명을 긔록ᄒᆞ야 아히에게 맛기어 권싱 도라옴을 기다려 젼ᄒᆞ라 ᄒᆞ고 계하에 두어 거름을 옴기지 못ᄒᆞ야

---

113) 맥락 상 권생이 한 말.

권싱이 오다가 멀니셔 바라보고 소리ᄒᆞ야 왈

"한형은 엇의로 향코져 ᄒᆞ시ᄂᆞ뇨? 가지 말고 거긔 잠시 멈으르소셔."

한싱이 고기를 들어 바라보니 권싱이 일위 귀인을 비죵(陪從)ᄒᆞ야 오다가 자긔를 보고 부름이어늘 한싱이 발을 멈츄어 셔셔 그 귀인을 창졸간 슯혀보건디 과연 룡은 봉목龍顔鳳目이 광치 조요(光彩照耀)ᄒᆞ$_{81}$야 산쳔 졍긔(山川精氣) 어리엇거늘 심니 탄복ᄒᆞ야 왈

'뎌 귀인이 분명 슈양대군이로다. 자격이 뎌갓치 영걸(英傑)ᄒᆞ심을 보미 권싱의 지감을 가히 허락ᄒᆞ리로다.'

거미긔에 권싱이 이르러 손목을 잡아 인ᄉᆞ훈 후 불ᄋᆞᆫ힘을 일커러 왈

"마춤 대군이 불으심으로 형을 맛지 못ᄒᆞ얏스니 죄송죄송ᄒᆞ도다."

한싱 왈

"나의 길이 심히 죵죵(悤悤)훔으로 형을 기디리지 못ᄒᆞ고 명함(名銜)을 멈은 후 도라가ᄌᆞ ᄒᆞ얏더니 형이 마춤 이르시니 더욱 반갑도다. 그러ᄂᆞ 대군은 지금 어디 계시뇨?"

권싱 왈

"바야흐로 뎨가 대군을 뫼셔 졍당으로 가다가 멀니셔 형을 바라보고 대군계 연유를 고ᄒᆞ고 급히 왓노니 대군게셔ᄂᆞᆫ 응당 졍당으로 환차(還次)ᄒᆞ셧스리로다. 형이 만일 투자$_{投刺}$114)코져 ᄒᆞ시면 뎨가 맛

---

114) 투자(投刺): 윗사람에게 명함을 드리는 것.

당히 먼져 드러가 고ᄒᆞ리라."

한싱이 놀ᄂᆞ 왈

"뎨의 본의를 죽일에 임의 고ᄒᆞ얏ᄂᆞ니 부즈럽슨 말숨 말ᄂᆞ. 형이 귀인을 뫼셔 소일(消日)타가 뎨의 이름을 보고 거연(遽然)히 도라와 무슴 흠졀됨이 잇슬가 념려ᄒᆞ야 무름이오 투자코져 대군 계신 곳을 무름이 안이로다."

권싱이 웃고 아히를 불너 쥬효를 죽만ᄒᆞ야 오라 ᄒᆞ니 아히 승명ᄒᆞ고 나아간지 얼마 동안 안이 되야 만반 진미(滿盤珍味)를 갓초아 은근히 권ᄒᆞᄂᆞ지라. 한싱 왈

"피ᄎᆞ 셔회(敍懷)ᄒᆞᆷ이 수비쥬(數盃酒)면 족하거놀 무슴 음식을 이 갓치 셩비ᄒᆞ얏ᄂᆞ뇨?"

권싱 왈

"이ᄂᆞᆫ 뎨의 쥬션(周旋)이 안이라 대군게셔 일즉이 궁ᄂᆡ 음식 맛흔 쟈에게 분부ᄒᆞ사 무론하여 흔 사ᄅᆞᆷ이던지 뎨등(諸等) 몃 사ᄅᆞᆷ을 차자오ᄂᆞᆫ 쟈ㅣ 잇스면 의례히 졉ᄃᆡ케 홈이니라. 한싱이 심즁에 대군의 하ᄉᆞ고풍(下士高風)115)을 못ᄂᆡ 칭도ᄒᆞ고 수비를 셔로 난혼 후 항여 대군이 샹면홈을 강쳥ᄒᆞ실가 의심ᄒᆞ야 총총히 몸을 일어 죽별홀시 한싱 왈

"뎨ᄂᆞᆫ 일로조차 운산(雲山)이 묘묘ᄒᆞ니 바라건디 형이 지82조를 굿건이 ᄒᆞ야 ᄃᆡ사업을 셩취ᄒᆞ라."

권싱이 연연홈을 말지 안이ᄒᆞ야 답왈

---

115) 하ᄉᆞ고풍(下士高風): 무관(武官)으로서의 풍채(風采).

"바라건디 형은 강호에 쟝유江湖壯遊ᄒ야 호ᄒ好漢을 만히 사괸 후 뎨를 잇지 말으시고 풍운風雲에 ᄒ게 손목을 잇ᄯᄉ이다."

ᄒ싱이 즉시 집으로 도라와 부ᄉ게 뵈읍고 고왈

"소손이 금일 권람을 심방ᄒ야 수남궁에 갓다가 멀니 수양디군의 풍치를 뵈오미 진짓 비샹ᄒ더니다."

부ᄉㅣ 답왈

"너ᄂᆞ 디군의 풍치만 바라보고 이ᄀᆞ치 기리ᄂᆞᆫ다? 뫼셔 졉어(接語)ᄒ면 그 음셩의 홍량(洪亮)ᄒᆞᆷ과 어취(語趣)의 심원ᄒᆞᆷ을 응당 더욱 탄복ᄒ얏ᄉ리라. 그러ᄂᆞ 수남궁에 이르러 디군을 멀니 뵈왓스면 엇지 승후(承候)치 안이ᄒ얏ᄂᆞᆫ다?"

ᄒ싱이 고왈

"권남이 미샹불 승후ᄒᆞᆯ 일을 루루히 말ᄒᄋᆞᄂᆞ 소손의 ᄯᆞᆺ은 그ᄀᆞᆺ흔 디인을 교유ᄒᆞᆷ이 불가ᄒ읍고 ᄉ방에 널니 놀아 흉ᄎ胸次를 넓히고져 ᄒ와 아즉 거졀ᄒ얏ᄂᆞ이다."

부ᄉㅣ 졈두ᄒ고 다시 뭇지 안이ᄒ더라.

ᄒ싱이 물너와 부인 민씨를 디ᄒ야 왈

"디쟝부ㅣ 맛당히 텬하를 ᄡᆞᆯ지니 엇지 구구히 집구셕에셔 종로終老ᄒ리오? 명일로조차 팔도에 두루 놀아 호걸을 사괴고자 ᄒ노니 부인은 능히 ᄂᆞ의 허랑(虛浪)ᄒᆞᆷ을 용셔ᄒᆞᆯ소냐?"

민씨 염임(斂衽) 디왈

"녀자의 직분은 군자를 승순ᄒᆞᆷ이 뎨일이오니 쳐분디로 ᄒᆞ실 ᄯᆞ름이오 무를실 바ㅣ 업슬가 ᄒᄂᆞ이다."

ᄒ싱이 디희왈

"부인은 가위 흔명회의 처로다. 그러ᄂ 부인은 능히 친가를 멀니 ᄯᅵᄂ ᄂ와 흔게 고향으로 니려가 옛날 량홍梁鴻의 처116)을 본밧겟ᄂ다?"

부인 왈

"녀자 유힝이 원부모형뎨女子有行遠父母兄弟117)라 ᄒ오니 엇지 일싱을 친가에 ᄀᆺ가히 잇셔 구구흔 구조(救助)를 바라오릿가? 녀필종부女必從夫로 군자를 조차 두옥 셕뎐斗屋石田에 삼순구식(三旬九食)을 한딘도 마옴에 둘게83넉이ᄂ이다."

흔싱이 깃거 이에 부ᄉ게 연유를 고흔 후 민즁츄를 가보고 니외 흔게 고향으로 감을 말ᄒ니 민즁츄ㅣ 심니에 창결(悵缺)ᄒᄂ 구타여 만류치 못ᄒ고 익일 발힝 시에 친히 이르러 젼숑ᄒ며 민씨를 종용히 불너 무슴 말을 부탁ᄒ더라. 흔싱이 니힝을 디리고 쳥쥬 오공리 묘막(墓幕)으로 향ᄒ니라. 이ᄯᅢ 홍씨ᄂ 흔싱 ᄀᆺ가히 잇셔 왕리홈을 귀치안케 녁이더니 급기 니외 락향(落鄕)흔다 홈을 듯고 십분 다힝히 녁여 검다 쓰다 말을 일절 안이ᄒ더라.

츠셜. 흔싱이 쳥쥬 묘막을 니려가 아즉 거졉(居接)ᄒ고 구일(舊日) 로복 등을 불너 가ᄉ를 정돈흔 후 고용을 두어 농업으로 싱계를 쥬션ᄒ니 별로 넉넉지 못ᄒᄂ 근근히 호구ᄂ 흘너라. 이에 민씨다려 왈

"남아 풀 속에 머리를 박아 농업으로 셰월을 보널 디경이면 맛참

---

116) 량홍(梁鴻)의 처: 후한 때 학자 양홍의 처 맹광은 집안이 가난한데도 양홍이 학문에 힘을 쓸 수 있도록 내조함. 『後漢書』
117) 녀자 유힝이 원부모형뎨(女子有行遠父母兄弟): 여자는 혼인하면 친정의 부모형제와 멀어진다는 의미. 『詩經』

니 ᄒᆞᆫ낫 토밍에 지ᄂᆞ지 못홀지라. 임의 가ᄉᆞ가 약간 정돈되얏스니 ᄂᆞᄂᆞᆫ 일로조차 집을 ᄯᅥᄂᆞ 멀니 놀고져 ᄒᆞ노니 부인은 ᄂᆞ의 오활홈을 혐의치 말고 긔년간(幾年間) 평안히 잇스라."

민씨 왈

"첩이 용렬ᄒᆞ오ᄂᆞ 가ᄉᆞ를 보ᄉᆞᆯ혀 언의 ᄶᅵᄶᅡ지던지 지니오리니 집 일은 고념치 말으시고 품으신 ᄯᅳᆺ을 실힝ᄒᆞ소셔."

ᄒᆞᆫ생이 만심환희ᄒᆞ야 약간 반젼을 힝리(行李)에 너가지고 익일 조조에 길을 ᄯᅥ나니라.

션시에 슈양대군게셔 권람을 다리시고 후원에서 활을 쏘시다가 니당으로 향ᄒᆞ실시 영현당 ᄯᅳᆯ아리 엇더ᄒᆞᆫ 사ᄅᆞᆷ이 쥬져ᄒᆞᄂᆞᆫ 양을 권람이 바ᄅᆞ보고 소릭를 놉혀 부르며 가거늘 대군이 그 사ᄅᆞᆷ의 위인을 멀니셔 유심히 ᄉᆞᆯ혀보신즉 일표가 늠늠ᄒᆞ야 영웅의 자격이 잇는지라. 곳 권람을 명ᄒᆞᄉᆞ 보시기를 쳥ᄒᆞ랴다가 아즉 긋치시고 권람의 오기를 기대려 뭇고져 ᄒᆞ시더니 두어 시 후에 권람이 승후ᄒᆞ거늘 대군이 무러 가ᄅᆞ사대

"아쟈(俄者)에 영현당 ᄯᅳᆯ에서 84쥬져ᄒᆞ던 사ᄅᆞᆷ이 누구완대 군이 반겨 불으며 갓ᄂᆞᆫ뇨?"

권람이 고왈

"그 사ᄅᆞᆷ은 곳 쟉일에 소인이 심방ᄒᆞ던 ᄒᆞᆫ명회온대 소인을 회사(回謝)코져 왓더니다."

대군이 대희ᄒᆞ사 왈

"그 사ᄅᆞᆷ이 ᄒᆞᆫ명회 갓고 보면 ᄒᆞᆫ 번 소기ᄒᆞ야 나와 상면케 홈이 엇더ᄒᆞ뇨?"

권람이 고왈

"소인이 임이 그 뜻이 잇수와 명회다려 말솜ᄒ온즉 그 대답이 장 ᄎ 수방에 두루 놀아 흉차를 넓히고져 홈으로 왕공 문하에 일즉 교유홈을 원치 온이혼다 ᄒ고 힝힝히 가더니다."

대군이 량구히 탄식ᄒ사 왈

"훈명회ᄂ 가위 뜻이 고상훈 인물이로다."

ᄒ시고 익일에 권람을 보니사 훈명회를 영현당으로 다시 청요(請邀)ᄒ야 쥬찬을 졉대케 ᄒ시고 긔회를 타 면회코져 ᄒ시더니 급기 권람이 차자간즉 임의 향리로 써나갓다 홈으로 망연히 도라와 연유를 대군게 고ᄒ디 디군이 창결ᄒ심을 말지 온으사 왈

"아즉 훈명회로 ᄒ야곰 품은 뜻을 실힝케 홈이 가ᄒ다."

ᄒ시고 항상 심니에 잇지 못ᄒ시더라. 아지 못게라. 훈명회 언의 곳으로 갓는고? 하회를 또 볼지어다.

第十一回 鏡浦臺好漢識好漢
데심118)일회 경포디에셔 호한이 호한을 알다

 각셜. 한명회 집을 써나 팔로 명산디(八路名山地)를 두루 관람ᄒ며 널니 인지를 교유홀시 남으로 젼라 경상도며 북으로 함경도를 방방곡곡이 편답(遍踏)ᄒ야 히변을 씨고 룡동 구읍(嶺東九邑)119)을 차뎨(次第)로 완상(玩賞)ᄒ더니 일일은 한 곳을 당도(當到)ᄒ즉 산셰 슈려ᄒ고 뎐답이 고옥(膏沃)ᄒ지라. 한싱이 거민(居民)을 향ᄒ야 디명(地名)을 무른디 거민이 답왈
 "이곳은 강원도 강능 짜이어니와 존직은 누구의 집을 찻고져 ᄒ느뇨?"
 한싱 왈
 "나는 력려 과긱(逆旅過客)이라 별로 찻는 집이 업거니와 이곳이 강능이면 령동팔경(嶺東八景)120) 즁 유명흔 경포디鏡浦臺 잇는 짜이 안인다?"

---

118) 심: 십.
119) 룡동 구읍(嶺東九邑): 강원도 동해안의 해안가를 따라 있는 아홉 고을인 평해, 울진, 삼척, 양양, 간성, 고성, 통천, 흡곡, 강릉을 말함.
120) 령동팔경(嶺東八景): 강원도 동해안에 있는 여덟 명승지인 간성의 청간정, 강릉의 경포대, 고성의 삼일포, 삼척의 죽서루, 양양의 낙산사, 울진의 망양정, 통천의 총석정, 평해의 월송정을 말함. 평해의 월송정 대신 흡곡의 시중대를 넣기도 함.

거민 왈

"과연 그러ᄒᆞ니 이곳셔 슈리(數理)를 남다히로 가면 곳 경포디 잇ᄂᆞ이다."

한싱이 경포디 가는 길을 재[세] 무른 후 일셰(日勢) 임의 늣젓기로 쥬뎜(酒店)을 차자 그날 밤을 편히 쉬고 익일 죠반 후 완보(緩步)로 [천천히] 걸어 경포디를 차자갈시 얼마 안이 가셔 거울갓흔 가울 물은 평반(平盤)에 담은 듯ᄒᆞ[고 드넓은] 명ᄉᆞ(名沙)는 눈빗갓치 졍결ᄒᆞ며 쳥송 록쥭(靑松綠竹)이 울울창창ᄒᆞᆫ 가온디 경포디가 반공 [에 솟앗더라]. 한싱이 그 경기 졀승(絶勝)홈을 못니 칭찬ᄒᆞ며 두루 관람ᄒᆞ다가 압흘 향ᄒᆞ야 갓가히 [가니 누대]에서 사름의 들네는 소리 요란ᄒᆞ거늘 한싱이 눈을 들어 쳐다보니 여러 사름이 [모여 앉아 술을] 먹으며 담소ᄌᆞ약(談笑自若)ᄒᆞ[86]야 방약무인(傍若無人)ᄒᆞ거늘 한싱이 대상(臺上)으로 올으지 안이ᄒᆞ[고 대(臺) 아래에] 안져 잠시 홀각(歇脚)ᄒᆞ더니 슐 먹던 사름들이 ᄂᆞ려다 보다가 그즁 한 사름이 대[하(臺下)로 내려와]한싱의 겻헤 안즈며 무러 왈

"엇의로 가시는 누구시완디 디상(臺上)으로 올으고져 [앉고서 주저]ᄒᆞᄂᆞ뇨?"

한싱이 답왈

"방금 여러분이 모여 놀으시는 듯ᄒᆞ기로 아즉 이곳셔 호수[를 완상(玩賞) 하노]라."

그 사름이 이윽히 보다가 다시 문왈

"귀긱(貴客)이 쳥쥬 사는 한명회씨 안이시뇨?"

한[싱이 놀]나 답왈

"나는 한명회어니와 그디 엇지 나의 셩명을 알으시누뇨?"

기인이 황망히 례ᄒ야 왈

"뵈온지 여러 히 되얏슴으로 공이 나를 몰으시는도다. 나는 곳 쳥쥬 동향(同鄕)에 잇던 홍귀동이로소이다."

한싱이 그 말을 듯고 다시 보더니 반겨 왈

"그디의 말을 듯고 보니 인졔야 ᄭᅢ닷겟도다. 기시에 그대의 자품을 흠모ᄒ야 한게 잇셔 학업을 갓치 ᄒᆞᆯ가 ᄒ얏더니 그대 부명으로 총총히 간 후 다시 소식 업슴으로 유의막수(有意莫遂)ᄒ얏거니와 이곳셔 셔로 맛나기는 쳔만 ᄯᅳᆺ밧기로다."

홍귀동 왈

"기시에 공의 긔안을 우미ᄒᆞᆫ 마음에 감복ᄒ야 지금까지 잇지 못ᄒ옵더니 금일 이곳셔 뵈옵기는 쳔만 몽상(千萬夢想) 밧기로다. 그러나 대샹에 잇는 칠팔인이 모다 강호 호한(江湖好漢)이라. 공을 뵈오면 무비 일면여구(無非一面如舊)ᄒᆞᆯ 것이니 귀티여 이곳에 계실 것이 안이라 한게 대로 올나가ᄉᆞ이다."

한싱 왈

"대에 올으기 그다지 급ᄒᆞᆯ 것이 업거니와 그대는 무슴 일로 언의 ᄯᅢ 이곳에 와 강호샹(江湖上) 호한을 교유ᄒᆞᆫ다?"

홍싱 왈

"나의 위인이 본리 치산에 ᄯᅳᆺ이 업고 ᄉᆞ방에 운유ᄒ기를 즐겨ᄒ더니 기시에 부명으로 집에 도라가 약간 반젼을 변통ᄒ야 가지고 동지쟈(同志者)를 두루 ᄎᆞᆺ더니 맛춤 이곳에 이르러 뎌 대샹에서 슐 먹는 일곱 사ᄅᆞᆷ을 사괴미 지긔샹합(志氣相合)ᄒ야 날로 셩디 강산

뎨심일회 경포디에셔 호한이 호한을 알다

으로 87놀아 슐 먹고 활쏘기를 일을 삼느이다."

한싱 왈

"느도 강호샹 호한을 사괴고자 널니 단니더니 금일 텬힝으로 그대를 만나니 가위 젹지 안인 연분인가 ᄒ노라."

이에 홍싱이 한싱의 손목을 잇글어 대샹으로 올으니 여러 사ᄅᆷ이 슐잔을 놋코 이러 맛져 좌를 뎡ᄒᆫ 후 ᄎᆞ례로 셩명을 통홀시 한싱이 먼져 좌샹을 향ᄒᆞ야 말ᄒᆞ야 왈

"나는 한명회라 ᄒᆞ는 ᄉᆞᄅᆞᆷ이러니 우연히 이곳에 이르럿다가 고인을 의외에 만나 여러분 노시는 말셕(末席)에 참예(參與)ᄒᆞ니 마음에 극히 영화롭고 ᄯᅩᄒᆞᆫ 죄송ᄒᆞ도다."

한 ᄉᆞᄅᆞᆷ이 답왈

"나는 량뎡(楊汀)121)이러니 일즉 친구를 됴화ᄒᆞ야 우리 팔인이 ᄉᆞ싱지교(死生之交)를 밋져 미일 이갓치 슐이나 마시고 활이나 쏘더니 금일 경포대에 왓다가 귀긱을 뵈오니 삼싱연분(三生緣分)인가 ᄒᆞ노라."

한생이 눈을 들어 량뎡을 자셰 보니 과연 걸오ᄒᆞᆫ 풍치와 뢰락ᄒᆞᆫ 언론이 진짓 록록ᄒᆞᆫ 무리 으님을 심닉에 칭찬ᄒᆞ더니 ᄯᅩ ᄒᆞᆫ ᄉᆞᄅᆞᆷ이 한생을 향ᄒᆞ야 머리를 좁고 인ᄉᆞᄒᆞ야 왈

"나는 림ᄌᆞ번(林自番)122)이오니 본리 향곡 생장(鄕曲生長)으로 ᄯᅳᆺ이 방탕ᄒᆞ야 농업을 불고(不顧)ᄒᆞ고 친고를 츄축(追逐)ᄒᆞ야 날로 슐 먹

---

121) 량뎡(楊汀): 양정. ?~1466. 조선 전기의 무신으로 한명회의 주선으로 수양대군의 진영에 가담하여, 세조 즉위에 큰 공을 세움.
122) 림ᄌᆞ번(林自番): 임자번. ?~1486. 조선 전기의 무신으로 세조 즉위에 큰 공을 세워서 한미한 집안의 위상을 높임.

고 츔츄고 노릭ᄒ기로 죵ᄉᄒ노니 귀직은 단졍치 못흡을 용셔ᄒ소셔."

한싱이 손ᄉᄒ며 림ᄌ번을 숣혀보니 찌어진 눈과 모진 입이 당셰호걸의 긔샹이 잇더라. ᄯ 한 ᄉᄅᆷ이 나아와 읍ᄒ며 왈

"귀직의 존셩대명은尊姓大名 임의 드러 알거니와 나의 셩명을 홍달손洪達孫123)이오니 십년 락쳑(落拓)ᄒ야 활쏘고 말타기로 소일ᄒ더니 여러 친고를 만ᄂ 이곳셔 날로 유쾌히 노ᄂ이다."

그 말을 겨오 맛치자 ᄯ 한 ᄉᄅᆷ이 인ᄉ를 쳥ᄒ야 왈

"나ᄂ 류수柳洙124)라 ᄒᄂ ᄉᄅᆷ이로소이다."

ᄯ 한 ᄉᄅᆷ 왈

"나ᄂ 최윤崔潤125)이로소이다."

그 다음에 ᄯ 두 ᄉᄅᆷ이 셩명을 통ᄒ니 하나88ᄂ 곽령셩郭連城126)이오 하ᄂᄂ 안경손安慶孫127)이라. 본릭 그곳 션비로 근년(近年)에 두 필위무投筆爲武ᄒ야 량뎡 등 졔인과 츅일(逐日) 샹죵ᄒᄂ 터이라. 그 팔인 즁 칠인은 이날 시로 인ᄉᄒ얏스ᄂ 홍싱 한 ᄉᄅᆷ은 비록 쵹슬促膝 담화ᄂ 쳐음이나 온면(顔面)은 일즉 익을 쑨 온이라 동향지의도 잇고 피ᄎ 지기를 짐작ᄒᄂ 고로 홍싱이 뎨일 친졀히 굴며 좌샹 뎨

---

123) 홍달손(洪達孫): 1415~1472. 조선 전기의 무신으로 서울에 있을 때 한명회와 시사(時事)를 논하며 친분을 맺고, 세조 즉위에 큰 공을 세움.
124) 류수(柳洙): 1415~1481. 조선 전기의 무신으로 무술이 뛰어나 왕의 총애를 받음. 세조 즉위에 공을 세움.
125) 최윤(崔潤): ?~1465. 조선 전기의 무신으로 세조 즉위를 도움.
126) 곽령셩(郭連城): 곽연성. ?~1464. 수양대군이 명나라 사신 갈 때 군관으로 따라감. 세조 즉위에 공을 세움.
127) 안경손(安慶孫): 1416~1479. 조선 전기의 무신으로 홍윤성과의 친분으로 관직을 유지함.

인을 대ᄒᆞ야 한싱의 리력과 긔은이 장쾌ᄒᆞ야 범샹치 은인 말이며 션시에 ᄌᆞ긔의 소아지가 노여 한싱의 친산을 파괴ᄒᆞᆷ을 보고 한싱이 활로 쏘아 죽임이 ᄌᆞ긔 부친은 촌민 신분으로 다만 나의게 손히됨만 싱각ᄒᆞ고 부ᄉᆞ에게 발괄ᄒᆞ야 그 갑을 밧아온 일로 ᄌᆞ긔가 그 광경을 보고 ᄉᆞ과 츠로 한싱을 가본 일을 일호 은휘(隱諱)치 안이ᄒᆞ고 일일히 셜파ᄒᆞ야 왈

"한공은 가위 당셰 쌍(雙)업ᄂᆞᆫ 인물이라. 한 번 만나 교유ᄒᆞᆷ을 일념(一念)에 원ᄒᆞ얏더니 하ᄂᆞᆯ이 감동ᄒᆞ사 금일 ᄯᅳᆺ밧게 경포디에셔 만나 뵈오니 이만치 긔이ᄒᆞᆫ 인연은 업슬가 ᄒᆞ노라."

좌상이 막불 갈치ᄒᆞ야 왈

"년유ᄒᆞᆫ 아히들로 친산을 위ᄒᆞ야 남의 소아지를 두렴 업시 쏘아 죽임도 호한의 쾌ᄒᆞᆫ 일이오 ᄌᆞ긔 소아지 갑 밧은 것을 비리(非理)로 알아 사과ᄒᆞᆷ도 쏘한 호한의 가치 잇도다."

한싱이 듯다가 ᄂᆡ심에 헤오디

'홍귀동은 가위 쾌장부로다. 시속 용렬ᄒᆞᆫ 무리 갓고 보면 졔 근본을 엄젹(掩迹)ᄒᆞ노라 나를 본디도 모로ᄂᆞᆫ 톄ᄒᆞ야 항여나 탄로될가 겁ᄒᆞᆯ지어놀 이 사ᄅᆞᆷ은 모로ᄂᆞᆫ 나를 ᄌᆞ쳥ᄒᆞ야 차자와 인ᄉᆞᄒᆞ고 죠인즁(稠人中) 좌즁에 ᄌᆞ긔 리력을 일호 은휘 업시 말ᄒᆞ니 죠만간 국가에 일이 잇고 보면 ᄂᆡ 결심코 쳔거ᄒᆞ야 쓸 그릇을 만들니라.'

ᄒᆞ고 여러 사ᄅᆞᆷ을 디ᄒᆞ야 홍싱의 호ᄌᆞ격(好資格)을 극구 칭찬ᄒᆞ니 모다 한싱의 공담(公談)을 허여ᄒᆞ며 큰 독에 슐을 기우려 셔로 권ᄒᆞ며 마시며 즐길시 한싱이 취즁 활발ᄒᆞᆫ 말로 무러 왈

"졔형 등의 긔안을 보건디 모다 당셰 영걸지지라. 엇지 립신양명

立身揚名_{입신양명}홀 길을 구치 안이ᄒ고 초야에 뭇쳐 이갓치 셰월을 허송ᄒᄂ뇨?"

최윤이 답왈

"아등이 향곡에 잇셔 울울부득지鬱鬱不得志ᄒ야 다만 쥬ᄉ쳥류(酒肆靑樓)에 탕닉으로 ᄌ쳐ᄒ나 대쟝부 엇지 풍운 제회(風雲際會)를 엇어 국가 대ᄉ업을 셩취ᄒ고 꼿다온 일홈이 쳔츄쥭빅(千秋竹帛)에 드릴 쯧이 업스리오? 그러나 구구히 반계곡경盤溪曲徑128)을 구치 안이코져 흠으로 찰하리 강호 랑젹(江湖浪跡)이 되야 지긔 상합ᄒᆫ 벗으로 평싱을 즐김이 가홀 줄로 결심ᄒ얏노라."

량뎡 왈

"사룸 나고 늙고 죽고 병들믈 씨 이른즉 힝홀 ᄶ라룸이어놀 엇지 빈쳔 부귀를 가져 마음에 왕리ᄒ리오? 우리는 락쳑(落拓)홀 씨는 이쳐로 슐이나 먹고 로라나 ᄒ야 가슴이 유쾌토록 ᄒ고 일후 계졔(階梯) 잇셔 국가에 허신ᄒ면 텰긔 빅만(鐵騎百萬)를 슈하에 거ᄂ리고 호령 일셩에 도젹을 한 칼로 쓸어바려 일홈이 만고에 썩지 안을 ᄶ라룸이니라."

박연셩129)이 큰 잔에 슐을 가득 부어 량뎡에게 권ᄒ야 왈

"쾌지라! 형의 언론이여. 나의 소회(所懷)를 말코져 ᄒ얏더니 임의 형의 입을 빌어다 ᄒ얏스니 이 슐로써 형의 슈고을 보슈ᄒ노라."

안경손이 ᄯ 큰 잔에 슐을 가득 부어 곽연셩을 쥬어 왈

---

128) 반계곡경(盤溪曲徑): 구불구불한 길. 옳지 못한 방법으로 일을 하는 것을 비유하기도 함.
129) 박연셩: 곽연성.

"나는 형이 량형과 지취(志趣) 갓흠을 축하ᄒ노라."

림ᄌ번 홍달손 류슈 홍귀동 ᄉ인이 일시에 일어 한싱에게 졀ᄒ야 왈

"평일에 아등이 날로 모여 슐을 먹엇스되 이갓치 각언기지(各言其志)ᄒᆫ 일이 업더니 금일 한형이 이르심이 셩셩이 셕셩셩(猩猩惜猩猩)130)으로 쳐업131) 보미 십년 사굄보다 더ᄒ야 셰 형이 닷호아 간담을 토진(吐盡)ᄒ야 우리로 ᄒ야곰 됴흔 언론을 듯게ᄒ니 이는 모다 한형의 쥬심이라. 그 감ᄉ흠을 표ᄒ90노라."

한싱이 황망히 이러 왈

"졔형(諸兄)은 망발이로라. 우연히 지나던 과긱이 놉흔 못고지에 참례(參與)ᄒ야 활발 고명ᄒᆫ 말솜을 만히 듯ᄉ오니 삼싱에 큰 복이라. 감히 슐을 각각 드러 가슴에 품은바 경윤(經綸) 셩취흠을 츅수ᄒ노라."

ᄒ고 슐 여달 잔을 부어 차례로 권ᄒ니 여달 사롬이 일데히 밧아 마시고 그 과즁히 기림을 일커르며 셔로 박장대소ᄒ야 왈

"우리 팔인이 날로 모혀 유쾌히 소일ᄒ나 다만 한ᄒ던 바는 고명ᄒᆫ 사우(師友)ㅣ 업슴이러니 이졔 형을 뵈오니 진짓 아등의 앙망불급(仰望不及)홀 지식이 잇ᄂᆫ지라. ᄌ금이후로는 아등 팔인이 한형을 스승으로 셤기고져 ᄒ노라."

한생이 손을 져어 왈

---

130) 셩셩이 셕셩셩(猩猩惜猩猩): 영웅은 서로 알아본다는 의미로, 여기서는 총명한 사람이 총명한 사람을 아끼고, 호한이 호한을 아낀다는(惺惺惜惺惺, 好漢惜好漢) 내용의 『水滸傳』을 차용한 것으로 보임. 『西廂記』

131) 쳐업: 처음.

"그러치 안이ᄒ다. 금일 호한이 호한을 만남미 피ᄎ 간담을 드러 니여 ᄉ생지교ㅣ 됨은 가커니와 엇지 힝셰변외양의 말132)로 남을 포장ᄒ고 ᄌ긔를 겸손ᄒ야 스승 뎨ᄌ의 만불근리(萬不近理)ᄒ 언론 을 ᄒᄂ뇨? 우리가 마음에 일생 효칙홀 쟈ᄂ 셕일 쳥쳔강에셔 수나 라 군ᄉ를 한 칼에 뭇질너 편갑(片甲)도 안이 남기던 을지무덕乙支文 德133)과 안시셩에셔 당 티죵(唐太宗)에 눈을 활로 쏘아 멀니던 량만 츈楊萬春134)을 스승으로 넉임이 가ᄒ니 형 등은 모롬즉이 ᄯᆺ을 산수 간(山水間)에만 두지 말고 쟝악 즁(掌握中)에 텬하ᄉ(天下事)를 운젼ᄒ 야 셩쥬를 뫼셔 갈츙보국(竭忠報國)ᄒ고 명수쥭ᄇᆰ名垂竹帛ᄒ야 나라 의 광치를 ᄉ히에 널니 들날니면 그 안이 대장부의 ᄉ업이리오?"

제인이 비사 왈

"아등이 다만 무예를 됴화ᄒ고 감기비양感慨悲凉ᄒ야 쟝ᄎ 나아갈 방향을 알지 못ᄒ더니 지금 형의 고론(高論)을 듯건디 여몽초셩如夢初 醒135)이라. 만일 아등이 셩쥬의 졔우를 만날진던 엇지 도탕부화(蹈 湯赴火)136)를 피코져 ᄒ리오? 바라건디 형쟝은 스ᄉ로 로 졋ᄂ 사 공이 되야 만경창파에 돗 업ᄂ 비를 타고 흘박(歇泊)홀 바91를 모롬 갓흔 뎌 등을 탄탄대로로 지도ᄒ소셔."

한싱 왈

---

132) 힝셰변외양의 말: 맥락 상 겉보기만 번지르르한 말을 뜻하는 것으로 추정됨.
133) 을지무덕(乙支文德): 을지문덕. ?~?. 고구려 영양왕 때의 장군으로, 살수대첩을 승리로 이끎.
134) 량만츈(楊萬春): 양만춘. ?~?. 안시성에서 당태종의 30만 대군과 싸워 승리한 고구려의 장수.
135) 여몽초셩(如夢初醒): 막 꿈에서 깨어난 것 같다는 뜻으로 사리를 깨닫게 됨.
136) 도탕부화(蹈湯赴火): 끓는 물을 밟고, 불에 뛰어 들어간다는 뜻으로 위험을 무릅쓰는 것을 말함.

"뎨는 일즉 부모ㅣ 쌍몰(雙沒)ᄒ시고 혈혈단신이 ᄉ히 팔방에 류리표박ᄒᄂᆞᆫ 삼쳑미명三尺微命이 감히 대ᄉ를 의론홀 자격이 못되나 제형이 이갓치 ᄉᆞ랑ᄒ시니 가히 허심 샹죵ᄒ려니와 솖혀보건디 우리 모다 총쥰 방년(聰俊芳年)이라 환로 츌몰(宦路出沒)이 아즉 일고 ᄯᅩᄂᆞᆫ 공부도 실로 셤부(贍富)치 못ᄒ오니 아등이 현금간(現今間) 초야에 뭇쳐 잇셔 공부를 힘쓰며 시긔를 기다려 관즁 악의管仲樂毅의 일광텬하(日光天下)흠을 본밧음이 제형의 마음에는 엇더ᄒ뇨?"

여럿이 일구여츌(一口如出)로 디답왈

"형의 말이 가장 유리ᄒᆞ지라. 건죵 형교(謹從兄教)ᄒ야 아즉 이곳에셔 안션ᄒ고 잇다가 후일 호긔회(好機會)를 기다려 디ᄉ를 의론ᄒ고져 ᄒ오니 한형은 금일 금셕지언을 져바리지 말고 진퇴 간 공도디ᄉ共圖大事ᄒ기를 바라노라."

한싱 왈

"제형의 말슴이 쳔금갓치 무겁거늘 감히 일시(一時)기로 경포디샹 회밍ᄒᆞᆫ 바를 잇즈리오? 제형은 방심ᄒ라."

셔로 담소 자약ᄒ야 여흥(餘興)을 의론홀시 한싱이 손에 들엇던 슐잔을 멈으르고 말ᄒ야 왈

"금일 좌상에 일슈시(一首詩)를 지어 각각 ᄯᅳᆺ을 말흠이 엇더ᄒ뇨?"

제인이 그 말이 가장 됴타 ᄒ고 이에 운을 니여 글에 지을시 차례로 엄구쳡디(應口輒對)ᄒ니 먼져 한싱이 붓을 들어 치젼(彩牋)에 쓰니 기시에 왈

停盃落日一回頭　슐잔을 멈으르고 한 번 머리를 돌니니
知己相逢海上秋　지긔를 셔로 바다 위 갈에 만나도다
早晚攀龍附鳳願　죠만간 룡을 밧들고 봉을 부쪼츨 원은
北望魏闕五雲浮　북으로 위궐을 바라보니 오싟 구름이 쩟도다

92졔인이 한싱의 글을 보고 일시에 랑송ㅎ며 갈치ㅎ더니 홍달손이 붓을 들어 그 다음에 쓰되

數椽茅屋古江頭　두어 셕가리 모옥 옛 강머리에셔
勤讀螢牕二十秋　부즈러니 형창에셔 이십 츄를 닑엇도다
自是男兒心內事　스스로 이 남아의 마음 가온디 일은
身爲舟楫巨川浮　몸이 비와 돗이 되야 큰 니에 쩟더라

한싱이 지슴 그 글을 을퍼 왈
"형은 일후 랑묘지지(廊廟之材)137) 되리로다."
홍달손 왈
"우연히 지은 죨시拙詩로 엇지 일후ㅅ(日後事)를 미리 알니오?"
홍귀동이 쏘 글을 쓰니 ㅎ얏스되

十年潦倒客　십년을 요도ㅎ는 손이

---

137) 랑묘지지(廊廟之材): 낭묘에 쓰이는 재목은 한 나무의 가지가 아니라는(廊廟之材 非一木之枝) 말에서 유래하여 재주가 없으면 재상이 못 된다는 의미로 사용되지만, 여기서는 능력이 있는 자를 가리킴.

肚裡有春秋　비속에 츈츄ㅣ 잇도다
風吹雲散盡　바룸이 불어 구름이 헤여졋다 ᄒᆞ니
明月海東浮　붉은 달이 바다 동편에 썻도다

한싱이 쏘 칭찬왈

"이 글은 삼엄ᄒᆞᆫ 의리를 가져 군측(君側)에 악ᄒᆞᆫ 것을 쓸어 텬총(天寵)을 옹폐(壅蔽)흠이 업도록 홀 비포 잇도다."

림ᄌᆞ번이 그 다음에 쓰니 기시에 왈

鐵馬馳騁東海頭　텰마가 동히 머리에 치빙ᄒᆞ니
風聲鶴唳八公秋　바룸 소리에 학이 팔공산 가을에 울도다
何日長安歌舞入　언의 날 장안에 가무ᄒᆞ고 드러가
天門咫尺瑞雲浮　텬문 지척에 상셔 구름이 ᄯᅳ고

류슈ㅣ 쏘 글을 쓰니 ᄒᆞ얏스되

三軍豹尾整矛頭　삼군의 표미가 창ᄭᅳᆺ헤 정제ᄒᆞ니
正是男兒得意秋　정히 이 남아의 뜻을 엇은 가을이도다
佇見功成身退日　기디려 공을 이루고 몸이 물너나는 날을 보아
扁舟載酒五湖浮　편쥬에 슐을 싯고 오호에 ᄯᅳ겟더라

한싱이 두 글을 보고 격절탄상(擊節嘆賞)왈

"두 형의 글이 긔세 늠늠ᄒᆞ야 빅만 대병(百萬大兵)을 거누려 한

북에 도적을 시살(弑殺)ᄒ고 긔가를 텬탑 아러 알외고 몸이 한가ᄒ
야 만년의 힝락이 무궁ᄒ리로다."

최윤 왈

"임의 시령이 삼엄ᄒ니 안이 쓰지 못홀지나 대무_{大巫}지젼에 소무_{小巫} 엇지 감히 방울을 흔들니오?138) 말이 이루지 못혼 것을 용셔ᄒ소셔."

ᄒ더니 붓을 가져 글을 쓰니

    一曲長歌擊案頭   한 곡죠 긴 소리에 칙상머리를 두다리니
    茫茫宇宙氣橫秋   망망혼 우쥬에 긔운이 가을에 빗겻더라
    際會風雲在何日   제회풍운이 언의 날에 잇는고
    功名半世等雲浮   공명이 반셰상에 뜬구름 갓도다

량뎡이 취혼 눈을 겨오 써 최윤을 보아 왈

"형은 임의 붓을 가져 글을 쓰던 즛이니 취혼 데를 위ᄒ야 슈고를 앗기지 안이코 글을 써쥴소냐?"

최윤이 필흥(筆興)이 도도ᄒ야 그리 ᄒ라 허락ᄒ니 량뎡이 베기에 의지ᄒ야 글을 불너 왈

    94醉眼迷離倚檻頭   취혼 눈이 희미ᄒ야 란간머리에 의지ᄒ얏스니

---

138) 대무(大巫)지젼에 소무(小巫) 엇지 감히 방울을 흔들니오?: 큰 무당의 앞에서 작은 무당이 방울을 흔들기 힘들다는 것으로, 자기보다 나은 사람 앞에서 제 능력을 발휘하지 못한다는 의미의 속담.

有聲在樹序方秋　소리가 나무에 잇셔 졀셔가 바야흐로 가을이로다

那將腋下雙生翼　엇지면 겨드랑 아리 쌍으로 나리가 나셔

万里扶搖海上浮　만리에 부요ᄒᆞ야 히상에 쓸고

량뎡이 글 불으기를 다ᄒᆞ고 크게 곽련셩 안셩숀을 불너 왈

"뎨논 슐이 대취(大醉)ᄒᆞ야도 글을 임의 지엇거늘 형 등은 무ᄉᆞᆷ 문장 글귀을 짓고져 ᄒᆞ야 지금것 안이 부르ᄂᆞ뇨?"

곽련셩이 팔을 쏩니며 왈

"당나라 두공부(杜工部139))의 글에 말ᄒᆞ얏스되 말이 사롬을 놀니지 안이ᄒᆞ면 쥭어도 쉬지 안이ᄒᆞᆫ다 ᄒᆞ얏스니 글을 안이 지면 이어니와 짓고 보면 엇지 경인귀(驚人句)를 짓지 안이ᄒᆞᆯ소냐?"

ᄒᆞ고 고셩(高聲)ᄒᆞ야 글을 부르니 ᄒᆞ얏스되

大業鴻功在到頭　큰 업과 큰 공이 이르는 머리에 잇스니

江湖流落十年秋　강호에 십년 가을을 류락ᄒᆞ얏더라

手將巨箒當天路　숀에 큰 비를 가지고 하늘 길에 당ᄒᆞ니

肯使陰雲蔽日浮　즐겨 음운으로 ᄒᆞ야곰 날을 가려 쓰게 ᄒᆞ리오

안경손이 대소왈

"형은 다만 규규무부(糾糾武夫140))로만 알앗더니 글을 보건디 과연 경

---

139) 두공부(杜工部): 두보(杜甫). 712~770. 당(唐)나라의 시인. 중국 최고의 시인으로 시성(詩聖)이라 불림.

인귀로다. 감히 속쵸續貂140)코져 ᄒ노니 웃지 말나."

ᄒ고 이에 글을 부르니 ᄒ얏스되

手把靑梅酒　손에 쳥미쥬를 가지고
相逢鏡浦秋　셔로 경포 가을에 맛낫도다
95 一歌復一哭　한 번 노릭ᄒ고 한 번 우니
落日指端浮　ᄶᅥ러진 날이 손가락 ᄭᅳᆺ헤 ᄯᅥᆺ더라

쓰니142)를 맛치니 한ᄉᆡᆼ이 칭찬ᄒ야 왈

"아름답도다. 제형의 문장이여. 량형의 글은 삼쳑 장금(長劍)을 눈 위에 놉히 들고 대탑보大蹋步143)로 텬하에 횡힝ᄒᆯ 긔셰 잇고 곽형의 글은 ᄯᅢ를 기다려 군소비(群小輩)를 일망타진ᄒ고 셩상의 총명을 옹폐흠이 업시ᄒᆯ 긔상이 잇고 안형의 글은 금일 쥬경(主景)을 진슐ᄒᆫ 즁 무한ᄒᆫ 의ᄉᆞ를 함포(含包)ᄒ얏도다."

최운이 무러 왈

"한형이 졔인의 글을 모다 평론ᄒ시고 홀노 뎨의 글은 가부간(可否間) 말슴이 업스니 그윽히 아혹(訝惑)ᄒ도다."

한생이 사과 왈

"뎨의 망평(妄評)을 면칙(免責)지 안이ᄒ심을 입ᄉᆞ와 외름히 평론

---

140) 규규무부(糾糾武夫): 용맹스러운 무사. 『詩經』
141) 속쵸(續貂): 진(晉)나라 혜제(惠帝) 때 담비꼬리가 부족하여 개꼬리로 이를 대신한 고사에서 유래한 말로, 여기서는 볼품없는 능력으로 화답시를 짓는다는 의미. 『晉書』
142) 쓰니: 쓰기.
143) 대탑보(大蹋步): 큰 걸음.

ᄒᆞ는 즁 형의 시를 말솜코져 ᄒᆞ더니 량형의 글 부르시는 ᄃᆡ 정신이 취ᄒᆞ야 겨를치 못ᄒᆞ얏도다. 형의 글 뜻은 무한ᄒᆞᆫ 장지(壯志)와 당당ᄒᆞᆫ 긔셰 잇셔 씨의 더딈을 탄식ᄒᆞ야 스ᄉᆞ로 락심(落心)ᄒᆞᆷ이 잇스니 바라건디 형은 마음을 더욱 굿거니 가져 즁도(中途)에 락심치 마르소셔."

  최윤이 듯다가 이러 졀ᄒᆞ야 왈

  "한형의 시감(詩感)은 과연 고명ᄒᆞ도다. 제가 미상불 오러 락쳑ᄒᆞᆷ을 분울ᄒᆞ야 시시로 락망(落望)의 생각이 잇더니 이제 형의 금셕지교를 듯ᄉᆞ오니 허물을 스ᄉᆞ로 씨닷ᄂᆞ이다."

第十二回 入海濤兩雄決死生
데십이회 히도 즁에 드러가 두 영웅이 亽싱을 결단ㅎ다

 추셜. 최윤이 한생을 향ㅎ야 사과ㅎ고 다시 슐을 부어 권ㅎ거눌 한싱이 일호 사양치 안이ㅎ고 바다 마신 후 상 우에 각죵 안쥬를 가라쳐 왈

 "향긔로온 치소와 여러 가지 육죵(肉種)이 진미 96만으나 한갓 생션을 보지 못홈은 엇짐이뇨? 이곳이 히변(海邊)이라 생션이 타쳐(他處)보다 만을지어눌 응당 제형이 넘오 흔홈을 혐의ㅎ야 죽만치 안이홈이로다."

 최윤 왈

 "이곳에 히물(海物)이 무물부존(無物不存)이로디 띠가 잇셔 임의로 사지 못ㅎ는 고로 싱션으로 안쥬를 죽문치 못ㅎ얏누이다."

 한싱이 문왈

 "띠가 잇다 ㅎ시니 히물 미미(賣買)에 디ㅎ야 무숨 일뎡훈 시간이 잇누뇨?"

 최윤 왈

 "즈러로 강능 디방에 어장이 문히 잇고 어션이 무슈ㅎ야 미일 히물을 산갓치 잡아 미미 번창ㅎ되 이곳 지쥬(財主) 최치운(崔致運)[144]이

라 ᄒᆞ는 사ᄅᆞᆷ이 어장과 어션에 일체 지용(財用)을 당ᄒᆞ야 쥬고 미일 셕양이면 경포에 이르러 친히 히물을 검렬ᄒᆞᆫ 후에야 방미(放賣)케 홈으로 일즉은 아모라도 싱션을 구치 못ᄒᆞᄂᆞ니 지금은 최치쥬의 검렬홀 ᄯᅢ가 거의 되얏스니 형을 위ᄒᆞ야 신션ᄒᆞᆫ 어물을 구ᄒᆞ야 오리라."

ᄒᆞ고 몸을 이러 가고져 ᄒᆞ더니 량뎡이 쥬긔(酒氣) ᄯᅴ워 나셔며 왈
"최형은 안졋스라. 뎌가 가셔 구ᄒᆞ야 오리라."

ᄒᆞ고 의관도 정제치 안이ᄒᆞ고 셕양 셕로로 한거름에 급히 가거놀 곽련셩이 최윤을 도라보아 왈

"최형아. 량형의 셩품이 츄솔ᄒᆞᆫ 즁 심히 취ᄒᆞ얏스니 무ᄉᆞᆷ 실슈 잇슬가 심려되노라."

최윤 왈

"량형이 아모리 취ᄒᆞ얏기로 돈 쥬고 싱션 사기에 무ᄉᆞᆷ 층절(層節)이 싱기리오? 우리 날로 이곳셔 슐을 마시며 싱션을 사 안쥬ᄒᆞ얏슨즉 어부 등도 응당 량형의 낫을 알지니 여간 실슈 잇기로 셜마 무ᄉᆞᆷ 일이 잇스리오?"

홍달손 왈

"그럿치 안이ᄒᆞ다. 어부 등이 강ᄌᆞ아 엄ᄌᆞ릉 장지화姜子牙嚴子陵張志和[145] ᄀᆞᆺ치 유지ᄒᆞᆫ 어부가 안이라 이 무리는 하등 무지ᄒᆞᆫ 팔로 모산지

---

144) 최치운(崔致運): 1390~1440. 조선 전기의 문신. 강릉 12향현(鄕賢) 중의 한 사람.
145) 강ᄌᆞ아 엄ᄌᆞ릉 장지화(姜子牙嚴子陵張志和): 강자아(姜子牙, BC.1156~BC.1017.)는 강태공으로 유명한 서주 초기의 공신. 엄자릉(嚴子陵, BC.37~43.)은 후한 광무제가 즉위하자 이름을 바꾸고 은거하여 낚시하며 지내던 엄광. 장지화(張志和, 732~810.)는 중국 당(唐)나라의 시인으로 은거하여 낚시를 즐김.

비로 어망에 싱명을 미아두고 반점 운치 업느니 졔 엇지 능히 량형의 취즁 실슈를 용셔ᄒ리오? 아등 몃 사롬이 그 뒤를 따라가 보호[97]홈이 가홀가 ᄒ노라."

한싱 왈

"홍형의 말숨이 가장 가ᄒ도다. 뎌가 이곳에 쳐엄 왓슴으로 히식(海色)을 구경치 못ᄒ얏노니 누가 량형의 후원(後援)으로 가시던지 뎌와 동힝ᄒ심을 바라노라."

림ᄌ번 왈

"그러ᄒ실진던 별로 누구누구 홀 것 업시 아등 팔인이 모다 한형을 뫼셔 히변으로 감이 됴흘가 ᄒ노라."

졔인이 일구여츌로 디답ᄒ고 셔로 손목을 잇쓸어 어션 잇는 곳으로 차ᄌ가니라.

이씨 량뎡이 쥬흥(酒興)이 도도ᄒ야 호호탕탕히 히변에 당도ᄒ야 보미 무슈흔 어션이 쳔탄(淺灘)에 닷을 쥬고 북과 죵을 두다리며 그물을 말아것으며 헌화잡답(喧譁雜沓)ᄒ거눌 이에 일엽 소션을 잡아타고 로를 자로 져어 어션 모여잇는 곳에 디이고 션두에 올나셔 두루 숣혀본즉 어션마다 뛰는 듯ᄒᆫ 싱션을 산갓치 싸아노앗거눌 량뎡이 소리를 놉히 질너 어부를 불너 왈

"그 즁 가장 크고 맛잇는 싱션 다셧 마리만 가져오면 후히 갑을 쥬리라."

어부들이 답왈

"아즉 지쥬 최공이 오사 검렬치 안이ᄒ얏슨즉 지금은 갑을니 지만금(巨萬金)을 쥬신디도 임의로 팔지 못ᄒᄂ이다."

뎨십이회 히도 즁에 드러가 두 영웅이 ᄉ싱을 결단ᄒ다   161

량뎡 왈

"우리 미일 경포디에 모여 슐 먹는 것은 그디들도 응당 짐작홀지오 지쥬의 검렬을 지닌 후 싱션을 방미홈을 나 역시 알거니와 미일 싱션을 사다 안쥬홈으로 피츠 숙면(熟面)이 되얏슨즉 검렬 젼에 뉘라셔 싱션 몃 마리 사간 것을 지쥬 알기로 혈마 무엇이라 ᄒ리오? 여러 말 말고 어셔 가져오라."

어부 답왈

"공은 날마다 싱션을 사가시노라고 우리 어션 ᄉ졍을 번연히 알으시며 통하졍 못ᄒ는 말솜을 ᄒ시ᄂ뇨? 우리 지쥬가 셩품이 강강(剛剛)ᄒ고 규칙이 엄밀ᄒ야 잣칫ᄒ면 우리 싱이가 ᄭ어질지니 아모리 박졀ᄒ나 변통홀 도리 업고 ᄯ노는 얼마 안이되야 지쥬 오실지니 잠시 기다리소셔."

량뎡이 홀일업셔 98션두에 안져 고디ᄒ나 지쥬ㅣ 오지 안이ᄒ거놀 초죠훈 셩품을 견디지 못ᄒ야 션두에서 바라보다가 화긔 츙쳔홀 ᄯᆺ이 이러나 어부를 불너 칙왈

"너의가 무슴 일로 사름을 이다지 괄시ᄒᄂ뇨? 지쥬가 엇던 놈이완디 진시 와셔 물건을 팔게 안이ᄒ고 가증(可憎)ᄒ게 히가 거진 넘어가도록 게름을 부려 현영(現影)을 안이ᄒ며 물건 사고져 ᄒ는 손이 이씨것 간쳥ᄒ야도 너의가 죠곰도 ᄉ졍을 두지 안이ᄒ는다?"

어부 등이 답왈

"기다리기 슬으면 고만두고 갈 것이어놀 무단히 욕셜을 함부루 ᄒᄂ뇨? 우리는 텬하 업셔도 지쥬 오시기 젼에는 팔지 못ᄒ겟노니 가던지 기다리던지 싱각디로 홀지어다."

량뎡이 디로ᄒ야 몸을 이러 션창에 뛰어들어 그 즁 뎨일 크고 신션ᄒᆫ 싱션 다셧 기를 집어들고 어부다려 일너 왈

"이 싱션 갑은 경포디로 와 차ᄌ가라."

ᄒ고 ᄌ긔 타고 온 단뎡(短艇)으로 옴겨 타고져 ᄒ니 어부들이 일시에 달녀드러 그 싱션을 아스려 ᄒ거ᄂᆞᆯ 량뎡이 한줌억으로 란타ᄒ미 어부들이 감히 갓가히 오지 못ᄒ고 량뎡의 타고온 단뎡을 아셔 물속에 너어 도라갈 길을 막자르니 량뎡이 가고져 ᄒ나 엇지ᄒᄂᆞᆫ 도리 업ᄂᆞᆫ지라. 화긔 더욱 츙텬ᄒ야 션창으로 다시 뛰어드러가 발로 비밋쳥(배밑廳)을 굴너 차니 그 비밋쳥이 쌔져 물이 드러오며 물 가온디로 가라안즈니 무슈(無數)ᄒᆫ 싱션이 물결을 짜라 ᄉ면으로 쩌나려 가거ᄂᆞᆯ 어부들이 황황망죠(遑遑罔措)ᄒ야 소리를 질너 왈

"이 몹슬 놈아. 남의 적악(積惡)을 이다지ᄒᄂᆞᆫ다? 뎌 싱션의 갑은 ᄎ치물론(且置勿論)ᄒ고 그것을 잡노라고 죵일 죵야(終日終夜) 죽을 고ᄉᆡᆼ을 다ᄒᆫ 것이어ᄂᆞᆯ 이놈이 무슴 곡절로 몰슈히 물의다 쩌니려 보니ᄂᆞᆫ다?"

ᄒ며 각기 단뎡을 타고 좃차가며 쩌니려가ᄂᆞᆫ 싱션을 건지고 일변으로 지쥬에게 고급ᄒ니 지쥬 최치운[99]이 이 말을 듯고 대로ᄒ야 한다름에 히변에 나아와 본즉 엇더ᄒᆫ 검고 건장ᄒᆫ 대한(大漢)이 어션마다 뛰어드러가 그물을 랑ᄌᆞ히 찟고 어션을 파쇄ᄒ니 어부들은 감히 뎌항치 못ᄒ고 ᄉ면에셔 야단ᄒᄂᆞᆫ지라. 최치운이 급히 단뎡을 져어 어션으로 올나가는 길로 불문곡직ᄒ고 량뎡을 향ᄒ야 줌억으로 치며 왈

"엇의 잇ᄂᆞᆫ 놈이완디 빅쥬에 남의 어션에 돌입ᄒ야 강도의 힝실

을 ᄒᆞᆫ다?"

량뎡 왈

"나는 일생에 남을 속이지 안이ᄒᆞ는 강능 호걸로 유명ᄒᆞᆫ 량뎡이라. 너갓치 비루ᄒᆞ야 사ᄅᆞᆷ을 속이고 시간을 직히지 못ᄒᆞ는 무리는 눈에 뵈이지도 안이ᄒᆞ노라."

ᄒᆞ고 한손으로 최치운을 써밀어 넘치니 최치운이 량뎡의 려력을 뎌당치 못ᄒᆞ야 뒤로 쥬져안젓다가 다시 이러나며 생각ᄒᆞ되

'이놈이 가장 졀윤(絶倫)ᄒᆞᆫ 힘이 잇도다. 제가 륙디(陸地)에셔는 용력(勇力)을 ᄌᆞ시(自恃)ᄒᆞ나 필경 슈리(水理)는 알지 못ᄒᆞ리니 계교로써 이놈을 슈즁으로 유인ᄒᆞ야 나의 한을 시원히 풀니라.'

ᄒᆞ고 여러 어션의 닷쥴을 ᄭᅳᆫ어 모다 각각 헤여지게 ᄒᆞ고 홀로 량뎡 잇는 어션만 닷을 그디로 두어 히상(海上)에 ᄯᅥ잇게 ᄒᆞ고 근쳐에 돌은 비를 하나도 잇지 안이케 ᄒᆞᆫ 후 최치운이 스스로 상하 의복을 모다 버셔 바리고 슈중(水中)으로 ᄯᅱ어드러가 량뎡 잇는 비를 잡아 ᄭᅳᆯ어 히상 그 즁 급ᄒᆞᆫ 파도잇는 곳으로 가 노으니 그 비 키 쌉을 듯 ᄒᆞ고 물이 졈졈 들며 파도를 ᄯᅡ라 몰녀 다니다가 거의 슈즁으로 침몰ᄒᆞᆯ 디경이 되니 량뎡이 황망히 비 위로 왕리ᄒᆞ며 단뎡을 엇어타고져 ᄒᆞ나 망망ᄒᆞᆫ 히즁에 일쳑션(一隻船)도 갓가히 업고 탄 비 맛츰니 물에 가라안즈니 량뎡이 물에 ᄲᅡ져 죽을 힘을 다ᄒᆞ야 륙디를 바라고 헤엄ᄒᆞ야 나올 ᄯᅢ에 최치운이 풍랑 즁으로 소사나아와 량뎡의 두발(頭髮)을 움켜잡고 한줌억으로 량뎡의 등을 100란타ᄒᆞ야 왈

"이 무도 흉피(無道凶悖)ᄒᆞᆫ 도젹놈아. 무ᄉᆞᆷ 연고로 남의 어션에 드러와 우악(愚惡)ᄒᆞᆫ 발로 비 밋흘 파쇄ᄒᆞ야 불소 싱션(不少生鮮)을

쎄여보니고 유위부죡(猶爲不足)ᄒ야 사름을 함부로 치는다? 너갓흔 놈은 결단코 용셔치 못ᄒ지니 니 손에 하늘 놉흔 거동을 보라. 륙디에셔는 네가 여간 용밍을 스스로 밋고 사름을 능멸히 넉엿거니와 물속에셔야 니갓흔 구싱유취가 감히 어룬을 뎌항ᄒᆯ소냐?"

량뎡이 근본 슈리에 한슉(嫺熟)지 못ᄒ고 혜염이 싱소ᄒᆫ지라 아모리 힘을 쓰고져 ᄒ나 슈각(手脚)이 황란(荒亂)ᄒ고 몸이 무거워 엇지ᄒᆯ 도리 업스나 심니에 싱각ᄒ기를

'대쟝부ㅣ 뎌만 놈에게 젹막히 죽음이 불가ᄒ다.'

ᄒ고 평싱 힘을 다ᄒ야 최치운을 잡고져 ᄒ되 마음과 갓지 못ᄒ고 도로혀 두발을 잡힌 바ㅣ 되야 졍히 통분ᄒ더니 최치운이 량뎡의 두발을 잡은 치 물밋흐로 드러가니 량뎡이 흠흡(呼吸)이 급ᄒ고 이목구비로 물이 드러가 거의 죽게 되얏더라.

이씨 최윤 한명회 홍달손 등 팔인이 히변으로 나아와 보미 어션은 슈면으로 헤여져 업셔지고 히즁 아득히 멀니 뵈는 곳의셔 엇더ᄒᆫ 두 사름이 츌몰ᄒ며 격투ᄒᄂᆫ 모양인디 한 사름은 슈즁에셔 륙디갓치 횡힝ᄒ고 한 사름은 긔력이 식진ᄒ야 거의 다 죽게 되얏더니 홀연 두 사름이 일시에 슈즁으로 드러가ᄂᆫ지라. 졍히 의아ᄒ더니 마춤 어부 슈명(數名)이 어션을 져어 히변에 디이며 무엇이라 무슈 즐욕ᄒ거놀 최윤이 압셔 어부다려 리유를 무르니 그 어부ㅣ 량뎡의 힝피흠을 대강 말ᄒ며 져의 지쥬의 손에 잡힌 비ㅣ 되야 슈즁으로 드러갓다 ᄒ거놀 최윤이 대경질식ᄒ야 단뎡을 잡아 타고 급히 히샹으로 가며 여러 사름을 도라보아 왈

"졔형은 이곳셔 기다리소셔. 량졍이 필경 취즁 실슈ᄒ야 위디(危

地)에 림ᄒᆞ얏스니 졔가 ₁₀₁급히 가 구ᄒᆞ리라."

ᄒᆞ고 나는 듯이 히샹으로 드러가니 과연 최치운이 량뎡의 두발을 잡고 미오 란타ᄒᆞ며 슈즁으로 츌몰ᄒᆞ거늘 최윤이 션두에 나셔며 크게 불너 왈

"형아. 용셔ᄒᆞ라. 형에게 작죄(作罪)ᄒᆞᆫ 사름은 곳 소뎨(小弟)의 절친ᄒᆞᆫ 친구 양뎡이라. 슐을 과히 먹고 취즁에 형에게 범죄ᄒᆞ얏스니 소뎨의 낫을 보아 로를 긋치소셔. 그만 히도 형의 셜분은 되얏슬 듯 ᄒᆞ온즉 손히는 것은 얼마던지 소뎨가 일일이 비상(賠償)ᄒᆞ오리다."

최치운이 손을 져어 디답왈

"형은 부즈럽시 참셥(參涉) 말고 어셔 나아가라. 이갓흔 놈은 셰상에 살녀두면 손히(損害)을 데만 당홀 쑨 안이라 일후에 이놈에게 욕보고 히 당홀 사름이 무슈부지홀지니 당장에 아죠 죽여 업시는 것이 가ᄒᆞ니라."

최윤 왈

"불연ᄒᆞ다. 그만치 속여도 양뎡이 형의 위엄을 알지라. 엇지 취즁 한 번 실슈ᄒᆞᆫ 일로 사름을 죽이기까지 ᄒᆞ리오? 역디ᄉᆞ지易地思之ᄒᆞ야 형의 지긔지우를 소뎨가 뎌갓치 흠을 보고 형이 소뎨를 향ᄒᆞ야 간쳥흠을 죵러 듯지 안이ᄒᆞ면 형의 마음에 소뎨를 셥셥다 안이홀소냐? 소뎨가 형에게 향ᄒᆞ야 쳐엄 쳥ᄒᆞ는 일이오니 십분 싱각ᄒᆞ라."

최치운이 최윤의 말을 거절키 어려워 양뎡을 쓸고 와 최윤의 탄비로 밀쳐쥬고 표연히 헤염쳐 히변으로 나가거늘 최윤이 양뎡을 잡아 비로 올인 후 말ᄒᆞ야 왈

"형은 최치운을 엇지 뎌당코져 겨루는다? 그 사름이 륙디에셔는

형의 려력을 못당홀 뜻ᄒᆞ나 슈즁에셔는 나는 졔비ᄀᆞᆺ흔지라. 형이 비록 평싱 지력을 다홀지라도 살지 못ᄒᆞ리라."

양뎡이 입과 코로 물을 토ᄒᆞ며 천식을 겨오 진뎡(鎭靜)ᄒᆞ야 왈

"륙디갓흘진던 그놈을 한줌억에 분골쇄신(粉骨碎身)이라도 식이기 무논(無難)ᄒᆞ겟거늘 과연 슈즁에셔는 마음과 갓지 못ᄒᆞ야 욕을 참혹히 보다가 형의 구ᄒᆞ심을 입102어 위경(危境)을 텬힝으로 면ᄒᆞ얏도다."

최윤이 비를 져어 텬탄으로 나아오니 이씨 한싱 등 여러 사롬이 히변에셔 바라보다가 반겨 마쥬 나와 양뎡의 의상이 렬파(裂破)되고 긔식이 대픠흠을 보고 모다 놀나며 일변 사롬을 양뎡의 집에 보니여 의복 일습(一襲)을 갓다 입히며 곡절을 무를시 멀니 보니 최치운이 어션에 이르러 의복을 입고 히변으로 나오거늘 최윤이 차자가 무슈 ᄉᆞ례ᄒᆞ며 양뎡의 츄솔홈을 용셔ᄒᆞ라 말ᄒᆞ며 손히의 다소를 무르니 최치운이 답왈

"여간 손히 잇스나 그눈 무러 무엇ᄒᆞ리오? 씨아진 비는 슈리ᄒᆞ면 여전홀 것이오 싱션은 다시 잡으면 잇슬지라. 아모 념녀 ᄒᆞ실 비 | 업거니와 양가 놈은 결단코 고기밥을 만들고져 ᄒᆞ얏더니 형이 그갓치 루루히 말솜ᄒᆞ심으로 노아쥬기는 ᄒᆞ얏스나 분심은 아쥬 업지 안이ᄒᆞ도다."

최윤 왈

"형은 심히 협이(狹隘)ᄒᆞ도다. 슐 먹고 쥬졍(酒酲)ᄒᆞ기가 대쟝부의 샹ᄉᆞ어늘 엇지 깁히 혐의ᄒᆞ리오? 양형이 금번에는 적지 안인 히거를 ᄒᆞ얏스나 그 사롬인즉 진짓 됴흔 놈이라. 다시 사괴고 보면 당

초에 아모 일 업시 사괸 쟈보다 오히려 졍의 더욱 친밀ᄒ리라."

최치운이 소왈

"형의 졍즁ᄒᆫ 말슴이 이에 미치시니 그놈을 용셔ᄒ거니와 뎨의 마음에 극히 미안ᄒᆫ 바는 여러분의 슐안쥬가 늣짐이로다."

션창에 잇는 큰 싱션 다섯 마리를 가져 최윤을 쥬며 왈

"ᄯᅵ는 임의 늣졋스나 이것을 가져다 안쥬를 작만ᄒ야 아모죠록 여러분 파흥(破興)이 안이 되시게 ᄒ라."

최윤이 싱션을 바다 들고 그 갑을 무른디 최치운 왈

"그만 것을 드리고 엇지 갑을 밧ᄉ오리가? 불가ᄒᆫ 말슴을 데긔치 말ᄋ소셔."

최윤 왈

"형의 말숨이 졍 그러ᄒ실진디 염치 업시 가쟈가려니와 우리 좌셕에 타방(他方)으로셔 유지ᄒᆫ 션비가 이르러 자미잇게 담화ᄒ₁₀₃노니 형도 잠시 뎨와 동힝ᄒ야 한게 즐김이 엇더ᄒ뇨?"

최치운 왈

"뎨의 싱업은 곳 어물(魚物)이라. 잠간 검렬을 맛치고 츄휴(追後)ᄒ야 가오리니 셜만ᄒᆫ 죄를 용셔ᄒ시고 형은 먼져 가소셔."

최윤이 실신 말나 지슴 당부ᄒ고 구인(九人)이 작반(作伴)ᄒ야 경포디로 다시 올나가 가져온 싱션으로 회도 치고 셩쥬탕(醒酒湯)[146]도 만드러 슐을 마시며 즐길시 양명이 싱션 사라가 어부와 시비ᄒ다가 비를 발로 차 ᄭᅵ트리니 물이 들며 비가 가라안져 무슈ᄒᆫ 싱션이 물

---

146) 셩쥬탕(醒酒湯): 해장국.

결을 죠차 슈면으로 써니려가던 광경이며 최치운과 비 안에셔 격투ᄒ다가 최치운이 뎌당치 못ᄒᆷ이 여러 어션에 닷을 쓴어 슈면 훗터져 가게ᄒᆫ 후 최치운이 의복을 벗고 물로 뛰어드러 가더니 ᄌᆡ 탄비를 급ᄒᆫ 파도 잇는 곳으로 ᄯᆯ고가 비를 가라안치고 ᄌᆡ 두발을 움켜잡아 슈즁으로 ᄯᆯ며 란타ᄒ야 거의 죽게되엿던 말을 ᄒ며 분심이 팅즁(撑中)ᄒ야 최치운 곳 보면 긔어히 원슈를 갑겟노라 ᄒ니 만좌ㅣ 대소ᄒ야 왈

"량형은 가위 입을 속에셔 활기치ᄂᆫ 일반이로다. 최치운을 뎌당치 못ᄒ야 곤욕은 여디 업시 당ᄒ고 지금 홀노 잇셔ᄂᆫ 큰말을 ᄒᄂᆫ도다."

량뎡 왈

"그ᄂᆫ 슈즁인 고로 힘을 쓰지 못ᄒ얏거니와 륙디에셔야 최가 열 명도 우습도다."

한싱이 우셔 왈

"양형아. 금번 형의 곤욕 당ᄒᆫ 것은 뎨를 디졉코져 싱션을 구ᄒ시랴다가 그리 되얏ᄉ오니 뎨의 불안ᄒᆷ이 몸둘 곳이 업도다. 그러나 잠시 보건디 최치운도 긔셰 늠늠ᄒ야 록록ᄒᆫ 무리 안인즉 역시 아등 지긔가 넉넉히 될 쟈격이라. 바라건디 형은 일시 분흠을 참고 최치운을 더욱 친밀히 구러 두 범의 셔로 싸호ᄂᆫ 거죠를 짓지 말으소셔."

양뎡이 묵묵부답ᄒ더니 얼마 안 되야 과연 최치운이 이르러 좌즁 제인에게 ᄎᆞ례로 인ᄉᄒ거ᄂᆞᆯ 양뎡104이 눈을 부릅쓰고 대질왈

"네가 히변에셔 문견(聞見) 업시 싱활ᄒᄂᆫ 놈으로 감히 나를 욕뵈

인다? 나ㅣ 너의 간계에 싸진 바ㅣ 되야 슈즁에 드러 욕을 당ᄒᆞ얏거니와 지금도 나의게 감히 디들소냐?"

최치운 역시 로긔 등등ᄒᆞ야 왈

"네가 륙디에 나와 셰상만 넉여 담 큰 말을 어룬 압헤 감히 ᄒᆞ나 보다마는 슈즁에셔도 능히 이런 대담을 ᄒᆞ얏는다?"

ᄒᆞ며 셔로 싸홀 긔셰 졈졈 긴ᄒᆞᆫ지라. 곽련셩 림ᄌᆞ번 두 사룸이 황망히 몸을 이러 즁간을 막아셔셔 만단 만류왈

"두 형이 피ᄎᆞ 불가ᄒᆞ도다. 셔로 일향 사룸으로 가위 일면이 여구—面如舊ᄒᆞᆯ지니 왕ᄉᆞ(往事)를 싱각지 말고 로홈을 풀어 지금으로부터 더욱 친밀히 지넘이 가ᄒᆞ니라."

최치운 량뎡 양인이 인ᄒᆞ야 로긔를 것고 됴흔 낫으로 셔로 화히ᄒᆞᆫ 후 좌를 뎡ᄒᆞ고 쥬효를 다시 나아와 슌비를 돌닐시 한싱이 최치운을 향ᄒᆞ야 치사왈

"소뎨는 타향 사룸으로 우연히 이곳 셩디를 지나다가 마츰 졔형을 만나 분슈에 넘치는 우디(優待)를 밧고 셕말(席末)에 참예ᄒᆞ야 잇는 즁 량형이 소뎨를 위ᄒᆞ야 싱션을 구ᄒᆞ랴다가 ᄯᅳᆺ밧게 형장과 풍파ㅣ 이러낫ᄉᆞ오니 숙시슉비(孰是孰非)는 말슴ᄒᆞᆯ 것 업시 뎨의 마음에 극히 미안ᄒᆞ도다."

최치운이 사과 왈

"뎨는 이곳에셔 어션으로 위업ᄒᆞ더니 일시 혈긔지분을 참지 못ᄒᆞ야 형장에게까지 번거홈이 밋쳣ᄉᆞ오니 송황무디ᄒᆞ도다."

한싱이 슐을 부어 최치운에게 권ᄒᆞ며 좌상 졔인이 담화 ᄌᆞ약ᄒᆞᆯ시 최치운[147) 왈

"우리 쳐음에 팔인이 셔로 만나 형뎨갓치 지니더니 먼져 한형을 만나고 다음에 최형을 만나미 누가 호한 안인 쟈 업스니 옛날 도원결의桃園結義ᄒ던 일을 모방ᄒ야 길이 잇지 말기를 셔로 밍셰홈이 쳠의(僉意)에 엇더ᄒ시뇨?"

모다 이구동셩異口同聲으로 가ᄒ다 디답ᄒ는디 홀노 105최치운이 피셕 디왈

"셩의는 감사하나 어촌우민漁村愚民이 엇지 감히 유지ᄒ신 렬위 형장을 부쪼츠리오?"

한싱 왈

"불연ᄒ다. 우리 지긔 상합ᄒ야 장러 무궁흔 일을 경영코져 흠이 어촌 산촌이 무슴 관계 잇스리오? 최형은 그갓흔 말은 두 번도 말지어다."

최치운이 대희ᄒ야 이에 슐을 부어 하날에 졔ᄒ고 셔로 졀ᄒ야 평싱을 밍셰ᄒ얏더라.

---

147) 최치운: 맥락상 최윤의 말.

第十三回 洛山寺韓生遇異人
뎨십삼회 락산사에셔 한싱이 이인을 만나다

차초. 경포디에서 여러 영웅이 밍약을 뎡혼 후 일셰 졈으러 각각 헤여질시 최치운[148]이 한싱다려 주긔 집으로 한게 감을 쳥호니 한싱이 최싱의 은근혼 졍을 거졀키 어려워 허락호니 홍귀동이 주긔 쳐소로 한게 못감을 창연(愴然)히 넉여 왈

"소뎨 한형을 뫼셔 금셕에 폐우에서 말슴홀가 호얏더니 임의 최형이 먼져 쳥뇨(請邀)호시니 다시 감히 개구(開口)치 못호거니와 명일 죠반은 소뎨가 쥰비호오리니 그리 아옵소셔."

최윤 왈

"홍형의 말슴이 그러홀 쯧호나 그러나 한형이 임의 니 집으로 가시는 이상에 비록 염반(鹽飯)이라도 니 집에서 지니시는 것이 가호니 홍형은 다른 날로 한형을 쳥호라."

홍귀동이 홀일업셔 밤에 최윤의 집으로 심방흠을 말호고 작별호얏더라. 한싱이 최윤을 짜라가니 그 집이 가장 놉고 양명(亮明)혼 곳에 잇셔 비포ㅣ 졍결호고 풍경이 한아호야 당상에 오르미 문방

---

148) 최치운: 맥락상 최윤의 집으로 간 것.

긔구ㅣ 모다 졍졔ᄒᆞ며 ᄉᆞ령이 압헤혹ᄒᆞ야149) 극히 부요(富饒)ᄒᆞ지라. 한싱 심니에 헤오디

'쥬인이 비단 친고 교유를 조화홀 ᄲᅮᆫ 안이라 졔가(齊家)도 잘ᄒᆞᄂᆞ도다.'

ᄒᆞ더라. 최윤이 좌우를 명ᄒᆞ야 등촉을 붉히고 좌를 뎡ᄒᆞᆫ 후 셕반을 나아와 은근106히 디졉ᄒᆞ니 한싱이 무러 왈

"형을 경포디에셔 쳐음 뵈옴이 풍류 소탕ᄒᆞ야 치산에ᄂᆞᆫ 등한ᄒᆞᆫ 쥴로 알앗더니 지금 귀장(貴莊)에 와 보온즉 위치 비포와 음식 긔명(飮食器皿)이 극히 졍졔 화려ᄒᆞ야 ᄒᆞᆫ 곳 흘후(歇后)흠이 업스니 형은 집에 드러 치산도 잘ᄒᆞ시ᄂᆞᆫ도다."

최싱 왈

"형의 말ᄉᆞᆷ이 괴이치 안이ᄒᆞ시나 이ᄂᆞᆫ 모다 ᄉᆞ뎨가 집에 잇셔 부즈러니 치산흠이오 뎨ᄂᆞᆫ 텬셩이 소활ᄒᆞ야 집에 일동일졍을 젼연히 알지 못ᄒᆞᄂᆞ이다."

한싱이 탄왈

"옛말에 이 형이 잇고 이 졔 잇다 有是兄有是弟 ᄒᆞ더니 형의 덕을 두고 이름이로다."

아이오 홍귀동이 큰 싱션과 한 말 슐을 가져 이르거늘 최윤이 소왈

"홍형은 동향지의(同鄉之意)를 특별히 잇지 안이ᄒᆞᄂᆞᆫ도다."

홍싱 왈

---

149) ᄉᆞ령이 압헤혹ᄒᆞ야: 맥락 상 최윤의 집이 극히 부요함을 나타낸 것으로 추정됨.

"변변치 못한 것이 맛참 폐우에 잇기 가져왓거니와 최형은 넘오 죠롱 말으소셔."

쥬직이 모다 대소ᄒ고 싱션으로 안쥬를 작만ᄒ라 ᄒ고 정히 여러 사룸에게 하인을 부려 쳥코져 ᄒ더니 졔인이 ᄎ례로 이르는 즁 량뎡이 손에 됴흔 싱션을 ᄉ오미(四五尾) 가지고 오거놀 한싱이 우셔 왈

"량형의 가져오신 싱션을 보미 작일ᄉ(昨日事)가 싱각나는도다. 형은 히즁 곤난 격던 일이 외겁(畏怯)지 안이ᄒ야 뎌갓치 ᄯ 싱션을 손에 들고 오신다?"

량뎡이 대소왈

"대장부ㅣ 녕ᄉ언뎡(寧死언정) 그만 일을 엇지 외겁ᄒ리오? 그씨 싱션을 진시 ᄉ오지 못ᄒ야 졔형으로 ᄒ야곰 입에 츔이 말으도록 기디리시게 홈이 미안ᄒ야 이 싱션을 가져와 ᄉ과코져 ᄒ노니 이것은 특별히 맛이 잇슬지라. 다시는 졔의 우쥰(愚蠢)홈을 죠롱 말으소셔."

한싱이 소왈

"그는 그러치 안이ᄒ도다. 금야에는 긔위 형의 가져온 싱션으로 안쥬를 ᄒ겟스니 다시 말이 업스려니와 일후 언의 씨던지 형을 더ᄒ면 금일ᄉ를 다시 뎨긔ᄒ리니 형은 미리 어장 ᄒᆫ 곳을 크게 작만ᄒ야 두고 아등 졔인 봉착ᄒ는 곳마다 싱션을 긔부ᄒ기로 셔약을 써노으라. 그리고보면 우리 공론코 다시는 형을 죠롱치 안이ᄒ리라."

최치운이 역시 참셕ᄒ얏다가 손을 져어 왈

"불가불가ᄒ도다. 일후에ᄂ 졔형이 싱션으로 안쥬를 장만치 말ᄋ소셔. 만일 ᄯ 싱션을 사고져 ᄒ실 디경이면 졔형이 필연 ᄌ원ᄒ야 나셔리니 그ᄯ에ᄂ 뎨의 어션은 파쇄(破碎)되고 잡은 싱션을 물에 ᄶ워 랑피 ᄯ 불소ᄒ리니 미리 심려 불소ᄒ며 그ᄲᆫ 안이라 뎨가 수즁에셔 수고를 ᄯ ᄒ게 되리로다."

량뎡이 ᄯ한 우셔 왈

"최형의 말이 그르도다. 최형은 스스로 회기 ᄌ신(悔改自身)ᄒ야 옛젹 그릇ᄒ던 거조ㅣ 업슬 디경이면 량뎡갓흔 호한 빅명(百名)이 싱션을 사러가기로 무슴 관계 잇스리오? 일후ᄂ 남을 원망 말고 ᄌ긔부터 조심ᄒ라."

만좌ㅣ 박장대소ᄒ고 이에 쥬효를 셩비ᄒ야 밤이 맛도록 마시고 익일은 홍귀동이 쳥ᄒ야 졉디ᄒ고 익일은 최치운이 쳥ᄒ야 졉디ᄒ고 곽련셩 류수 림ᄌ번 홍달손 안경손 량뎡 등이 ᄎ례로 연디(連待)ᄒ니 한싱이 한ᄉ코 사양ᄒ나 엇지 드르리오? 인ᄒ야 팔구일(八九日)을 류련(留連)ᄒ다가 익일에 길을 ᄯ나랴 훌시 졔인이 다시 경포 디에 뎐별연을 비셜ᄒ고 뎐쥬를 두어 슌비(巡杯) 힝ᄒ 후 한싱이 잔을 들어 아홉 사ᄅᆷ에게 권ᄒ야 왈

"이 슐은 뎨형으로 ᄒ야곰 명심ᄒ라ᄂ 불망쥬不忘酒니 졔형은 아모조록 우뎨의 부탁ᄒᄂ 말을 명심ᄒ야 일후 호긔회日後好期會를 잇지 말으소셔."

구인이 일시에 응락ᄒ거놀 한싱이 반감한 쥬흥을 ᄯ워 란간에 의지ᄒ야 노리 한 곡됴를 부르니 그 노리에 왈

○십리명ᄉ(十里明沙)에 날고 안즌 빅로들아 너는 무슴 일로 셜의호상(雪衣皓裳)을 류수(流水)에 잠기는다 우리는 경포디에 달 빗취기를 고디ᄒ노라○

읇기를 맛치미 모다 격안(擊案) 차탄ᄒ며 다$_{108}$시 츠례로 슐을 부어 한싱에게 권ᄒ니 한싱이 사양치 안이혼 후 리구곡(驪駒曲)[150] 한 소리에 련련흔 회포를 억제ᄒ고 길을 써ᄂ니 졔인이 십리 밧까지 싸라오며 도라가지 안이ᄒ거놀 한싱이 한ᄉ 만류왈

"우리 셔로 만날 날이 오러지 안이ᄒ야 잇슬지라. 이곳셔 졔형이 회환(回還)ᄒ심을 바라노라."

ᄒ야 루루히 간쳥ᄒ니 졔인이 말지못ᄒ야 손을 들어 작별ᄒ고 도라가니라.

이날 한싱이 여러 사람을 돌녀보니고 홀노 쥭장망혜로 강능 디경을 지나 양양(襄陽)으로 향ᄒ야 몃놀을 두류ᄒ며 산쳔을 완상ᄒ다가 락산ᄉ(洛山寺)에 당도ᄒ야 일야를 지니고 죠죠에 이러나 두루 구경ᄒ노라니 법당이 동히 가온디로 활기(活只)갓치 드러가 셕각(石角)을 의지ᄒ야 공즁에 놉히 소사잇셔 만리 창히(萬里滄海) 눈압헤 츌넝거려 텬하 장관을 이루엇고 마루 밋헤는 흉흉흔 파도가 이러나며 물기(海狗)의 소리 요란ᄒ니 진실로 졀승흔 명구라 ᄒᄂ러라. 한싱이 쥬승을 불너 ᄉ즁에셔 슈일 류슉(留宿)홀 ᄯᆺ을 말ᄒ니 쥬승이 합장ᄒ야 디답을 공손히 ᄒ고 졍흔 킥실을 치워 거쳐케 ᄒ거놀 한싱이 날이

---

150) 리구곡(驪駒曲): 송별의 노래. 『詩經』

맛도록 좌우 동학의 아름다온 슈목과 괴이흔 암셕이며 옛사룸의 지난 고젹을 일일히 구경ᄒ다가 져녁 지를 파흔 후 층계 우에 건일며 멀니 히샹을 바라보니 져문 안기는 슈면에 돌녀잇고 두렷흔 시 달은 벽파 만경(碧波萬頃)을 헷치고 소사올나 오더니 경각 니에 웬 바닷물이 쓸으며 금빗 셰계로 변ᄒ는지라. 한싱이 졍신업시 보다가 문득 드르니 이니 일셩(欸乃一聲)에 오고가는 샹고션(商賈船)은 히문(海門)에 아득ᄒ고 명멸흔 포변(浦邊) 불은 고기잡는 어화(漁火)로다. 뒤언덕 슈림 즁에 슯히 우는 두견셩은 밤됨을 불계(不計)ᄒ고 원킥 회포(遠客懷抱)를 자아니니 한싱이 턱을 괴이고 우둑커니 머물너 셔셔 감기흔 회109포를 참지 못ᄒ야 길게 회파람ᄒ고 츄연히 탄식ᄒ더니 문득 겻흐로셔 한 사룸이 우셔 왈

"너도 슬업슨 사룸이로다. 일업시 분쥬히 굴며 탄식은 엇지ᄒ느뇨?"

한싱이 놀나 도라보니 이 곳 그 졀 부엌에셔 봉두돌빈(蓬頭突鬢)에 연긔를 무릅쓰고 밥 짓던 불목한이라. 한싱이 문왈

"네가 무엇을 아노라고 나를 비소ᄒ는다?"

그쟈 답왈

"그디 비록 말을 안이ᄒ나 그디의 품은 ᄯᅳᆺ을 니 임의 알기로 웃노라. 그디 강호로 쥬류ᄒ야 호한을 쳬결코자 ᄒ나 모다 부즈럽슨 일이니 그리 말고 진지 집으로 도라가 안도악업(安堵樂業)ᄒ야 셩셰에 량민이 될지어다."

한싱이 그 말을 듯고 싱각ᄒ야 왈

'이 필연 범샹흔 류ㅣ 안이로다.'

뎨십삼회 락산사에셔 한싱이 이인을 만나다 177

즉시 손목을 잡고 절 뒤 류슈호 곳으로 가 반셕 우에 좌를 뎡호고 한싱이 머리 죠아 례호야 왈

"션싱은 누구시완디 이곳에 와 자최를 감초아 셰상을 희롱호시ᄂ뇨?"

그 사롬이 소왈

"누구논 알아 무엇호리요? 다만 낙산수 불목한이로만 알미 무방호거니와 그디의 셩명은 누구라 호건디 부즈럽슨 ᄉ상을 두고 뎌갓치 단이며 로심초ᄉ호ᄂ뇨?"

한싱이 답왈

"나의 셩은 한이오 명은 명회러니 죠실부모호고 류리표박호야 뎡쳐업시 단이다가 마춤 이곳에 왓더니 우연히 히상 월식과 슈간(樹間) 두견셩(杜鵑聲)에 비량(悲凉)호 회포ㅣ 잇셔 졍히 쥬져호더니 션싱이 보시고 이갓치 질문호심이로다."

그 사롬이 앙텬 대소호며 왈

"그디 한명회라 호니 즁츄부ᄉ 민대싱의 ᄉ위 안인다? 그디 교목셰신喬木世臣의 후예로 잠영귀죡簪纓貴族의 ᄉ위 되얏스니 아모죠록 근신 츙실(勤愼忠實)호야 우흐로 인군을 지셩으로 셤기고 아러로 가셩(家聲)을 짜에 쩌러치지 안이홈이 가호거늘 무단히 불가호 뜻을 품고 강호상으로 쥬류호며 감기ᄌ탄호니 깁히 그디를 위호야 기탄호노110라."

한싱이 질식호야 왈

"니 과연 민즁츄의 사위어니와 션싱이 엇지 알으시ᄂ닛가? 나의 쥬류 ᄉ히(周流四海)홈을 임의 명약관화明若觀火로 알으시니 엇지 감

히 심곡을 은휘ᄒ오릿가? 바라건디 션싱은 고셩대명(高姓大名)을 은휘치 말으시고 나의 젼졍을 붉히 지도ᄒ소셔."

그 사룸이 졍식왈

"그디 젼졍을 알고져 홀진던 그디의 용심쳐ᄉ(用心處事)를 스ᄉ로 밀어 보면 가히 짐작홀지어눌 나다려 무엇을 지도ᄒ라 ᄒᄂ뇨? 승평 셰월(昇平歲月)에 이심(異心)을 가슴에 품고 팔대군(八大君)151)의 경징ᄒᄂ 긔셰를 됴흔 긔회로 알고 대ᄉ를 도모코져 ᄒᄂ다? 그 일이 견픽ᄒ면 만고 역명(萬古逆名)을 면치 못홀지오 셩공ᄒ디도 람살 인명(濫殺人名)을 면치 못ᄒ리니 그 안이 가셕ᄒ다?"

한싱 왈

"션싱이 임의 나를 아시고 품은 ᄯᆺ을 츄칙ᄒ시니 감히 긔이지 못ᄒ거니와 션싱의 말숨갓흘진던 나의 ᄯᆺ이 그르다 ᄒ심이닛가?"

기인이 ᄶᅡ을 치며 위연 쟝탄왈

"운수소관이니 홀일업도다. 그디의 경륜도 국가를 위흠이니 가히 업슬 수 업고 나의 탄식도 국가를 위흠이니 가히 업슬 수 업거니와 그디ᄂ 일후 큰일을 당ᄒ거든 부디 나의 오늘 말을 잇지 말아 츙량(忠良)을 람살치 말나. 나ᄂ 집현뎐 학ᄉ 셩삼문成三問152)의 지긔지우 문죵렬文宗列153)이라. 니 뎌적에 경셩에 가 셩학ᄉ를 차자보고 죵용히 화답(和答)홀시 지금 팔대군이 강셩ᄒ야 각기 셰력을 확장코져

---

151) 팔대군(八大君): 세종의 여덟 아들. 첫째 문종, 둘째 세조, 셋째 안평대군, 넷째 임영대군, 다섯째 광평대군, 여섯째 금성대군, 일곱째 평원대군, 여덟째 영흥대군을 말함.
152) 셩삼문(成三問): 성삼문. 1418~1456. 조선 전기의 문신. 사육신의 한 사람.
153) 문죵렬(文宗列): 실존 인물이 아님.

초야걸ᄉᆞ(草野傑士)를 닷토아 교결(交結)ᄒᆞ미 필연 일후에 일대 흔단(釁端)이 발싱ᄒᆞᆯ지니 급류용퇴急流勇退ᄒᆞ야 명철보신ᄒᆞᆷ을 도모ᄒᆞ라 권고ᄒᆞᆫ즉 셩학ᄉᆞㅣ 츄연 탄왈 '나는 산갓흔 국은(國恩)을 편벽되히 입어 범상 신료(臣僚)와 갓지 안커늘 엇지 일루 잔명—樓殘命을 위ᄒᆞ야 셩상의 부탁을 져바리리오? 니 벼슬을 탐ᄒᆞ야 물너가지 안임이 안이니 문형은 지긔라 깁히 싱각ᄒᆞ라.' 111ᄒᆞ기로 니 임의 셩학ᄉᆞ의 잡은 바 마음을 아는 고로 다시 말을 안이ᄒᆞ고 하직도 업시 그 밤에 길을 ᄯᅥ나 금강산에 드러가 탁발위승(托鉢爲僧)코져 ᄒᆞ다가 년긔 가장 셩ᄒᆞᆷ을 혐의ᄒᆞ야 승도들이 허락지 안이ᄒᆞ는 고로 부득이 이곳에서 불목한이 되야 호구ᄒᆞ거니와 그ᄃᆡ 비록 나와 ᄯᅳᆺ은 달으나 의리는 일반이라 그ᄃᆡ에게 인명을 람살치 말나 부탁코져 ᄒᆞ야 짐짓 아른 체 ᄒᆞ얏노라."

한싱 왈

"션싱의 학식 문견(學識聞見)이 탁월ᄒᆞ시거늘 무단히 초목과 갓치 썩을 마음을 두지 말으시고 나와 갓치 대ᄉᆞ를 의론ᄒᆞ심이 엇더ᄒᆞ뇨?"

문죵렬이 소왈

"그ᄃᆡ의 말은 괴이치 안이ᄒᆞᄂᆞ 나는 임의 결심ᄒᆞᆫ 바ㅣ 잇노니 번거히 구지 말나. 하늘이 슈양대군을 ᄂᆡ시고 ᄯᅩ 그ᄃᆡ갓흔 쟈ㅣ 싱겻스니 막비 운슈소관이라 인으력로154) 못ᄒᆞ리로다."

ᄒᆞ며 얼골에 츄연ᄒᆞᆫ 긔식이 가득ᄒᆞ거늘 한싱이 이러 절ᄒᆞ야 왈

---

154) 인으력로: 인력으로.

"니 일즉 어진 스승을 엇지 못ᄒᆞ얏ᄂᆞ니 금일로부터 뎨ᄌᆞㅣ 되고자 ᄒᆞᄂᆞ이다."

문죵렬이 대소왈

"그디 과연 영웅의 슈단이 잇도다. 그디 나를 의심ᄒᆞ야 롱락ᄒᆞ려 ᄒᆞ나 나는 셩학ᄉᆞ를 위ᄒᆞ야 예양(豫讓)155)이 되고져 ᄒᆞᆯ ᄯᆞᆫ이오 부귀공명에 ᄯᅳᆺ이 업노니 엇지 구구히 그디에 스승이 되야 일후 향복(日後享福)을 희망ᄒᆞ리오? 그러나 니 결코 그디와 지죠 갓지 안이흠을 인ᄒᆞ야 그디의 일을 발셜치 안이ᄒᆞ리니 아모 의심도 두지 말나."

한싱 왈

"삼가 션싱의 가라치심을 좃차 일후 만일 큰일을 당ᄒᆞ더리도 인명을 상치 안일가 ᄒᆞ노이다."

문죵렬이 우셔 왈

"불연ᄒᆞ다. 옛날 탕무(湯武) 인의지ᄉᆞ(仁義之士)를 거나려 포학무도(暴虐無道)ᄒᆞᆫ 걸쥬(桀紂)를 치시되156) 오히려 혈류표져(血流漂杵157)) ᄒᆞ얏거날 그대 비록 지죠ㅣ 잇스나 강자아(姜子牙)에 지나지 못ᄒᆞ고 지금 걸쥬갓치 포학ᄒᆞᆫ 인군이 업거날 엇지 능히 인명을 살히112치 안이ᄒᆞ겟노라 장담ᄒᆞᄂᆞᆫ다? 오쟉 삼가고 죠심ᄒᆞ야 람살이나 업도록 쥬의ᄒᆞ라."

---

155) 예양(豫讓): 진(晉)나라 지백(智伯)의 신하로 지백을 죽인 조양자(趙襄子)에게 복수하려다 발각되어 자결함.
156) 탕무(湯武)~걸쥬(桀紂)를 치시되: 은(殷)나라 탕왕과 주(周)나라 무왕이 각각 폭정을 하는 하(夏)나라 걸왕과 은(殷)나라 주왕을 치고 천하를 얻어 인의(仁義)로 나라를 다스림.
157) 혈류표져(血流漂杵): 주나라 무왕이 도셩 남쪽 목야(牧野)에서 은나라 군대와 맞서 싸울 때 피가 강물처럼 흘러 절굿공이가 흘러 다닐 정도였다고 함. 『書經』

한싱이 복복칭사ᄒ고 다시 무러 왈

"션싱이 필연 이곳에 오러 잇지 안일지니 장차 엇의로 향ᄒ시랴 ᄒᄂ뇨?"

문죵렬 왈

"나는 셰상 텬디에 집 업눈 사름이라. 뎡쳐업시 단이눈 길을 엇지 미리 알리오? 금야기 임의 늦져 야계(野鷄) 잣게 우니 어셔 드러가 편히 잘지어다. 나는 나의 쳐소로 가노라."

한싱이 문죵렬을 보니고 홀노 깃실로 도라와 문죵렬의 언론을 싱각ᄒ즉 그 통투(通透)ᄒ 지식이 당셰의 이인異人이라. 익일에 짐짓 길을 ᄯ나지 안이ᄒ고 류련ᄒ야 다시 문죵렬을 죵용이 쳥ᄒ야 미진 ᄒ 슈쟉을 란만히 더ᄒ고 아모죠록 회심케 ᄒ야 대스를 공도ᄒ리라 ᄒ고 밤 되기를 기대려 문죵렬을 보고 ᄌ긔 쳐소로 한게 감을 말ᄒ 니 문죵렬 왈

"아즉 나의 소임을 다 맛치지 못ᄒ얏노니 그대 먼져 가면 니 츄후 ᄒ야 가리라."

한싱이 강쳥(强請)치 못ᄒ고 깃실로 도라와 고대ᄒ더니 한 식경 은 지난 후 문죵렬이 과연 이르거늘 반겨 맛져 좌뎡 후 한싱 왈

"션싱의 션견지명先見之明이 가히 귀신도 칙량치 못ᄒ지라. 감히 무 놋니 나의 경윤이 랑피 업스며 셩학ᄉ의 일후 쳐ᄉ 엇더ᄒ겟ᄂ뇨?"

문죵렬 왈

"쟉야에는 그대를 쳐엄 맛나 우연 셜화흠이어니와 셩인의 말씀에 그 위에 잇지 안이ᄒ야눈 그 졍ᄉ를 쐬ᄒ지 말나不在其位不謀其政[158] ᄒ 셧거늘 밤마다 죠뎡 대ᄉ를 말흠은 만만불가ᄒ니 그런 일은 다시

데긔치 말나. 그대 아모리 뭇는대도 니라셔 아는 바도 업슬 쑨 안이라 결코 말흐지 안이흐리라."

한싱이 문종렬의 사긔 냉락(冷落)흠을 보고 다시 뭇지 못하고 등한(等閒)흔 슈쟉만 하다가 짐짓 명일 분슈(分手)홈이 창연흔 쯧을 말하며 무러 왈

"션싱이 이곳을 써나면 장차 언의 곳113으로 향하시랴 하느뇨?"

문종렬 왈

"부운종젹(浮雲蹤跡)이 엇지 뎡흔 쳐소 잇스리오? 그러나 슈삭 후에는 강능 오대산五臺山159으로 가 잇고져 하노라."

한싱 왈

"오대산에 일즉 지긔지우(知己之友)가 잇더뇨?"

문종렬 왈

"지긔지우는 업스나 그 절에 월담月潭이라 칭하는 도승으로 더부러 일면지교(一面之交)가 잇더니 월젼(月前)에 이곳셔 셔로 만나 루루히 한게 잇슴을 말흠으로 임의 허락흔 일이 잇노라."

한싱 왈

"월담은 범졀(凡節)이 션싱에 비하면 엇더하뇨?"

문종렬 왈

"월담의 방촌方寸 사이에 산히만즁山海萬重이라 그 심쳔을 엿보기 어렵거니와 대기 도가 놉하 범승(凡僧)에 비흘 쟈ㅣ 안이니라."

---

158) 그 졍亽를 쇠하지 말나(不在其位不謀其政): 그 자리에 있지 않으면 주제 넘게 일에 참견하지 말라는 의미. 『論語』
159) 강능 오대산(五臺山): 강원도 강릉, 홍천, 평창에 걸쳐 있는 산.

한싱이 쏘 무러 왈

"이곳셔 오대산을 가자 ᄒᆞ면 대관령이 막히여 극히 험쥰(險峻)ᄒᆞᆫ 즁 드르니 근일 밍수ㅣ 왕왕 사름을 상혼다 ᄒᆞ거놀 션생이 엇지 쳑수공권(隻手空拳)으로 위디를 가고져 ᄒᆞᄂᆞ뇨?"

문죵렬이 우셔 왈

"니 이갓치 수쳑ᄒᆞ야 둙 하나 묵글 힘이 업슬 것 갓흐나 일즉이 도ᄉᆞ를 만나 차력(借力)ᄒᆞᄂᆞᆫ 신약을 먹은 후 ᄒᆞ여간 밍수ᄂᆞᆫ 기아지 제어ᄒᆞᆷ보다 오히려 용이(容易)케 넉이노라."

한싱이 밋지 안이ᄒᆞ야 그짓 포장(包裝)인가 ᄒᆞ얏더니 문종렬이 우셔 왈

"그대 니 말을 밋지 안일진던 실디를 구경ᄒᆞ라."

ᄒᆞ고 직실 압 언덕에 잇ᄂᆞᆫ 큰 솔나무를 한 손으로 잡아 무 쏍듯 ᄒᆞ거놀 한싱이 그 광경을 보고 암암칭긔ᄒᆞ야 즈금이후로 셔로 합심동력(合同同力)ᄒᆞ야 국가대ᄉᆞ를 의론할 ᄯᅳᆺ을 다시 기론(概論)ᄒᆞ니 문종렬이 낫빗을 붉히고 이러셔며 명일은 ᄉᆞ즁에 긴관ᄉᆞ(緊關事)로 분쥬무가(奔走無暇)ᄒᆞ야 그대를 뎐송치 못ᄒᆞ노니 부대 잘 가셔 셩인의 글을 더 읽으라 ᄒᆞ고 냉락히 가ᄂᆞᆫ지라. 한싱이 심이 무식홀 ᄯᅲᆫ외라. 얼마쯤 가통(可痛)ᄒᆞᆫ 싱각이 잇스나 엇지ᄒᆞᄂᆞᆫ 도리 업셔 그 밤이 맛도록 젼뎐불미(輾轉不寐)ᄒᆞ다가 날이 밝으미 114아춤 지를 파ᄒᆞ고 곳 길을 ᄯᅥ나 동구 밧게 나아오며 흉즁에 일념(一念)이 비회ᄒᆞ야 홀노 말ᄒᆞ야 왈

'문종렬이 심상ᄒᆞᆫ 인물이 ᄋᆞ이라 지식이 귀신갓고 용력이 범인에 지나거놀 제 ᄌᆞ최를 감초고 쥬견이 별로 잇셔 오대산으로 가잇겟노

라 ᄒ니 가히 쥬의ᄒ야 등한히 잇즐 바ㅣ 은이로다. 졔 나의 심ᄉ를 명약관화明若觀火로 알고 반대치ᄂ 은이ᄒ나 찬죠홀 ᄯ이 업스니 가장 괴이ᄒ며 쟉별 시(作別時)에 셩인의 글을 더 닑으라 부탁ᄒᄂ 것이 가장 유리ᄒ니 니 죵ᄎ(從此)로 타쳐에 더 셔셜(棲屑)홀 것 업시 집으로 도라가 셩경현전을 몃 히 간 더 닑으리라.'

ᄒ고 그 길로 쳥쥬 본집으로 향ᄒ더라.

第十四回 窮措大踈財却田券
뎨십ᄉ회 궁죠대160)가 ᄌ물을 소홀히 넉여 밧문셔를 물니치다

차셜. 한싱이 락산사에셔 ᄯ나 쳥쥬로 올시 문죵렬의 힝동을 못니 방심치 못ᄒ며 여러 날만에 ᄌ긔 집에 당도ᄒ니 민씨 형차포군(荊叙布裙)161)으로 쁠에 니려 맞즈며 화슌ᄒᆫ 안식을 ᄯᅴ워 긱리(客裏) 안강(安康)ᄒ심을 뭇거놀 한싱이 반기며 먼져 경즁(京中) 문안을 뭇고 다음 가ᄂᆡ(家內) 무고(無故)ᄒᆷ을 무른 후 의관을 그르고 상에 누으니 오랴 긱즁 힝역에 고초를 격다가 ᄉ지 ᄌ연 로곤ᄒ며 잠이 혼혼히 드럿더라. 졍신이 혼미ᄒᆫ 즁 누가 문밧게셔 찻거놀 급히 나아가 보니 이 곳 문죵렬이라. 반겨 손을 잡아 마즈며 당상에 오르려ᄒ니 문죵렬이 져ᄉ(抵死)코 오르지 안이ᄒ며 왈

"너 금일 그더를 이갓치 죠차옴은 긴히 부탁ᄒᆞᆯ 말이 잇슴이로라."

한싱 왈

"션싱이 작별 시에 셩현의 글을 더 닑으라 부탁ᄒ기로 지금 집에

---

160) 궁죠대: 조대는 청빈한 선비를 의미함. 궁조대는 매우 가난한 선비를 의미함.
161) 형차포군(荊叙布裙): 한(漢) 나라 양홍의 아내 맹광이 가시나무로 만든 비녀에 베 치마를 입었던 것에서 유래하여 부인의 검소한 복장을 의미함.

도라옴은 션싱의 지도ᄒ심을 복죵ᄒ115야 글을 낡고져 흠이어니와 ᄯᅩ 무ᄉᆷ 부탁을 졍즁히 ᄒ시고져 이쳐로 오셧ᄂᆞ뇨?"

문죵렬 왈

"달음이 안이라 나는 주최를 셰상에 감초고져 ᄒ노니 문죵렬이 오디산 즁으로 가더란 말을 그디만 알고 잇슬 ᄯᅥ름이지 타인을 디 ᄒ야 부디 발셜치 말나. 만일 발셜ᄒ면 나의 십년 공부가 도로아미 타불이 되야 큰 히 밋치리니 부디 나를 위ᄒ야 죠심ᄒ라."

한싱 왈

"발셜 안이키는 어렵지 안이ᄒ거니와 십년 공부는 무ᄉᆷ 일을 가 라침이뇨?"

문죵렬이 즐겨 말ᄒ지 아니ᄒ거놀 한싱이 셩화갓치 뭇다가 흠신 일셩欠伸一聲에 놀나 ᄭᅢ니 남가일몽이라. 눈을 둘어 숣혀보니 임의 밤 이 되야 등촉을 붉히엇ᄂᆞ디 민씨 셕반을 갓초와 겻히 노코 공손히 안져 잠 ᄭᅢ기를 기디리다가 나즉ᄒ 음셩으로

"무ᄉᆷ 잠을 이다지 곤히 주므시ᄂᆞ뇨?"

한싱이 두 손으로 눈을 부뷔며 왈

"힝역ᄒ던 남져지에 집에 도라와 편히 누엇더니 잠이 곤히 드럿 도소이다."

민씨 상을 눈셥에 가즈런히 드러 압헤 노으며 지셩으로 권ᄒ니 한싱이 시장ᄒ던 추에 한 그릇 밥을 다 먹고 부인을 향ᄒ야 탄식왈

"대장부ㅣ ᄯᅢ를 아즉 만나지 못ᄒ야 부인으로 ᄒ야곰 빈한ᄒ 싱 활에 고초를 이쳐로 격게ᄒ니 심히 붓그럽도소이다."

민씨 염임 디왈

"군주의 말숨이 그르도소이다. 싱활에 빈한흠은 분슈(分數) 안일이어놀 그만 고초를 엇지 근심ᄒ오릿가? 바라건디 군주ᄂ 가속(家屬)에 루를 괘념치 마시고 민국 대ᄉ(民國大事)에 ᄯᆺ을 실힝ᄒ소셔."

한싱이 대희ᄒ야 부인의 현철(賢哲)ᄒ 마음을 지삼 칭도ᄒ며

"부인의 굿건훈 집심(執心)이 임의 이갓ᄒᆯ진디 소싱이 삼년(三年)을 작명ᄒ고 집에 잇셔 글을 더 닑고져 ᄒ노라."

민씨 왈

"일즉이 가군의 말숨을 듯ᄌ온즉 텬하에 무식훈 영웅이 업다天下無不識者英雄ᄒ오니 엇지 116가ᄉ(家事)에 구이ᄒ사 글을 닑지 안이ᄒ시오릿가? 가ᄉᄂ 일호도 념려치 말으시고 글을 닑으소셔."

한싱이 깃거 익일부터 외당을 정결 소제ᄒ고 잠심ᄒ야 공부훌시 칙을 덥고 쉴 ᄯᅢ마다 문즁렬이 ᄭᅮᆷ에 뵈이던 일을 싱각ᄒ고 의혹이 날로 깁더니 일일은 스ᄉ로 히몽(解夢)ᄒ야 왈

'쥬ᄉ야몽晝思夜夢으로 문즁렬이 작별홀 ᄯᅢ 슈상히 말 훈 마디 훈 것을 듯고 나의 의혹이 더럭 싱겨 가슴에 왕러ᄒ더니 ᄭᅮᆷ이 그갓치 슈란(愁亂)홈이라. 부즈럽시 심신을 허비ᄒ야 연구홀 필요ㅣ 업도다.'

ᄒ야 다시ᄂ 문즁렬의 일을 념두에 두지 안코져 ᄒ나 무단히 왕왕 싱각이 남을 말지 안이ᄒ더라.

한싱이 글 닑기 시쟉훈 이후로 오쟉 조셕반(朝夕飯)을 고ᄒ면 ᄂᆡ당에를 잠시 단녀 나올 ᄲᅮᆫ이오 일절 창밧글 여어보지 안이ᄒ더니 하로ᄂ 일고삼장(日高三丈)토록 조반을 고치 안커놀 심히 아혹ᄒ야

닑던 칙을 덥허노코 니당으로 드러가보니 부인이 방닉(房內)에 혼도ᄒᆞ야 인ᄉᆞ를 불셩ᄒᆞᄂᆞᆫ지라. 황망히 슈족을 쥼으르며 고용ᄒᆞᄂᆞᆫ 남녀를 아모리 천호만환(千呼萬喚)ᄒᆞ야도 일졀 ᄃᆡ답이 업거눌 급히 나아가 져의 쳐소를 슯혀즉162) 역시 모조리 긔식(氣塞)ᄒᆞ야 아모 인ᄉᆞ 모로ᄂᆞᆫ지라. 한싱이 곡졀을 아지 못ᄒᆞ고 크게 놀나 대문 밧그로 ᄶᅱ어나아가 묘로(墓奴) 등을 불너 일변 의원을 쳥ᄒᆞ야 약을 쓴다 빅비탕을 입에 흘녀넛는다 ᄒᆞ며 젼신을 고로 쥼으르더니 얼마 만에 부인과 고용 남녀가 차례로 ᄭᅴ여나거눌 한싱이 그 연고를 무른ᄃᆡ 부인이 고왈

"근일 량미 부쥭흠으로 고용을 식여 산에 가 버셧을 짜오라 ᄒᆞ야 죽을 쑤어 호구ᄒᆞ엿더니 쟉일에는 무슴 유독(有毒)ᄒᆞᆫ 버셧을 짜왓던지 그것을 넛코 죽을 쑤어 먹던 일을 싱각ᄒᆞ겟고 그 다음 일은 도모지 긔억지 못ᄒᆞᄂᆞ이다."

고용 남녀 등의 말도 역시 일반이어눌 117한싱이 의론ᄒᆞ야 제독(制毒)ᄒᆞᆯ 약을 급히 쓴 후 부인을 향ᄒᆞ야 길게 탄식왈

"부인이 금옥갓치 귀히 싱장ᄒᆞᆫ 공경 대가(公卿大家) 규양(閨養)으로 나갓치 아모 쥬션 업ᄂᆞᆫ 궁조대에게 츌가ᄒᆞ야 비단 고초만 갓초 격글 ᄲᅮᆫ 안이라 함아ᄒᆞ더면 싱명까지 위ᄐᆡᄒᆞᆯ 번 ᄒᆞ얏도다. 그러나 무슴 일로 버셧죽을 복은 안이 쥬엇ᄂᆞ뇨?"

부인 왈

"그는 무르슬 비 안이오니 쳡이 아모리 불ᄉᆞ(不似)ᄒᆞ기로 악식(惡

---

162) 슯혀즉: 살펴본즉.

食)을 군주에게 드려 공부ᄒ시ᄂᆫᄃᆡ 정신이 건강치 못ᄒ시게 ᄒ오릿가? 이ᄂᆫ 쳡의 특별ᄒᆫ 일이 안이라 보통 아모 녀자라도 그 가장(家長) 셤기ᄂᆞᆫ 본분에 당연ᄒᆞᆷ이니다."

한싱이 위연 장탄왈

"현ᄌᆡ(賢哉)라! 부인이여. 부귀가(富貴家) 싱장으로 용렬ᄒᆞᆫ 가장을 위ᄒᆞ야 긔한을 이갓치 견디다가 필경 금일 위경을 당ᄒᆞ얏스니 장부된 나의 마음이 엇지 붓그럽지 안이ᄒᆞ리오? 니 처엄 작뎡ᄒᆞᆫ 바ᄂᆞᆫ 삼년을 공부코져 ᄒᆞ얏더니 이뎨 겨오 이년이라. 일로죠차 칙상을 물니치고 싱업에 죵ᄉᆞᄒᆞ야 참혹ᄒᆞᆫ 관경을 다시 안이 보도록 ᄒᆞ리로다."

부인이 공슌 디왈

"이ᄂᆞᆫ 군주의 말슴이 가치 안이ᄒᆞ도소이다. 지물을 취ᄒᆞ야 구츠로히 긔한을 면코져 훌진ᄃᆡ 심히 어렵지 안인 일이나 오늘날 칩고 쥬리ᄂᆞᆫ 것을 달게 넉임은 군ᄌᆞ로 ᄒᆞ야곰 큰 그릇이 완전히 되심을 바람이라. 이제 삼년을 결심ᄒᆞ얏던 공부를 겨오 이년에 즁도 폐지ᄒᆞ면 이ᄂᆞᆫ 산을 아홉 길을 쌋타가 한 삼테 흙에 공이 업셔짐과 爲山九仞 切一簣163) 일반이라. 엇지 남져지 일년을 견디지 못ᄒᆞ야 공부를 폐지ᄒᆞ오릿가? 감히 뭇노니 군ᄌᆞᄂᆞᆫ 금일부터라도 부가옹富家翁이 되시랴 ᄒᆞᄂᆞ닛가? ᄉᆞ업가事業家가 되시랴 ᄒᆞᄂᆞ닛가? 좌우간 말슴을 ᄒᆞ옴소셔."

---

163) 산을 아홉 길을 쌋타가 한 삼테 흙에 공이 업셔짐과(爲山九仞切一簣): '아홉 길의 산을 만드는데, 한 삼태기가 없어 공이 어그러진다.(爲山九仞, 功虧一簣)'와 같은 말. 끝까지 제대로 하는 것의 중요성을 의미함. 『書經』

한싱이 당황ᄒ야 진시 답지 못ᄒ다가 말ᄒ야 왈

"부인의 어취(語趣)가 무엇을 가ᄅ침인지 씨닷지 못 118 ᄒᄂ이다."

부인이 즉시 머리맛의 장을 열더니 싴보로 긴긴히 싸고 둔 것 한 뭉치를 니여노으며

"이것을 아모 씨던지 군ᄌ의 쳐분을 좃차 집에 두던지 도로 보니던지 량단간 결단ᄒ고져 ᄒ엿ᄂ이다."

한싱이 그 보를 차례로 글으고 보니 그 속에 잇는 것이 별것이 안이오 모다 뎐답 문권이라. 놀나 무러 왈

"이 문권이 엇의로좃차 이갓치 만히 잇ᄂ뇨?"

부인 왈

"이는 곳 당초 락향홀 씨에 친뎡 가군이 우리 싱계 군간(窘艱)홈을 심려ᄒ사 이 근쳐 멀지 안인 뎐답 문권을 분할ᄒ야 쥬신 것이온디 ᄌ의로 결단치 못ᄒ고 군ᄌ의 쳐분을 기디리ᄂ이다."

한싱 왈

"그러면 그동안 츄슈ᄒ 곡식은 엇지ᄒ얏ᄂ뇨?"

부인 왈

"각쳐 사음비(舍音輩)가 이르러 간츄(看秋)는 누구를 보니며 소츌곡(所出穀)은 엇지ᄒ야 뭇기로 간츄인은 안이 보니노니 착실히 타작ᄒ야 그 곡식을 얼마가 되던지 치적(治積)ᄒ야 두고 하회를 기디리라 ᄒ얏노니 지금이라도 그것만 가져 히마다 츄슈ᄒ면 부가옹 되기는 어렵지 안이홀가 ᄒᄂ이다."

한싱이 이윽히 싱각다가 부인을 향ᄒ야 왈

"쳥컨디 부인은 복을 위ᄒᆞ야 고초를 좀 더 격그소셔. 대쟝부ㅣ 엇지 쳐덕(妻德)을 달게 넉여 부가옹 ᄌᆞ쳐를 ᄒᆞ오릿가?"

부인이 미소왈

"첩이 임의 군ᄌᆞ의 긔결(介潔)ᄒᆞ신 뜻을 아는 고로 아모리 졀화디경(絶火地境)을 죵죵 당ᄒᆞ야도 그 곡식 일두 일승(一斗一乘)을 가져온 일이 업ᄂᆞ이다."

한싱이 칭사흠을 말지 안이ᄒᆞ고 즉일로 그 뎐답 문권을 긴봉ᄒᆞ야 민즁츄 집으로 도로 보니고 일봉 상셔를 그 악옹(岳翁)에게 올니어 여러 히 젹치ᄒᆞᆫ 곡식을 일일이 츄심ᄒᆞ라 ᄒᆞ니라.

한싱이 다시 글을 닑어 삼년을 치오고 쟝차 경셩에 올나 시긔를 엿보고져 ᄒᆞ야 진신(振身)ᄒᆞᆯ 계졔를 싱각ᄒᆞᆯ시 졍히 권람을 심방ᄒᆞ야 심니에 품은 바를 의론ᄒᆞ랴 ᄒᆞ더니 일일은 촌민들이 격쟝가(隔墻家)119을 모여 셔로 짓거리는 것을 우연이 드른즉 심히 괴상ᄒᆞᆫ지라. 그 쵼민을 불너 곡졀을 무른디 디왈

"압산 넘어 동리 김쟝ᄌᆞ의 집에 귀신의 작희(作害)가 심ᄒᆞ야 경도 닑고 굿을 히도 죠곰도 효험이 업고 일향 일반으로 혹 쥬인을 결박ᄒᆞ야 후졍(後庭) 나무에도 미아달고 마구에 잇는 말을 벽쟝 안에다 뭉쳐넛키도 ᄒᆞ고 솟쑤에를 솟 속에 넛는다 큰 물독을 소반 우에 올녀놋는다 별별 괴상ᄒᆞᆫ 짓이 무슈부지흠으로 남녀 식구가 모다 공겁ᄒᆞ야 그 집을 븨오고 달은 집으로 이사ᄒᆞ야 잇슨지 임의 슈삭인디 동리 농부들이 시원흠을 취ᄒᆞ야 혹 모여 그 집에 가 자다가 번번이 묵겨 나무 긋헤가 동고랏케 미달니는 고로 일ᄌᆞ 이후로는 심히 공겁ᄒᆞ야 그 집 근쳐에를 싱심(生心) 갓가히 가지 못ᄒᆞ야 쟝원(牆垣)

이 경퇴(傾頹)ᄒᆞ고 창호(窓戶)가 파상(破狀)ᄒᆞ야 쓸에 욱어져 셩훈 풀과 방에 쳡쳡이 싸인 먼지 보기에 극히 참담ᄒᆞ더니 근일에 무슴 이상흔 일이 잇셔 리약이ᄒᆞᄂᆞ 즁이로소이다."

한싱이 문왈

"이상타 ᄒᆞᄂᆞ 일은 무엇인다?"

촌민 왈

"그 집이 흉가로 그갓치 유명ᄒᆞ야 밤이면 감히 드러가ᄂᆞ 사ᄅᆞᆷ도 업고 모로ᄂᆞ 사ᄅᆞᆷ이 혹 드러갓다ᄂᆞᆫ 번번히 결박을 당ᄒᆞ야 나무에 미달니더니 일젼 엇더흔 과긱 ᄒᆞ나이 폐포파립(弊袍破笠)으로 형용이 참혹흔디 김장ᄌᆞ(金長者) 잇ᄂᆞ 집에 와 밥을 엇어먹고 자기를 쳥ᄒᆞ니 겻헤 맛춤 짓구진 사ᄅᆞᆷ이 잇다가 흉가를 가ᄅᆞ쳐 보니고 그 익일에 미달닌 거동을 구경홀 ᄎᆞ로 가본즉 과긱이 아모 일이 업시 잇거눌 괴이히 녁여 무른즉 과긱이 치사왈

"죠흔 집을 빌녀 편히 잘 잣다."

ᄒᆞ며 붉으면 김장ᄌᆞ의 집에 가 두 씨 밥을 엇어먹고 밤이면 의례히 그 집으로 가 자기로 김장ᄌᆞ가 그 가지 안코 오리 두류훔을 무르니 그 과긱이 말ᄒᆞ기를 누구 기디리ᄂᆞ 사ᄅᆞᆷ이 잇스니 그 안120이 이상흔 사ᄅᆞᆷ이리오? 한싱이 듯고 심리에 반겨 왈

'이 일졍 심상흔 인물이 안이로다.'

ᄒᆞ고 셕반 후 아모도 모로게 나셔셔 바로 압산 넘어 김장ᄌᆞ의 흉가를 차자가니 쓸어진 담과 덕것친 풀이 눈에 가득히 황락흔디 ᄉᆞ면 문이 쳡쳡히 닷치엇고 오쟉 협문이 열니어 사ᄅᆞᆷ 드나든 자최 풀 우에 잇거눌 즉시 그 협문으로죠차 드러가니 침침 칠야에 사ᄅᆞᆷ의

소리 업고 오쟉 젹막훈 뷘집 뿐이라. 졍히 의아ᄒ야 이 방 져 방을 두루 차자단이더니 문득 뒤 침방 안으로셔 크게 칙망 왈

"엇더훈 사람이완디 무단히 드러와 요란히 구러 곤히 자는 잠을 씨오ᄂ뇨? 쌜니 도라가 리미망량(魑魅魍魎)164)에게 미달닌 바ㅣ 되지 말나."

한싱이 우셔 왈

"나는 평싱에 두려온 바ㅣ 업ᄂ니 엇지 귀미를 져어ᄒ리오? 그러나 그디가 누구완디 이밤에 차자온 사람을 영접지 안이ᄒ고 도로혀 잠을 씨온[디] 칙망ᄒᄂ뇨?"

기인이 대소왈

"어린 아히 감히 담 큰 말을 어룬에게 ᄒ는다? 네 능히 겁이 업거던 나 잇는 곳을 차자오라."

한싱이 그리ᄒ라 디답ᄒ고 한거름에 뒤 침방을 차ᄌ가 닷은 문을 열고 드러가며 뭇되 디답이 업거늘 ᄉ면 두루 어루만지나 사람이 업는지라. 다시 차즈리라 ᄒ고 다시 그 방을 나셔 그 겻헤 잇는 방에 드러가 두루 찻되 역시 뷔인 방이라. 이갓치 칠팔 쳐소를 찻되 맛참니 죵적이 업는지라. 한싱이 대로왈

"너는 엇더훈 요마 슐긱(妖魔術客)이완디 대장부를 이다지 희롱ᄒᄂ뇨?"

홀연 동편 월랑(月廊)에셔 박장대소왈

"썩은 션비 감히 큰말을 ᄒ는다? 이리 오면 니 별로 그디다려 이

---

164) 리미망량(魑魅魍魎): 이매는 산속, 망량은 물속의 괴물을 말하며 이들을 아울러 모든 도깨비를 가리킴. 사람들에게 해를 끼치는 악인을 빗댐.『左氏傳』

를 말이 잇노라."

한싱이 분흠을 참고 길을 더듬어 간신히 동편 월랑에 이르니 또 셔편 월랑으로셔 소리ᄒᆞ야 왈

"이리로 오라 ᄒᆞ얏더니 엇지 그리로 가 찻ᄂᆞ뇨?"

또 셔편으로 간즉 남편(南便) 방으로 오라 ᄒᆞ고 남으로 간즉 북편 방으로 오라 ᄒᆞ야 슈식경을 신고(辛苦)만 식이거놀 한싱이 다시는 아모리 차ᄌᆞ오라 ᄒᆞ야도 드른 체 안이ᄒᆞ고 ᄭᅮ짓기를 말지 안이ᄒᆞ여 밧글 향ᄒᆞ고 나아오랴 ᄒᆞ더니 키 구척은 되고 얼골이 미방셕(몃方席)165)만 ᄒᆞ고 빅발이 헨날니는 쟈가 등잔갓흔 눈방울을 굴니며 쥬홍갓흔 입을 벌니고 압을 딱 막아셔며 썰썰 웃거놀 한싱이 멈쳐셔며 거리 대칙왈

"사불범정邪不犯正166)이어놀 네 무엇이완더 감히 니 압을 막자르ᄂᆞ뇨?"

그 쟈가 로긔 등등ᄒᆞ야 ᄭᅮ지져 왈

"너ᄂᆞᆫ 부즈럽시 담 큰말로 어류을 항거 말고 니 말을 드르라. 공부ᄒᆞᄂᆞᆫ 소년이 이 집에ᄂᆞᆫ 무엇ᄒᆞ랴 왓스며 긔위 왓스면 어룬이 부르거놀 지셩시럽게 차자와 면회홈이 례모에 당연ᄒᆞ거놀 부르ᄂᆞᆫ 말을 답지 안코 도로혀 욕된 말로 ᄭᅮ지지며 경망히 나아가랴 ᄒᆞᆫ다?"

한싱이 졍신을 씩씩히 ᄒᆞ야 답왈

"로물(老物)이 그만 례모ᄂᆞᆫ 알 것이어놀 요마 음슐淫術로 졍직ᄒᆞᆫ

---

165) 미방셕(몃方席): 맷돌을 쓸 때 까는 방석.
166) 사불범정(邪不犯正): 사악함은 바름을 범하지 못함. 당 태종 때 서역에서 온 승려가 요사스런 술법을 부렸으나 태상경(太常卿) 부혁(傅奕)에게는 술법이 통하지 않았다는 고사에서 유래함. 『隋唐嘉話』

군주를 희롱ᄒ야 이곳으로 가면 져곳에서 부르고 뎌곳으로 가면 이곳에서 불너 나로 ᄒ야곰 곤욕을 자심히 당케 ᄒ고 도로혀 나를 췩망ᄒᄂ다?"

그 쟈 왈

"그ᄂ 네의 즁셩(中心)이 허겁(虛怯)ᄒ야 부르ᄂ 곳을 바로 알지 못ᄒ고 공연히 바장인 것이오 니가 너를 속임이 안이니 어룬이 엇지 너갓흔 소년을 속임이 잇슬리오? 긔왕은 물론ᄒ고 나를 싸라 졍당에 이르면 별로히 가르쳐줄 말이 잇노라."

한싱이 쥬져ᄒ다가 시험ᄒ야 뎌 쟈의 거동을 보리라 ᄒ고 그리ᄒ라 허락ᄒ니 그 쟈가 압셔 졍당으로 향ᄒ야 두어 거름을 가더니 문득 근 곳이 업고 오즉 지쳑을 분변키 어려온 밤에 버러지 소리만 ᄉ면에셔 직직거릴 ᄲᅮᆫ이라. 망연히 셔셔 홀노 싱각왈

'니 일즉이 빅운암 왕리ᄒᆯ 시에 쳔근 대호도 두려워 안이ᄒ얏거ᄂᆯ 금야에 122뎌만 요물을 엇지 겁니리오? 비록 밤을 시도록이라도 제 거취를 보고야 말니라.'

ᄒ고 어두운 길을 더듬어 졍당으로 드러가니 희미ᄒᆫ 별빗이 빗치ᄂ 곳에 무엇이 잇셔 사ᄅᆷ의 호흡ᄒᄂ 소리갓치 들니거ᄂᆞᆯ 한싱이 갓가희 가보니 엇더ᄒᆫ 폐포파립ᄒᆫ 쟈가 돌을 베고 대쳥 한가온디에셔 잠을 곤히 자ᄂ지라. 한싱이 의심ᄒ야 왈

'아까 이곳을 사면(四面) 숣혀보아도 아모 것이 업셧거ᄂᆞᆯ 지금 뎌 사ᄅᆷ이 언의 겨를에 드러와 누어 쟈ᄂ고? 이ᄂ 일뎡 뎌 사ᄅᆷ의 도슐이 거록ᄒ야 나의 옴을 미리 알고 시험코져 ᄒ야 현황(眩荒)ᄒᆫ 일을 힝ᄒᆷ이로다. 니 맛당히 뎌 사ᄅᆷ에게 졍셩을 다ᄒ야 리두ᄉ를 무러

보리라.'

ㅎ고 그 사롬 자논 겻헤 쑬어안져 감히 크게 기침도 못ㅎ며 잠 씨기를 기디리더니 홀연 그 사롬이 길게 기지기 한 번을 ㅎ며 이러나 눈을 것읍쩌 보지도 안이ㅎ고 돌을 들어 발치 편으로 옴겨노코 다시 누어 코를 골며 자논지라. 한싱이 쏘한 그 편으로 옴겨 쑬어안져 삼가 기디릴시 밤이 맛고 날이 붉으니 그제야 그 사롬이 비로소 이러 안져 눈을 쩌보더니 우셔 왈

"그디 누구를 차즈 이 집에 온다? 이 집은 흉가로 유명ㅎ야 밤이면 사롬이 감히 갓가히 오지 못ㅎ거놀 그디 엇진 일로 겁이 업시 위지에 드러와 잇논다?"

한싱이 이러 졀ㅎ고 쑬어 고왈

"바라건디 션싱은 나의 용쇽ㅎ야 언스의 불공홈이 잇슴을 용셔ㅎ시고 만리젼졍(萬里前程)을 붉히 지도ㅎ소셔."

그 걸인이 대소왈

"그디 지각이 심히 업도다. 나는 집도 업시 구걸ㅎ논 사롬이라 잘 곳이 업셔 싱스를 불고ㅎ고 이 집에 와 련일 잠을 자거니와 그디논 이곳셔 집이 멀지 안이ㅎ고 큰 스업을 경륜ㅎ논 스롬으로 무숨 쥬견이 잇관디 위디에 드러와 아모것도 모로논 스롬을 귀치안케 구논다? 그디의 123친구 권람이 임의 그디의 셩명 한명회 삼즈(三字)를 그 쥬인에게 쳔거ㅎ얏노니 향곡에 두류[치] 말고 쇽히 경스로 갈지어다."

한싱이 그 말을 드르니 시로 졍신이 노며 그 알시167) 귀신갓흠으로 탄복ㅎ야 다시 이러 졀ㅎ며 왈

"션싱의 고셩대명이 누구신지 감히 알고져 ᄒᆞᄂᆞ이다."

그 ᄉᆞ롬이 앙텬 대소왈

"나의 셩명은 그딕 아라 쓸디업스니 오즉 김장ᄌᆞ의 집에셔 셔로 만나던 과직으로 아는 것이 됴ᄒᆞ니라."

한싱이 지삼 지셩으로 무른딕 그 ᄉᆞ롬 왈

"그딕의 시죠모 송씨의 은덕을 갑노라 오공챵에셔 요물과 싸호던 두겁이가 곳 나의 젼신이라. 니 일즉이 션슐(仙術)을 빅와 귀신을 능히 보너니 근자의 우연히 이곳을 지나미 나의 젼신과 싸호던 요물의 졍령이 빅만겁을 지니고도 오히려 헤여지지 안이ᄒᆞ야 졔 당류를 디리고 이 집에 와 작희홈은 그딕를 유인ᄒᆞ야 음히(陰害)코져 ᄒᆞ는 계교라. 니 그딕를 위ᄒᆞ야 피흉취길(避凶就吉)홀 일을 말ᄒᆞ랴 ᄒᆞ나 그딕 필연 나를 밋지 안이ᄒᆞ겟기로 짐짓 힝식을 슈상이 ᄒᆞ야 그딕가 듯고 이곳에 오도록 ᄒᆞ야 먼져 현황ᄒᆞᆫ 슐법으로 나의 신통을 씨닷게 홈이어니와 그딕는 위양공 부부168)의 음덕으로 이 셰상에 ᄌᆞᆼ츌ᄒᆞ야 국가의 큰 그릇이 될 자격이니 엇지 져만 요물이 히ᄒᆞ얏 스리오마는 졔 능히 그딕로 ᄒᆞ야곰 무한ᄒᆞᆫ 위험과 무한ᄒᆞᆫ 고초를 당ᄒᆞ야 대ᄉᆞ에 ᄉᆞ긔를 일케는 훌지라. 니 임의 이곳에 와 잔지 여러 날에 요물 등을 구츅(驅逐)ᄒᆞ야 ᄌᆞ최를 쓰러바렷노라."

ᄒᆞ며 ᄉᆞ미로셔 무슴 셔찰갓치 긴봉ᄒᆞᆫ 것을 닉여쥬며

"이것이 그딕 평싱 대경영에 상당ᄒᆞᆫ 비긔(秘記)니 집에 가 ᄶᅢ여보면 ᄌᆞ연 씨다를 바이 잇스리라."

---

167) 알시: 앓이.
168) 위양공 부부: 한란과 송씨.

한싱이 쏘 말을 뭇고져 ᄒ더니 그 ᄉ룸이 이러나 ᄉ미를 쓸치고 셤돌에 니려셔더니 문득 인홀불견(因忽不見)이라. 한싱이 신긔히 넉[124]여 공즁을 향ᄒ고 무슈 비례ᄒᆫ 후 집으로 도라와 아모도 모르게 그 비긔를 쎄여보더라.

第十五回 擲千金英雄露本色
뎨십오회 쳔금을 허비ᄒ야 영웅이 본식을 로츌ᄒ다

지셜. 한싱이 김장쟈의 집으로셔 신인의 비긔를 밧아가지고 ᄌ긔 집으로 도라와 비밀히 쎄여보니 아모것도 안이오 다만 흰 죠희의 글 두 귀 쓴 것 뿐이라. 그 글에 왈

孚及於富見金勿却 밋붐이 부귀에 밋쳣스니 금을 보거던 퇴각지 말고
妙在於妓用金勿靳 묘리가 기싱에 잇스니 금을 앗기지 말고 쓰라

한싱이 보기를 다ᄒ고 아모리 싱각ᄒ나 히득(解得)키 어려온지라. 적은 금낭에 그 비긔를 너어 신변에 항상 진니고 그 쯧을 무시로 연구ᄒ더라.

일일은 한싱이 부인을 향ᄒ야 경셩에 올나갈 일을 의론홀시 반젼의 판비 무로흠을 근심ᄒ눈 긔식이 잇눈 것 갓거놀 민씨 이러나 의복 상ᄌ를 열고 ᄌ긔 혼구(婚具)로 작만ᄒ얏던 금은 슈식(垂飾)과 각죵 피물을 니여 식보에 싸 손에 들고 한싱을 디ᄒ야 온화훈 말로

고왈

"이것을 부요흔 집에 보니여 다소간 갑을 밧고 팔아다가 려비를 보틱여 쓰심이 죠흘가 ᄒᆞ누이다."

한싱 왈

"부인은 부즈럽슨 말 말나. 그것을 아모리 팔고져 ᄒᆞ더도 향곡 안목에 갑을 알아쥴 사롬도 업스려니와 슈식 픠물은 부인의 신혼 시 즁요흔 물건이어눌 팔아 업심이 만만불가ᄒᆞ니 집어넛코 그더 말을 말으소셔."

부인 왈

"군ᄌᆞ가 이것을 팔지 말나 ᄒᆞ시면 뎐당흘 곳이 혹 잇는가 ᄉᆞ면 슈소문ᄒᆞ오리다."

ᄒᆞ고 묘로 즁 데일 근실흔 쟈를 불너 보에 싼 것을 니여쥬고 부인 왈

"이것이 나의 슈식 픠물이[니 네]125는 근방 부호를 ᄎᆞᄌᆞ가 뎐당ᄒᆞ고 쳔금을 엇더오라."

묘로ㅣ 승명ᄒᆞ고 뎨 집에 나아와 향흘 것을 싱각ᄒᆞ다가 바로 산 넘어 김장자의 집에 가 쥬인을 차ᄌᆞ보고 보에 싼 것을 니여보이며 쳔금에 뎐당 잡음을 쳥ᄒᆞ니 김장ᄌᆞㅣ 분쥬히 도로 보에 싸셔 묘로를 쥬며 왈

"만만불가ᄒᆞ도다. 나는 뎐당으로 싱이ᄒᆞ는 사롬이 안일쑨더러 셜혹 타쳐에 뎐당업ᄒᆞ는 사롬이 잇기로 향곡 안목으로 졔 엇지 이갓흔 귀즁품을 알아보고 쳔금을 쥬랴오? 부즈럽시 단이지 말고 진시 도라가라."

묘로ㅣ 간쳥ᄒᆞ야 왈

"아모리 뎐당으로 싱이를 안이ᄒᆞ시나 특별히 우리 덕 ᄉᆞ졍을 보압고 이것을 거두어 두시고 쳔금을 쥬시면 싱광(生光)이 만장에 지나겟도소이다."

김장쟈 무러 왈

"그 덕 셩씨 무엇이며 로야ㅣ 누구시뇨?"

묘ᄒᆞ 왈

"우리 덕은 곳 오공리 한부ᄉᆞ 덕이니 부ᄉᆞ 령감은 니직으로 경셩에 계시고 그 쥼손되시ᄂᆞᆫ 로야ㅣ 묘막에 드러계샤 쥬야 글공부만 ᄒᆞ시고 지물은 모로심으로 싱계 극히 곤ᄂᆞᆫᄒᆞ더니 로야ㅣ 쟝ᄎᆞ 경셩에 올나가사 구ᄉᆞ코져 ᄒᆞ시나 슈즁에 반젼이 업슴으로 부인의 신혼시 가져오신 슈식 피물을 뎐당코져 홈이니다."

김장쟈 이윽히 듯다가 다시 무러 왈

"그러면 한명회씨 안이시뇨?"

묘로 왈

"그러ᄒᆞ도소이다."

김장쟈 왈

"그디ᄂᆞᆫ 념려 말고 이 물건을 도로 가지고 가라. 니 츄후ᄒᆞ야 즉시 한씨 덕으로 가 뵈오리라."

묘로 홀일업시 허힝(虛行)으로 도라와 김장쟈의 ᄒᆞ던 말을 한싱에게 고ᄒᆞ니라.

츠셜. 김장쟈ㅣ 집이 흉가되야 뷔여바리고 타쳐에 이졉(移接)ᄒᆞ얏더니 엇더ᄒᆞᆫ 걸긱이 폐포파립으로 련일 와셔 밥을 어더 먹고 밤

이면 뷘집에 자되 아모 일이 업거늘 쟝쟈ㅣ 심히 괴이

126
ㅎ야 그 걸인다려 무러 왈
"그디 련일(連日) 밤이면 가 자던 뷘집은 곳 나의 집이라. 근쟈(近者)에 괴상흔 귀미 싱기어 작희 무슈흔 즁 데일 사룸이 그 집에셔 자기 곳 ㅎ면 결박ㅎ야 후원 나무에 놉다라케 미달아 거의 죽을 고싱을 하는 고로 굿도 ㅎ고 경도 닑어야 죠곰 효험(效驗)이 업슬 뿐 안이라 그 작희가 거거익심(去去益甚)홈으로 수셰 부득이 그 집을 븨여바렷거늘 그디 련일 가셔 자되 아모 일이 업스니 엇지 이상치 안으리오?"

걸긱이 거짓 놀나는 톄ㅎ야 왈
"그 집이 그갓흔 흉가더뇨? 나는 그러흔 일은 젼혀 모로고 동리 소비(洞里少輩)들이 그 집으로 가 자라 지시(指示)ㅎ기로 드러가본즉 아무도 업는 뷘집이라 아모커나 하로밤 드시고 가리라 ㅎ야 돌을 베고 대쳥에 가 홀노 누엇더니 거미에 엇더흔 일위 소년남즈ㅣ 수면으로 무엇을 두루 숣히며 드러오더니 나의 누은 것을 보고 바로 대쳥으로 올나와 뭇되 '그디가 사룸인다? 귀신인다? 사룸갓ᄒ면 엇지 홀노 이곳에 누엇쓰며 귀신갓ᄒ면 수불범졍이어눌 엇지 사룸을 보고 죵젹을 감초지 안이ᄒᄂ뇨?' ᄒ기로 심니에 이 집 쥬인이 옴인가 ᄒ야 급히 이러나 실례홈을 사과ᄒ고 '본인은 팔즈 긔구ᄒ야 팔로로 구걸ᄒ러 단이더니 맛춤 이 동리에 이르러 잘 곳을 무른디 동리 소비들이 이 집을 가라치며 가 자라 ᄒ기로 급기 와본즉 아모도 업는 빈집이라 홀노 누엇다가 로야 오심을 끼닷지 못ᄒ얏스니 용셔ᄒ라.' 말ᄒ즉 그 남주ㅣ 우셔 왈 '나는 이 집 쥬인이 안이라 산 넘어 오리169) 사는 한명회라는 사ᄅᆞᆷ이러니 젼셜을 드른즉 이 집에 이상ᄒᆞᆫ 일이 잇셔 흉가ㅣ 되엿다 ᄒ기로 무엇이 작희ᄒᆞᆷ인가 시험ᄒ 야 보고ᄌ 짐짓 밤되기[를] 기디려 옴이러니 그디를 맛낫도다.' 그 말을 듯고 공겁ᄒ야 타쳐로 가고져 ᄒ얏더니 그 소127년이 만류왈 '겁니지 말고 잇스라. 니 쟝ᄎ 일로셔 달야(達夜)홀지라. 요얼의 동 졍을 보리라.' ᄒ기로 감히 나아가지 못ᄒ고 한편 구셕에 누엇더니 밤이 ᄉ졍(四更)은 되야 밧그로셔 들네는 소리 나며 꼭뒤가 셰 썜은 되는 쟝뎡 ᄒᆞᆫ 명이 무슈ᄒᆞᆫ 슈하를 디리고 쓸압헤를 드러셔더니 뎌 의끼리 슈군거리되 '이의 요란ᄒ다. 한부원군이 여긔 오셧도다. 지 톄 말고 어셔 가자.' ᄒ며 풍우갓치 몰녀가더니 인ᄒ야 아모 동졍이 업스미 한명회 나아가며 이르기를 '일후는 집에 요얼의 쟉희 응당 다시 업슬지니 그디도 편히 쉬어가려니와 이 집 쥬인이 누구인지 ᄎ자보고 도로 드러와 방심ᄒ고 살나 이르라.' ᄒ더니 날이 밝은 후 도라가기로 심즁에 심히 의아ᄒ야 이런 말을 기구치 안이ᄒ고 짐짓 슈일을 더 두류ᄒ야 밤마다 그 집에 가 자며 무ᄉᆞᆷ 동정이 ᄯ 잇슬가 ᄒ야도 과연 아모 흔젹도 업고 한명회라는 소년도 다시 오지 안이 ᄒ더니다."

　김쟝자 듯기를 다ᄒ고 마음에 심상치 안이ᄒ야 그 걸인을 후디ᄒ 야 보니고 쟝ᄎ 한씨를 ᄎᄌᆞ가보고 진위(眞僞)를 탐지코져 ᄒ더니

---

169) 오리: 오공리.

마춤 한씨의 묘로ㅣ 슈식 피물을 가져와 뎐당코져 ᄒᆞ거놀 그 부당(不當)ᄒᆞ야 무엇에 쓸 일을 대강 뭇고 묘로를 돌녀보넌 후 즉시 쳔금을 니여 몸에 진이고 한싱을 ᄎᆞᄌᆞ가더라.

이씨 한싱이 반젼 쥰비가 못되야 졍히 초죠히 안졋더니 홀연 문밧게셔 쥬인을 찻는 소리 들니거놀 한싱이 나아가보니 이 곳 산 넘어 말 김장자라. 피ᄎᆞ에 교분은 업슬망졍 셔로 멀디 안케 거싱홈으로 로상(路上) ᄋᆞ면은 약간 잇던 터이라. 마져 외당에 좌뎡ᄒᆞ고 피ᄎᆞ 셩명을 통ᄒᆞᆫ 후 김장ᄌᆞ가 무슈 치사왈

"폐ᄉᆞ에 요얼이 쟉희ᄒᆞ야 거싱치 못ᄒᆞ고 뷔여버려 두엇더니 존공이 친히 왕림ᄒᆞ사 요얼을 일병 구츅ᄒᆞ심으로 일졀 음사(陰邪)의 ᄌᆞ최 업셔 져 흉가ㅣ 변ᄒᆞ야 도로 길가(吉家)ㅣ 되얏ᄉᆞ오니 존공의 덕택이 틱산갓도소이다."

한싱이 십분 의아ᄒᆞ야 짐짓 뭇되

"장쟈의 말숨이 무엇을 가ᄅᆞ침이신지 히득지 못ᄒᆞ오며 나갓ᄒᆞᆫ 졸ᄒᆞᆫ 셔싱이 무숨 슐법이 잇셔 요얼을 구츅ᄒᆞ얏ᄉᆞ오릿가? 필연 장쟈ㅣ 허언을 드름인가 ᄒᆞ노이다."

장쟈 왈

"이는 존공이 폐ᄉᆞ에 왕림ᄒᆞ사 요얼을 구츅ᄒᆞ실 씨에 반관ᄒᆞᆫ 사름이 잇셔 자셔히 젼홈으로 아ᄂᆞ니 쵼간 우미ᄒᆞᆫ 사름을 죵러 속이지 말으소셔."

한싱이 심늬에

'이 필연 니게 비긔 쥬던 신령이 걸인으로 변화ᄒᆞ야 김장에게 말홈이로다.'

ㅎ고 우셔 왈

"니 우연히 지나다 귀덕에 들년즉 그씨 맞춤 걸인 한 아이 대청에셔 자더니 응당 장쟈를 디ㅎ야 부허(浮虛)호 말을 고홉이로다."

장쟈 쏘 무러 왈

"듯자오니 존공이 경셩에 가시고져 흔다 ㅎ니 과연 그러ㅎ뇨?"

한싱 왈

"그 쯧이 잇거니와 장쟈ㅣ 엇지 아시ᄂ다?"

"금죠에 하인의 젼ᄒᄂ 말을 들어 아ᄂ이다."

ㅎ고 협디(夾袋)를 그르더니 은ᄌ 쳔금을 니여쥬며 왈

"이것이 략소ㅎ오나 경셩에 가시는 반젼에 보용(補用)ㅎ소셔."

한싱이 퇴각ㅎ야 왈

"장쟈ㅣ 나와 본리 친분이 업셧고 셜혹 친분이 이왕부터 두텁다 ᄒᆫ디도 쳔금 은ᄌ(千金銀子)를 무단히 쥬심은 온당치 못ᄒ 일이오 무단히 그 은ᄌ를 밧는 것도 염치에도 샹ᄒ 바이니 만만불가ᄒ 말슴을 말으시고 은ᄌ를 도로 것우소셔."

장쟈 왈

"루디 긔디(累代基地)를 속졀업시 버리게 되얏더니 존공의 덕틱으로 다시 안연 무사함을 엇엇ᄉ오니 그 리익이 만금에도 지난지라. 지금 략간 은ᄌ를 드려 반젼에 보용ᄒ시도록 ᄒ옴이 무슴 관계 잇ᄉ오릿가? 미소(微小)ᄒ 졍은 막지 말으시고 밧아쓰시기를 바라ᄂ이다."

한싱이 구지 사양ᄒ랴다가 문득 비결(秘訣)에 금을 보고 물니치지 말나129ᄒ는 구졀을 ᄉᆼ각ᄒ고 마지못ᄒ야 그 은ᄌ를 밧으니 김장쟈ㅣ 깃거워ᄒ며 경셩에 올나가 일즉 쳥운에 뜻을 엇음에 츅슈ᄒ고 도라가더라.

한싱이 의외에 쳔금을 엇어 익일에 힝쟝을 슈습ᄒ야 길을 ᄯ나실시 부인이 근검ᄒᆫ 규모로 략간 져츅ᄒ얏던 슈십량 은ᄌ를 ᄂ여 힝구(行具)에 너으며 왈

"쳡이 용우ᄒ오나 졉졔(接濟)를 힘써 ᄒ오리니 가ᄉᄂ 근심치 마ᄅ으시고 대ᄉ를 경영ᄒ소셔."

한싱 왈

"부인이 한문에 드러와 비상ᄒᆫ 고초를 넘오 격그시니 어심(於心)에 미안ᄒ도다. 그러나 굴홈이 잇스면 반다시 펴지는 것은 텬지 ᄌ연ᄒᆫ 리치라. 혈마 하날이 한명회로 ᄒ야금 쟝시 빈쳔ᄒ라 ᄒ오릿가? 쳥컨디 부인은 관심ᄒᄉ 됴흔 소식을 기디리소셔."

인ᄒ야 쥭쟝망혀로 집을 ᄯ나 여러 날만에 경셩에 도달ᄒ야 한부ᄉ게 뵈온디 부ᄉㅣ 오리 보지 못홈을 일커르며 훈계ᄒ야 왈

"네 년긔 임의 삼십이 넘엇거눌 아즉도 포의(布衣)로 잇셔 자최 팔도에 방탕ᄒ니 잘못ᄒ면 [중도(中稻)]170)에 지나기 쉬오니 ᄌ금이후(自今以後)로는 츌각(出脚)ᄒᆯ 일에 뜻을 두어 조션 긔업을 일치 말지어다."

한싱이 지비 승명ᄒ고 니당에 뵈온 후 쳐소로 도라와 홀녀171) 싱각ᄒᆫ즉

'텬하ᄉ를 의론ᄒ쟈 ᄒ면 슈양대군이 안이시면 안이 될지오 수양

---

170) 중도(中稻): 올벼도 늦벼도 아닌 벼.
171) 홀녀: 홀로.

대군을 사괴자 ᄒᆞ면 그 수하에 뎨일 친근ᄒᆞᆫ 권싱으로 소기흠이 필요ᄒᆞ나 그러나 수년 젼에 권싱이 나를 대군게 쳔거ᄒᆞ고져 흠을 듯고 굿게 거졀ᄒᆞ얏거늘 지금에 츈치ᄌᆞ명春雉自鳴172)으로 니가 먼져 주쳔흠은 아모리 지구간(知舊間)이라도 남아의 지기가 안이오 대군이 그 ᄉᆞ살(事實)을 아시고보면 얼마쯤 가븨야히 넉이시리로다.'

ᄒᆞ고 쥬야로 연구ᄒᆞ다가 문득

'비결에 묘리가 기싱에 잇스니 금 쓰기를 앗기지 말나 ᄒᆞ얏스니 이 필연 곡졀이 잇슴이라. 니 금야로부130터 쟝안에 일등 명기를 차자 사괴여 보리라.'

ᄒᆞ고 ᄉᆞ면 수소문ᄒᆞᆫ즉 동문 안락산 아리 양ᄉᆞ동173)에 명기 일명(一名)이 잇스니 일홈은 량파楊波오 년광(年光)은 이구(二九)라. 침어락안지용(沈魚落雁之容)과 폐월수화지티(閉月羞花之態) 가히 셔시 왕쟝西施王嬙174)에 ᄂᆞ리지 안이ᄒᆞ며 문쟝 필법(文章筆法)이 당셰에 졀등ᄒᆞ고 가무 음률(歌舞音律)을 모를 것이 업슴으로 공ᄌᆞ왕손(公子王孫)과 호화 부귀 ᄌᆞ뎨들이 밤낫을 불계ᄒᆞ고 ᄭᅳᆫ일 ᄭᅵ 업시 뫼여 놀아 량파ㅣ 제 집에 잇슬 ᄯᅢ도 별로 업고 졔 집에 잇다히도 죰체로 맛나보기 어렵다 ᄒᆞ거늘 한싱이 이에 양ᄉᆞ동을 차즈가 량파의 집을 무르니 삼쳑동ᄌᆞ도 모를 ᄌᆞㅣ 업시 력력히 가라치ᄂᆞᆫ지라. 급기 그 문젼에 당도ᄒᆞ니 집 제도ㅣ 별로 크도 젹도 안이ᄒᆞ야 솔울 디사리

---

172) 츈치ᄌᆞ명(春雉自鳴): 봄 꿩이 스스로 울어 죽는다는 뜻. 남이 모르는 일을 스스로 드러낸다는 의미로 쓰이는 속담.
173) 동문 안락산 아릭 양ᄉᆞ동: 종로구 종로6가에 있던 마을. 선비들을 길러 냈다는 것에서 유래함.
174) 셔시 왕쟝(西施王嬙): 월나라 미녀 서시와 한나라 미녀 왕소군. 중국 고대의 4대 미녀로 유명함.

싹이 소쇄 졍결ᄒ야 위이(委迤)ᄒᆫ 길이 즁문으로 통ᄒ야눈디 수호
문창(繡戶紋窓)이 령롱 황홀ᄒ고 쓸압헤 젹은 련못과 담밋헤 온갖
화초ㅣ 각각 위치를 차쟈 비포ᄒ얏스며 문 위에 금ᄌ 현판(金字懸
板)이며 기동마다 목수련이 필법이 긔굴ᄒ야 룡ᄉ비등(龍蛇飛騰)ᄒ
더라. 한싱이 비회 주져ᄒ야 졍히 하인을 불너 면회흠을 쳥코져 ᄒ
더니 거미긔에 거마(車馬)ㅣ 구름갓치 모여들거눌 멀즉이 피ᄒ야
동졍을 솗히더니 안으로셔 엇더ᄒᆫ 로파ㅣ ᄂ아와 무엇이라 말흠이
오든 거마들이 각각 헤여져가고 여젼이 다시 한젹ᄒᆫ지라. 홀로 츄
칙ᄒ야 왈

 '필연 량파가 츌타ᄒ고 업거ᄂ 병이 들어 손을 졉디치 못흠으로
 더갓치 왓던 풍류직들이 허환(虛還)ᄒ는도다. 금일은 임의 느져쓰
 니 명일에 ᄯ 와셔 동졍을 보리라.'

 ᄒ고 익일 오후에 다시 량파의 집을 차쟈가니 역시 작일과 한 모
양으로 모여왓다가 문젼에서 로파의 무슴 말을 듯고 차례로 헤여져
가거눌 느진 후 도라왓다가 익일에 ᄯ 량파의 집 문젼에 당도ᄒ니
마츰 거마ㅣ 업고 심131히 고요ᄒᆫ지라. 졍히 하인을 불너 보기를 쳥
코져 ᄒ더니 문득 안으로셔 일위 미인이 머리에 쟝의를 써 옥갓흔
얼골을 반씀 드러니고 련보(蓮步)를 옴겨 문밧그로 나오다가 한싱
을 유심히 넉여 보더니 다시 안으로 드러가거눌 한싱이 심하에 의
아ᄒ나 누구를 향ᄒ야 무를 곳이 업셔 다만 멈을너 하회만 보노라
니 안으로셔 로피ㅣ 나와 한싱을 보고 니당으로 드러옴을 쳥ᄒ거눌
한싱이 대희ᄒ야 로파를 ᄯ라 즁문을 지나 당젼에 이르니 졀디미인
이 당에 나려 맛거눌 한싱이 눈을 들어 솗혀본즉 과연 셜부화용과

운빈아미雪膚花容雲鬢蛾眉 진짓 경국지식인 즁 은연혼 가온디 문아고상文雅高尙혼 티도ㅣ 잇거늘 심니에 혜오디 니 녀식을 만히 구경치 못ᄒ얏스나 뎌갓흔 인물은 보던 바 처엄이라. 곳다온 일홈이 가히 원근에 헌쟈(喧藉)홀만 ᄒ도다.'

당상에 올나 좌를 졍혼 후 한싱이 무러 왈

"그디가 쥬인 기싱 량파라 ᄒ는다?"

량파ㅣ 아리짜온 음셩으로 디답ᄒ야 왈

"기싱의 쳔혼 일홈이 곳 량파라 ᄒᄂ이다."

한싱이 우셔 왈

"량파의 방명(芳名)이 일셰에 헌자ᄒ더니 과연 명불허젼이로다. 그러175) 나와 일즉이 일면지교(一面之交)ㅣ 업거늘 엇지ᄒ야 로파로 ᄒ야곰 쳥ᄒ얏는고?"

량파 답왈

"기싱이라는 것은 미인열지(每人悅之)176)홈이 본슈(分手)에 당연혼 일이오니 아모리 쳐엄 뵈압는 손님이시기로 루디에 련일 왕림ᄒ셧거늘 엇지 감히 쳥치 안이ᄒ오릿가?"

한싱 왈

"그디 엇지 나의 련일 왓슴을 알앗스며 임의 알앗스면 엇지 손으로 ᄒ야곰 문외(門外)에셔 련일 방황케 ᄒᄂ뇨?"

량파ㅣ 미소 답왈

"진시 영졉지 못홈은 쥬인의 죄민(罪悶)혼 바이오나 련일 문외에

---

175) 그러: 그러나.
176) 미인열지(每人悅之): 모든 사람을 다 기쁘게 함. 『孟子』

거마ㅣ 복잡흠은 존공이 응당 목도(目睹)ᄒ신 비라. 좌상(座上)에 손이 잇는 즁 존공을 쳥ᄒ오면 쥬인 되야 손님 디졉ᄒᄂ는 132도리 안이기로 불안흠을 무릅쓰고 감히 쳥ᄒ지 못ᄒ얏더니 금일은 마참 좌상에 먼져온 손이 업슴으로 친구를 심방코져 나아가다가 문밧게셔 존공이 쥬져ᄒ심을 아압고 젼일 실례흠을 사과코져 ᄒ야 방자흠을 불고ᄒ고 이갓치 드려오심을 쳥ᄒ얏ᄉ오니 쳡의 무상흠을 특별히 용셔ᄒ소셔."

한싱이 ᄯ 무러 왈

"그디의 집 문젼은 곳 ᄉ통오달(四通五達)ᄒ 길이라 러인거긱(來人去客)이 날마다 그 슈업슬지어늘 쥬인이 엇지 나의 련일 왓슴을 알앗ᄂ뇨?"

량파ㅣ 우셔 왈

"존공이 아모리 자최를 감초고져 ᄒ시나 사량(麝香)이 봄 산으로 지남이 풀이 스ᄉ로 향니 남과 일반이오니 십여년 렬인(閱人)으로 싱활ᄒ압는 량파ㅣ 엇지 몰나 뵈왓ᄉ리오? 좌우에 눈치 빠른 ᄉ환을 슈삼명 두어 문외에 귀쳔간(貴賤間) 손님이 이르면 그 힝동을 력력히 듯보아 일일히 긔억ᄒ압더니 지쟉일(再昨日)에 사환이 드러와 비밀히 ᄒ되 '문밧게 미목이 쳥슈ᄒ고 의표ㅣ 헌앙ᄒ 귀긱이 이르사 멀즉이 방황ᄒ며 도라가기를 잇더니라.' ᄒ기로 좌상 여러 손님에게 소변(小便) ᄎ로 감을 칭탁ᄒ고 감아니 나아와 문극(門隙)으로 여러본즉 그씨 맛참 존직(尊客)이 문전에 거마를 두루 숩혀보시고 창연ᄒ 긔식을 얼골에 씌오며 방황ᄒ시기로 심니에 십분 아혹ᄒ기를 일즉이 언의 좌상에 한 번 안면이 잇던 손님으로 ᄎ자오셧거놀

니ㅣ 렬인을 만히 흔 탓으로 밋쳐 씨닷지 못흠인가 ᄒᆞ얏더니 어제 쏘 츈환의 고흠을 듯고 다시 나아가 엿본즉 아모려도 싱면목 갓ᄉ 온 즁 쏘한 춍춍히 가심으로 마음에 십분 의아ᄒᆞ얏더니 뜻온인 금일에 이갓치 욕림(辱臨)ᄒᆞ시니 힝감무디(惶感無地)ᄒᆞ오며 귀덕이 엇의시며 존함은 [뉘]시며 쳡을 만나신 좌셕이 증왕(曾往)에 혹 잇ᄂᆞ닛가?"

한싱이 소왈

"량랑의 문젼에는 심상히 지나기도 어렵도다. 나133의 셩은 한이오 일홈은 명회어니와 향곡 사ᄅᆞᆷ이라 일뎡흔 집은 경셩에 업노라."

량파ㅣ 그 말을 듯고 이윽히 한싱을 넉여보니 과연 이목구비 흔 곳 부죡흔 곳이 업고 영걸흔 긔상이 가득흔 즁 문명(文明)흔 틱도ㅣ 잇거늘 홍도 량협(紅桃兩頰)에 가득이 우슴을 쯰우며 왈

"존공의 셩화를 우뢰갓치 드럿ᄉᆞ옵더니 금일 흔 좌셕에 뵈옴이 과연 명실_名實_이 셔로 갓도소이다."

흔싱이 량파의 아ᄅᆞᆷ다온 자티를 보고 마음을 기우려 사량(思量)ᄒᆞᄂᆞᆫ 중 그 구슬을 ᄭᅱ우던 슈쟉177)이 일호 착오 업슴을 듯고 더욱 가상히 넉여 다시 무러 왈

"아지 못게라. 량랑이 죨흔 셩명을 엇의로죠ᄎᆞ 일즉 드럿다 ᄒᆞᄂᆞ뇨? 이ᄂᆞᆫ 량랑의 교제 수단에 지나지 안인 말인 듯 ᄒᆞ도다."

량파 왈

---

177) 구슬을 ᄭᅱ우던 슈쟉: 공자가 구곡주(九曲珠)에 실을 꿰는 것을 어려워하자 어떤 여인이 개미허리에 실을 묶고 구멍 끝에 꿀을 묻히는 비결을 가르쳐 줌. 본래 어진 사람은 묻기를 부끄러워하지 않는다는 의미이지만 여기서는 량파가 지혜로운 여성임을 드러냄.

"쳡이 불슈ᄒᆞ오나 ᄒᆞᆫ 마듸 허언을 ᄒᆞᆫ 젹 업거늘 엇지 존공을 디ᄒᆞ야 교제 수단으로 업ᄂᆞᆫ 말을 장찬(粧撰)ᄒᆞ야 스스로 마ᄋᆞᆷ에 붓그러온 일을 힝ᄒᆞ오릿가? 쳡의 텬셩이 부랑방탕ᄒᆞᆫ 무리를 즐겨 안이흠으로 왕리ᄒᆞᄂᆞᆫ 손임이 모다 샹(常)업지 안이ᄒᆞ야 셔로 모히면 왕왕 당셰 인물을 평론ᄒᆞᄂᆞᆫ 고로 존공의 셩명을 일커르며 문장지국(文章材局)을 칭도ᄒᆞᄂᆞᆫ 쟈 잇더니다."

훈싱 왈

"나의 셩명을 알 쟈 업거늘 누구라셔 말ᄒᆞ더뇨? 그 셩명을 가ᄅᆞ침이 엇더ᄒᆞ다?"

량파 디왈

"허다ᄒᆞᆫ 소님178)의 셩명을 일일히 기억키도 어렵거니와 셜혹 짐쟉ᄒᆞᆯ지라도 기녀의 본분으로 단이ᄂᆞᆫ 손님의 셩명을 디인(對人) 셜화치 안이흠은 응당 알으실가 ᄒᆞᄂᆞ이다."

그 말을 겨오 맛치자 밧게 거마소리 들녜며 로파를 불으거늘 량파ㅣ 루파를 눈 쥬니 루파ㅣ 짐쟉ᄒᆞ고 나아가 무엇이라 말ᄒᆞ얏던지 모다 혀여져가고 다시 고요ᄒᆞᆫ지라. 량파ㅣ 로푸다려 왈

"문을 잠가 쥬인의 업슴을 표ᄒᆞ고 쥬안을 셜비ᄒᆞ야 오라."

ᄒᆞ더니 훈싱을 인도ᄒᆞ야 후원 별당에 이르러 쥬134효를 은근히 권ᄒᆞ며 담화ᄒᆞᆯ시 훈싱이 잠간 숣혀보건디 문방졔구ㅣ 졔졔졍졍齊齊整整ᄒᆞ고 안두(案頭)에 고금 문장의 셔화를 경편(輕便)히 싸아노아 젼람ᄒᆞ기 편이토록 ᄒᆞ얏스며 ᄒᆞᆫ편 길치워 검은고 양금 기야금 쟝고 단

---

178) 소님: 손님.

소 싱황 져대 등 각종 악긔를 버려노앗더라. 훈싱이 량파의 은근히 권ᄒᆞᄂᆞᆫ 술을 련ᄒᆞ야 수십비 마신 후 취흥(醉興)이 도도ᄒᆞ야 란간에 비겨 일수시(一首詩)를 을푸니 ᄒᆞ얏스되

  暇日尋芳試步閒 겨를 날에 심방ᄒᆞ야 거름을 ᄒᆞᆫ가히 시험ᄒᆞ니
  幾回渡水幾回山 몃 번이나 물을 건너고 몃 번이나 산이던고
  偶從靑鳥來深港 우연히 쳥죠를 좃ᄎᆞ 심항에 이르니
  一朶名花帶笑顔 ᄒᆞᆫ 떨기 명화가 웃는 얼골을 씌웟도다

량파ㅣ 듯기를 맛치고 격졀 칭탄왈

"존공의 문장은 가위 리두(李杜)[179]ㅣ 부싱ᄒᆞ시도다. 운향(韻響)이 쳥신ᄒᆞ고 죠격(調格)이 놉혀 부유쇽사腐儒俗士로 ᄒᆞ야곰 문병門屛[180]도 여어보지 못ᄒᆞ리로소이다."

한싱이 대소왈

"취중에 지은 것이 우수마말(牛溲馬勃)[181]에 지나지 못ᄒᆞ거늘 량랑은 엇지 이다지 과찬ᄒᆞᄂᆞ뇨? 쳥컨대 운문雲門 놉흔 곡죠로 토부土缶를 화답[182]ᄒᆞᆯ소냐?"

량랑 왈

---

179) 리두(李杜): 당나라의 시인 이백(李白)과 두보(杜甫).
180) 문병(門屛): 밖에서 집안이 보이지 않도록 정문 안쪽에 병풍처럼 세운 벽.
181) 우수마말(牛溲馬勃): 우수는 질경이, 마발은 버섯의 일종. 흔하고 값싼 약재를 말함.『韓愈』
182) 운문(雲門) 놉흔 곡죠로 토부(土缶)를 화답: 운문곡은 천신(天神)에게 제사 지낼 때 사용한 주나라 여섯 왕조의 악무(樂舞) 중에 하나. 토부는 질그릇처럼 거친 것. 여기서는 부족한 시에 격조 높은 음악으로 화답해달라는 겸사(謙辭)의 의미.『周禮』

"전첩(賤妾)이 일즉 부모의 은덕으로 략간 글을 닑엇스나 지죠ㅣ 쳔단흠으로 글을 지음이 의양화호(依樣畫葫)183)에 지나지 못ᄒ오니 용셔ᄒ심을 바라ᄂ이다."

ᄒ고 원산 취미(遠山翠眉)에 잠시 쥬름을 잡고 믁믁히 안젓더니 이에 랑랑히 일수시를 을푸니 그 소리 옥반에 구슬을 부수ᄂ 듯ᄒ더라. 긔시에 왈

135蝶舞蜂喧紫陌東　나뷔ᄂ 츔츄고 벌은 들네ᄂ 자믹 동편에
　紛紛李白與桃紅　외앗 힌 것과 복송아 붉은 것이 분분ᄒ더라
　誰知絶世名花片　누구라셔 셰상에 업ᄂ 명화 조각이
　誤被獰風落溷中　그릇 사오나온 바롬으로 칙간에 ᄯ러짐을 알니오

랑랑이 읇기를 맛치고 쳐연ᄒᆫ 긔싴이 얼골에 가득ᄒ거늘 한싱이 괴이히 넉여 무러 왈

"랑랑의 글을 봄미 그 지ᄉ(才思)의 민첩흠과 결구結構의 규밀흠이 옛젹 소소미 반쳡여蘇小妹班婕妤184)에 나리지 안이ᄒ나 무ᄉᆷ 이원 졍곡(哀怨情曲)이 흉격에 밋쳐잇관ᄃ 쳐졀ᄒᆫ ᄯᆺ이 ᄉ표(詞表)에 넘치ᄂ뇨? 랑랑은 구면(舊面) 안임을 혐의ᄒ야 졍곡을 속이지 말나."

랑파ㅣ 깁슈건을 잡아 두 눈에 자최 업시 솟ᄂ 누흔을 씨셔 왈

---

183) 의양화호(依樣畫葫): 송나라 태조가 도곡(陶穀)을 조롱하며 무시한 고사에서 유래하여, 본을 그대로 따라 조롱박을 그려서 독창성이 없는 것을 의미. 『東軒筆錄』
184) 소소미 반쳡여(蘇小妹班婕妤): 소소매(蘇小妹)는 소동파의 누이동생으로 시를 잘 지었다고 하며, 반첩여(班婕妤)는 한나라 성제의 후궁으로 시를 잘 지었다고 함.

"무심히 지은 글이 솔연히 소회를 부즈럽시 말ᄒ와 존공이 슈고로히 무르심에 밋ᄉ오니 심히 송황(悚惶)ᄒ여이다. 공을 금일 비록 쳐엄 뵈오나 즁심에 사모홈이 십년지교보다 못지 안이ᄒ오니 무슴 말ᄉᆷ을 못ᄒ오릿가? 쳡은 본리 경상도 밀양(慶尙道密陽) 량가 녀ᄌ로 부모ㅣ 슬하에 달은 ᄌ식이 업ᄉ와 남의 맛아달 못지안케 사랑ᄒ야 글을 가라치며 글시를 씨워 장즁보옥갓치 넉이더니 불힝히 부모ㅣ 시환(時患)으로 구몰ᄒ고 혈혈단신이 의지 업시 바장임을 보고 본읍 리방 단이ᄂ는 최모라 ᄒᄂ는 사름이 슈양으로 길너 나이 십삼셰에 이름이 외양이 과히 츄ᄒ지 안이ᄒᆫ 고로 보ᄂ는 쟈 욕심니지 안이ᄒ리 업던 ᄎ 최리방이 슈만량 공금을 흠포(欠逋)ᄒᆫ 죄로 뢰수(牢囚)되야 물고를 당홀 디경되니 최리방의 가속이 세간 집물과 뎐토 쇼존쟈(田土所存者)를 모조리 팔아도 오히려 쳔금이 부죡ᄒᆫ 고로 쳡이 수양ᄒᆫ 은공을 싱각ᄒ야 몸을 쳔금에 팔니기를 ᄌ원ᄒ얏더니 이왕 교방(敎坊) 힝수(行首)로 잇던 퇴기(退妓) 양디션(楊臺仙)이 쳔금을 쥬고 사셔 가무와 음률을 가르쳐 경셩으로 올나와 기ᄋᆫ 착명(妓案着名)을 식이오니 남의게 팔닌 몸이 되야 언앙굴신(偃仰屈伸)을 ᄌ유로 못ᄒ옵고 오늘날까지 쳔업(賤業)을 면치 못ᄒ얏ᄉ오나 텬셩이 음란홈을 불가히 아ᄂ 고로 호화 ᄌ뎨가 닷토아 쥬심(主心) 업시 돈을 쓰고져 ᄒ나 일졀 거절ᄒ야 몸을 가븨여히 허락지 은이홈으로 지금까지 속신홀 길은 묘연ᄒ고 지쥬 양디션의 불편ᄒᆫ 사식은 죵죵 잇ᄉ오니 ᄌ연 심ᄉ 편치 못ᄒ여이다."

한싱이 측은히 넉여 왈

"잠시 보건디 그디의 문젼에 거마 락력(絡繹)ᄒ야 부호ᄒᆫ 귀긱이 왕리ᄒᆞᄂᆞᆫ 것 갓거ᄂᆞᆯ 엇지 그만 것을 변통치 못ᄒᆞ야 이다지 심회를 상ᄒᆞᄂᆞᆫ다?"

양파 디왈

"쳡의 집에 단이시ᄂᆞᆫ 손님으로 말ᄉᆞᆷᄒᆞ오면 미상불(未嘗不) 공ᄌᆞ 왕손 이하로 경화 지상가(京華宰相家) ᄌᆞ뎨가 무수히 쳡갓흔 츄물을 ᄉᆞ랑ᄒᆞ야 죵죵 차ᄌᆞ심으로 지쥬에게 칙망을 면흠만 감사ᄒᆞᆯ 짜름이오 깁히 사괴여 무언부도(無言不道)ᄒᆞ 리ᄂᆞᆫ 업ᄉᆞᆷ으로 쳡의 근본과 ᄉᆞ졍을 일졀 입밧게 ᄂᆡᆫ젹이 업더니 오날 죤공을 뫼셔 글을 짓다가 글ᄯᅳᆺ에 불평흠을 무심히 ᄋᆞ이보시고 루루히 무르심으로 감히 은휘치 못ᄒᆞ얏ᄂᆞ이다."

한싱이 그 말을 듯다가 홀연 비결에 금을 앗기지 말고 쓰라ᄂᆞᆫ ᄯᅳᆺ을 싱각ᄒᆞ고 협디로셔 김장쟈의 쥬던 은ᄌᆞ 쳔금을 ᄂᆡ여 양파의 손에 쥐여쥬며 왈

"ᄂᆡ게 맛춤 쳔금이 잇기로 그ᄃᆡ를 위ᄒᆞ야 쥬노니 지쥬 양디션을 곳 쥬고 속신흠을 도모ᄒᆞ라."

양파ㅣ 져ᄉᆞᄒᆞ고 밧지 ᄋᆞ이ᄒᆞ야 왈

"쳡의 실졍을 말ᄉᆞᆷ흠은 간졀히 무르심을 인흠이오 쇽신ᄒᆞᆯ 일을 도모코져 흠이 ᄋᆞ니오니 만만불가ᄒᆞᆫ ᄯᅳᆺ을 두지 말으시고 도로 너으소셔."

ᄒᆞ야 구지 137사양ᄒᆞ니 한싱이 졍식ᄒᆞ고 소ᄆᆡ를 ᄯᆞᆯ처 왈

"그ᄃᆡ 비록 한명회의 얼골을 처엄 보앗ᄉᆞ나 엇지 이다지 한명회의 ᄯᅳᆺ을 모로ᄂᆞ뇨? 한명회 팔도강산을 쥬류ᄒᆞ야 녀식을 만히 보앗ᄉᆞ나 일즉이 식계(色界)에 침혹흠이 업ᄂᆞ니 금일에 그ᄃᆡ의 식ᄐᆡ에

고혹ᄒ야 천금을 앗기지 안이홈이 ᄋ니라 두어 마듸 말에 셔로 지긔상합ᄒ야 곤익(困厄)을 구제코져 홈이니 환난상휼患難相恤은 군ᄌ의 당연ᄒᆫ 의무어늘 구지 밧지 ᄋ니홈은 한명회를 한갓 부랑(浮浪) 년소비(年少輩)로 디우홈이 ᄋ닌다?"

냥파ㅣ 훌일업시 천금을 밧으며 왈

"죤공이 졍대ᄒᆫ 칙망을 이갓치 ᄒ옵시니 몰염홈을 무릅쓰고 밧기ᄂᆫ ᄒ오나 스ᄉ로 붓그러온 마음을 익의지 못ᄒᄂ이다."

한싱이 대소왈

"무슴 붓그러옴이 잇스리오? 오날은 초면인 고로 오희려 셔어ᄒᆫ 수쟉이 잇거니와 오러 교제ᄒ면 한명회의 마음을 가히 짐쟉ᄒ리라.

第十六回 宿娼家猛打故人肩
뎨십뉵회 창가에셔 자다가 밍열히 고인의 억기를 씨리다

이날 훈싱이 쳔금을 니여 낭파를 쥬어 지하(財主) 양디션에게 쇽신(贖身)ᄒ라 ᄒ고 인ᄒ야 낭파의 옥수(玉手)를 잡아 왈

"나는 탐식(耽色)ᄒ는 무리 온이라 평싱의 협의狹義을 죠화홈으로 그디의 고항(苦行)에 ᄲ짐을 이셕ᄒ야 구졔홈이니 즈금이후로는 타인 보고 듯기에는 귀터여 표시홀 것이 온이로디 피츄에 동긔 남미(同氣男妹)로 알아 일싱을 친밀히 지니고져 ᄒ노라."

낭파ㅣ 그 말을 드르니 훈싱의 지츄(志趣)를 더욱 우러러 보아 친졀히 디우홈이 비홀 디 업더라.

한싱이 일즈이후(一自以後)로 츅일(逐日) 낭파의 집에 가 놀시 낭파ㅣ 훈싱의 쥰 바 쳔금으로 진시 쇽신치 못홈은 양디션과 계[138]약훈 긔훈이 아즉 수삭이 남은 고로 스셰 부득이 젼(前)과 일반으로 아즉 쳥루 싱활을 ᄒ며 훈싱 곳 잇스면 찻는 손을 보지 온이ᄒ더니 일일은 훈싱이 낭파다려 왈

"그가 아즉 기온에 일홈이 잇스며 오는 손을 일변 거졀ᄒ면 장찻 풍류계에 시비 이러날지니 금일로부터는 그리 말고 오는 손을 환영ᄒ야 젼과 ᄀᆞ치 처신ᄒ라. 나는 변시(便是) 훈집 식구 일반이라. 오

는 손이 잇스면 뒤방에 몸을 피ᄒᆞ야 손의 의심이 업도록 ᄒᆞ리라."

냥파ㅣ그러히 녁여 그날부터 손이 불으면 가고 손이 오면 맛져 여전ᄒᆞ게 지니논디 훈싱은 축일 이르러 글도 창화ᄒᆞ고 훈담도 셜화ᄒᆞ더니 일일은 풍우(風雨)ㅣ날이 맛도록 긋치지 ᄋᆞ니ᄒᆞ니 냥파ㅣ쥬ᄋᆞᆫ을 쥰비ᄒᆞ야 훈싱을 권ᄒᆞ야 왈

"금일은 일긔(日氣) 이ᄀᆞᆺ치 사오나와 놀너오는 손이 업슬지니 아모 고렴(顧念) 말으시고 박쥬(薄酒)나마 잡수소셔."

훈싱이 긱회(客懷)도 업지 ᄋᆞᆫ코 심ᄉᆞ도 울울ᄒᆞ야 냥파의 권ᄒᆞ논 슐을 사양치 ᄋᆞ니ᄒᆞ고 마시더니 어언간 대취ᄒᆞ야 침방에 가 몽롱히 잠이 드럿더라.

이씨 수양대군게셔 냥파의 시문셔화(詩文書畫)와 가무 음률이 당셰에 독보(獨步)라 홈을 드르시고 죠화월야(朝花月夜)에 흥을 타사 죵죵 권람 손물 림운 등을 디리고 량파의 집을 ᄎᆞᄌᆞ가사 소창(消暢)ᄒᆞ시고 도라오시되 자최를 감초기 위ᄒᆞ야 그 누구심을 말ᄒᆞ지 안이시니 량파ㅣ오쟉 귀인으로 알 짜름이오 대군이심을 전연히 모로더라. 대군이 권람으로 더부러 시국을 의론ᄒᆞ시다가 마참 풍우ㅣ만창(滿窓)ᄒᆞ야 술 싱각이 나신지라 좌우를 명ᄒᆞ야 쥬안을 가져오라 ᄒᆞ사 슈십슌비 지나미 취흥이 도도ᄒᆞ사 왈

"여ᄎᆞ 량야(如此良夜)에 넘오 잠적ᄒᆞ야 슐맛이 적으니 쥬셕(酒席)을 량파의 집으로 옴겨 쳥가 묘무로 흥을 돕게 홈이 엇더ᄒᆞ뇨?"

권람이 일긔 청명치 못홈을 고ᄒᆞᆫ대[139] 대군이 대소왈

"그디 웃지 그다지 소졸(疏拙)ᄒᆞ뇨? 풍우 즁에 쳥루 ᄎᆞ자감이 역일(亦一) 운치(韻致)라 ᄒᆞᆯ 것이오 ᄯᅩ는 풍우를 괴로히 녁여 야유랑(冶

遊郎[185])이 필경 온이 오리니 좌셕이 금일갓치 죵용홀 찌가 다시 업슬지라. 그 온이 졀묘혼다?"

권람이 이에 대군을 뫼셔 우구(雨具)를 갓초고 량푸의 집에 이르러 문을 두다리며 부르니 찌 졍이 삼경이라. 양파ㅣ 로파를 명ᄒ야 나아가 본즉 이 곳 죵죵 와셔 놀던 귀인이라. 곳 침방 문을 닷아 한 싱의 자최를 감초고 맛져 당샹에 오르니 대군이 우스시며 왈

"량랑이 별뢰에 무고ᄒ며 기간 호걸 랑군이나 만낫ᄂ뇨?"

냥파 디왈

"존념(存念)을 입ᄉ와 신고무탈身姑無頉ᄒ오며 긔박흔 명도로 쳔기 되얏ᄉ오나 텬셩이 졸흠으로 졍위의 음풍鄭衛之淫風[186])을 타미(唾罵)ᄒ야 조봉셕별朝逢夕別의 비루혼 인연을 짓지 온이ᄒ압는 즁 금세에 호걸이 업고 호걸이 잇도 손첩(少妾)갓흔 쳔질을 취치 온일지니 랑군을 용이히 만나오리가?"

대군이 대소왈

"양랑의 뜻은 고샹ᄒ나 말은 그르도다. 금졔(今世)인들 엇지 호걸이 업스며 호걸이 되고져 엇지 양랑의 지조를 사랑치 온이리오? 닉 장추 랑을 위ᄒ야 호걸 남아를 듯보아 쥼미ᄒ리라."

이씨 대군이 슉취 미성(熟醉未醒)ᄒ야 호탕흔 흥을 금키 어러오신지라. 양랑의 옥슈를 잇쓸어 갓가히 온치고 노릭도 부르라 ᄒ시며 검은고도 타라 ᄒ사 이시토록 즐기시더니 마참 대변(大便)이 급

---

185) 야유랑(冶遊郎): 주색에 빠진 사람.
186) 졍위의 음풍(鄭衛之淫風): 춘추 시대 풍속이 음란한 졍나라와 위나라의 음악에서 유래하여 보통 난세의 음악을 의미한다.『呂氏春秋』

ᄒᆞ야 여칙如厠코져 ᄒᆞ실시 냥파의 집에 루ᄎᆞ 와 놀으심으로 칙간에 가는 길을 짐쟉ᄒᆞ시ᄂᆞᆫ지라. 냥파다려 무르실 여부 업시 급히 이러나 침방으로 뒤문을 향ᄒᆞ야 나아가랴 ᄒᆞ시더니 칠암(漆暗)ᄒᆞᆫ 방즁이라 한싱 잇슴을 모로고 그릇 그 다리를 발부니 흔싱이 취즁에 몽룽(朦朧)히 잠이 드럿다가 갑쟉이 놀나 급히 이러나 대군140의 발목을 잡아 후리치며 왈

"네라셔 누구건디 사ᄅᆞᆷ을 막 발고 단이ᄂᆞᆫ다?"

대군 의외지변을 당ᄒᆞ야 무엇이라 ᄃᆡ답지 못ᄒᆞ시더니 권람이 쮜어드러오며

"엇던 놈이 그 방에 숨어 잇다가 사ᄅᆞᆷ을 함부루 치ᄂᆞᆫ다?"

ᄒᆞ고 흔싱의 두발(頭髮)을 움켜잡아 란타ᄒᆞ니 흔싱은 권람이 두발을 ᄯᅳ들어 잡고 억기를 란타ᄒᆞ야 지쳑을 분변치 못ᄒᆞ고 방즁에서 일대젼징—大戰爭이 이러나니 냥파ㅣ 황황망조ᄒᆞ야 엇지ᄒᆞᆯ 쥴 모로다가 간신히 침방으로 향ᄒᆞ야 만류왈

"피ᄎᆞ 몰오시고 실슈ᄒᆞ기 레ᄉᆞ오니 셔로 참으소셔."

대군이 분ᄒᆞ시던 ᄎᆞ에 냥파의 말을 듯고 고셩 대칙왈

"이 요마 무샹(妖魔無狀)ᄒᆞᆫ 계집아. 이부(愛夫)를 어둔 방에 은신ᄒᆞ야 놀너온 손을 구타ᄒᆞ니 네 목에ᄂᆞᆫ 칼이 ᄋᆞᆫ이 들가?"

냥파ㅣ 발명ᄒᆞᆯ 겨를이 업시 다만 로를 고만 긋치시라고 이걸ᄒᆞ더니 권흔(權韓) 양인(兩人)이 흔뎅이가 되아 큰 방으로 나아와 등하(燈下)에 얼골을 셔로 보더니 대경질식ᄒᆞ야 잡앗던 손을 힘업시 노으며 권람 왈

"흔형아. 이게 웬일인다? 어두운 곳에셔 몰나 뵈압고 실례 막심

ᄒ오니 용셔ᄒ소셔."

한싱이 쳔식을 비로소 뎡히 ᄒ며 왈

"권형은 읏진 일인다? 음셩은 익으나 형이 이곳에 왓슴은 몽샹 밧기라 의심도 ᄋ이ᄒ고 분정지두(憤情之頭) 싱ᄉ를 결단코져 ᄒ얏도다. 그러나 나의 다리 발아 놀니던 사롬은 누구뇨?"

권싱이 급히 손을 져으며 무엇이라 말ᄒ랴는 즈음에 슈양대군이 ᄒ명회임을 씨다르시고 마조 나아오시며 왈

"ᄒ군은 로를 긋치라. 니 밝지 못ᄒ 탓으로 실례 막심ᄒ얏노라."

ᄒ싱이 눈을 들어 보이 져젹에 영현당셔 멀니 바라보던 슈양대군이 분명ᄒ신지라 황망히 압헤 나아가 머리를 조와 사죄왈

"소인이 우미ᄒ와 존위를 범ᄒ얏ᄉ오니 황공무디ᄒ여이다."

대군이 우스시며 ᄒ싱의 손141을 잡으ᄉ 왈

"니 일즉이 권람의 말을 드러 ᄒ군의 셩화(聲華)를 여뢰관의 如雷灌耳홀 ᄲᆞᆫ더러 년젼(年前)에 ᄒ군이 니 집에까지 온 것을 니가 어두워 영졉지 못ᄒ고 우금(于今)까지 창결ᄒ더니 금일 이곳셔 샹봉홈은 쳔만의외지ᄉ(千萬意外之事)로다."

ᄒ싱이 다시 꿀어 고왈

"그ᄭᅢ 슈남궁에 가압기는 권람을 심방홈이러니 과연 존안(尊顔)멀니 바라뵈압기는 ᄒ얏ᄉ오나 셩품이 소졸ᄒ 하방 ᄒᄉ로 쳔ᄌ히 승후치 못ᄒ와 항샹 즁심에 죄송ᄒ얏ᄂ니다."

이ᄯᅢ 량파ㅣ ᄒ싱은 임의 친슉ᄒ야 누구 온 줄 알앗거니와 대군과 권일187)은 오쟉 귀긱으로만 넉일 ᄯᅡ름이오 수양대군과 그 궁에 잇는 권람임을 젼연히 아지 못ᄒ얏다가 ᄒ싱에게 디ᄒ야 수쟉ᄒ심

을 듯고 그졔야 황연대각ᄒᆞ고 대군 압헤 나아가 공슌히 꾸러 고왈(告曰)

"쳔기(賤妓) 눈이 잇스나 망우리 업셔 존ᄋᆞᆫ을 알아뵈압지 못ᄒᆞ얏ᄉᆞ오니 무샹ᄒᆞᆫ 죄를 용셔ᄒᆞ압소셔."

대군이 우스시며

"네가 나를 몰옴은 너의 실수 ᄋᆞ이라 너를 닉가 속임이니 긔의(介意)치 말나."

ᄒᆞ시고 다시 훈싱을 돌아보시며 미미히 담화ᄒᆞ실시 권싱이 무러 왈

"형이 기간에 셩디 강산을 얼마나 유람ᄒᆞ시며 됴흔 벗을 얼마나 사괴ᄂᆞ뇨?"

훈싱 왈

"강산 구경도 대강ᄒᆞ고 친구도 약ᄀᆞᆫ 결교(結交)ᄒᆞ얏거니와 본릭 텬질이 용우ᄒᆞ야 아모 것도 별로 소득이 업노라."

권싱이 우셔 왈

"형이 평일에 식계에 범연ᄒᆞ더니 이제 량파를 은근히 사괴여 쥭마고우ᄶᆞ지 몰나보고 침방 은밀ᄒᆞᆫ 곳에 깁히 숨어 잇슴을 츄칙컨더 그동은 풍류계에 수단이 미오 민활(敏活)ᄒᆞ얏도다."

훈싱이 쏘ᄒᆞᆫ 우셔 왈

"데ᄂᆞᆫ 죵릭 ᄉᆞᄌᆞ의 근신ᄒᆞᄂᆞᆫ 본심이 잇셔 감히 타인을 디치 못ᄒᆞ고 황망히 숨엇거늘 형은 쳥루 츌입을 방약무인으로 ᄒᆞ야 조곰도

---

187) 권일: 권람.

수삽(羞澁)홈이 업스니 그윽이 형을 위ᄒ야 취치 안이ᄒ노라."

142대군이 박장대소ᄒ사 왈

"냥군의 풍류 본식(風流本色)은 가위 우렬이 업다 ᄒ려니와 니 일즉 드르니 혼군이 무단武斷을 됴와ᄒ야 사뎡(射亭)에 늣게 가 타인의 먼져 뎜령혼 좌셕을 잘 쎄앗셧다 ᄒ더니 금야에 무고히 랴료(惹鬧)ᄒ야 젼군188)을 란타홈을 보건디 한군의 무단지습이 더욱 심혼 즁 권군에게 디ᄒ야 슉혐宿嫌이 아즉도 풀니지 못홈인가 ᄒ노라."

혼싱이 피셕 디왈

"이는 권람이 사뎡 왕ᄉ(往事)를 지금것 함혐(含嫌)ᄒ야 무고홈이오 금야에도 권람이 대군의 총이ᄒ심을 주시自持ᄒ야 소인을 능멸히 보고 먼져 범수(犯手)ᄒ얏ᄂ이다."

대군이 우스심을 말지 안이시고 냥파를 명ᄒ야 쥬안을 쥰비ᄒ라ᄒ시니 량파ㅣ 이에 힝ᄌ초마를 압헤 둘으고 친히 니려가 만반진수를 셩비ᄒ야 드리거눌 대군이 친히 슐을 부어 혼싱을 쥬사 왈

"니 그릇 그디의 다리를 발바 심히 놀나게 ᄒ얏노니 이 슐을 압경쥬壓驚酒189)로 마시라."

한싱이 밧아 마신 후 잔에 가득이 슐을 부어 두 손으로 밧드러 대군게 드려 왈

"소인의 취즁 히망(駭妄)홈을 보시고 심히 분심이 겨셧ᄉ오니 이 슐을 히분쥬解忿酒로 잡수소셔."

대군이 우스시고 다시 슐 두 잔을 부으사 권한 냥싱(兩生)을 각각

---

188) 젼군: 권군.
189) 압경쥬(壓驚酒): 놀란 것을 진정시키기 위해 마시는 술.

쥬셔 왈

"그디들이 셔로 격투格鬪ᄒᆞ얏스니 이 슐을 화회쥬和解酒로 마시라."

냥싱이 일시에 꿀어안져 마신 후 한싱다려 가르사디

"그디는 슐 한잔을 부어 냥파의 은신식여쥰 공로를 갑흐라."

냥파ㅣ 한싱의 권ᄒᆞ는 슐을 마시고 불감흠을 고ᄒᆞ니 대군이 쏘 권싱을 명ᄒᆞ사

"슐 한잔을 부어 냥파에게 한군을 은신식여 아등을 놀나게 ᄒᆞᆫ 별쥬(罰酒)로 권ᄒᆞ라."

냥파ㅣ 쏘 권싱의 권ᄒᆞ는 슐을 마신 후 꿀어안져 고왈

"요마ᄒᆞᆫ 쳔기 외람히 쥬셕에 뫼셔 샹벌 두 가지 슐을 다 먹ᄉᆞ오니 황감만만ᄒᆞ온 즁 그윽히 깃143겁ᄉᆞ온 바는 그 샹 쥬신 공으로 그 별 쥬신 죄를 가히 속ᄒᆞ야 쳔ᄒᆞᆫ 몸으로 텬디 간에 용납케 ᄒᆞ실가 흠이로소이다."

대군이 쳥파의 언ᄉᆞ 명민흠을 못니 칭찬ᄒᆞ사 후히 샹사ᄒᆞ신 후 한권 량싱을 디리시고 수남궁으로 도라오실시 풍우 긋치고 시벽달이 압길에 빗게 맑은 흥을 돕는지라. 이에 거마를 물니시고 손을 잇끌어 궁에 이르시니라. 일로부터 한싱을 궁즁에 멈으러 두시고 쥬야로 촉실담화促膝談話ᄒᆞ시며 그 늣게 만나심을 한ᄒᆞ사 왈

"한명회는 나의 장ᄌᆞ방張子房190)이라."

ᄒᆞ시더라.

이씨에 국운이 불힝ᄒᆞ야 련쳡(連疊) 국휼(國恤)이 나시고 죵ᄉᆞㅣ

---

190) 장ᄌᆞ방(張子房): 장량(張良). ?~BC.186. 한 고조의 공신. 책사(策士)로 유명함.

미약흠을 됴흔 긔회로 넉여 여러 대군이 각기 수하에 심복 사룸을 감아니 쳬결(締結)ᄒ야 신긔(神器)[191]를 엿보니 수양대군이 깁히 근심 ᄒ샤 한권 량인을 드리시고 국ᄉ를 의론ᄒ시노라 됴셕에 시쟝ᄒ심을 잇즈시고 씨가 미양 늣게야 음식을 진어ᄒ샤 국이 식논 고로 궁니 차환 등이 량싱을 지목ᄒ야 권깅닝 한깅냉(權羹冷韓羹冷)이라 별호ᄒ더라. 한싱이 이에 강능 홍달손 등 구인(九人)을 쳔거ᄒ얏더니 최치운은 상업에 죵ᄉᄒ야 멀니 가 업슴으로 오쟉 여달 사룸이 승명상러(承命上來)ᄒ니 이른바 강능팔쟝ᄉ(江陵八壯士)러라. 기외(其外)에 ᄯ 수십명 무ᄉ를 쳔거ᄒ야 수남궁에 디령케 ᄒ고 밤이면 무시로 대군을 뵈와 말솜ᄒ기 위ᄒ야 대군을 뫼시고 자논 림운(林芸)의 팔에 로ᄯᆫ을 미여 흔싱이 대군을 뵈올 일이 잇스면 번거히 문을 열나 소리 온이ᄒ고 다만 로ᄯᆫ만 잡아다리면 림운이 흔싱의 이름을 알고 문을 열어 드리러라.

일일은 대군이 수하 졔인을 대리시고 ᄒ강 졔쥬졍(濟州亭)[192]에 나아가 놀ᄋ실시 멀니 흔 ᄉ년이 강즁(江中)에 ᄯᆫ 비에 ᄶ여올음을 보고 권람으로 ᄒ야금 부르시다가 144그 즐겨오지 ᄋ임을 보시고 친히 힝ᄎᄒ사 손목을 잇끌고 졍즈로 오시니 그 소년은 곳 홍윤셩이라.[193] 대군이 홍싱을 웃드심이 심히 깃거ᄒ사 왈

"나의 금일 쳐디가 림진대젹(臨陣對敵)흠과 ᄀᆺ거늘 션봉 쟈격이 업셔 근심ᄒ더니 이제 홍윤셩을 엇음이 이로죠차 나의 근심이 업도다."

---

191) 신긔(神器): 왕의 자리나 권력을 의미함. 옥새와 같음. 『後漢書』
192) 졔쥬졍(濟州亭): 단종실록에 청주로 돌아가는 김흥을 전별한 곳으로 제주정에 대한 기록이 남아 있음. 현재 위치는 파악할 수 없음.
193) <홍장군전>의 16회의 내용과 겹치는 부분임.

ㅎ시더라. 그 후 수양대군게셔 위엄은 크게 쓸치사 마ᄎᆞᆷ니 보위(寶位)에 등극(登極)ㅎ시니 이 곳 셰죠대왕世祖大王이시라.

왕이 셩신문무聖神文武ㅎ사 히니를 평뎡ㅎ시고 정치를 쇄신ㅎ사 사직은 반셕갓치 편온ㅎ고 만민은 격양가(擊壤歌)를 불너 즐기더라. 상이 공신을 차례로 론공힝상論功行賞ㅎ사 문무빅관의 작품(爵品)을 각각 그 사ᄅᆞᆷ의 자격과 계제(階梯)를 짜라 식이실시 한명회를 특별히 문과 쟝원을 식이사 즉위(卽爲) 대ᄉᆞ셩(大司成)을 ㅎ이시니 쟝원이 어젼 진퇴를 맛친 후 리원풍악(梨園風樂)을 압셰우고 그 죵죠ᄭᅴ 뵈온디 그ᄶᅢ 한부ᄉᆞ는 벼슬이 일품에 놉고 츈츄가 팔슌이 불원ㅎ야 쟉눌194)(爵祿)을 하직ㅎ고 집에서 한양(閒養)ㅎ야 남져지 셰월을 보니더니 사랑ㅎ는 그 죵손를 오리 보지 못ㅎ야 졍히 울울ㅎ다가 급기 한싱이 도라와 수남궁에 허신(許身)ᄒᆞᆷ을 못니 깃버ㅎ다가 그날 쟝원이 어젼 풍악(御前風樂)을 거나리고 도라옴을 보고 환텬희디歡天喜地ㅎ야 쟝원의 소록(小祿)을 잡고 일희일비(一喜一悲)왈

"너의 이갓치 영귀ᄒᆞᆷ은 우리 한문(韓門)의 무궁ᄒᆞᆫ 길운이 면면ᄒᆞᆷ이라. 엇지 깃겁지 ᄋᆞ니리오? 그러나 이러ᄒᆞᆫ 경ᄉᆞ를 너의 죠고와 너의 아비로 한게 보지 못ㅎ니 비창ᄒᆞᆫ 회포를 ᄌᆞ연 금키 어렵도다."

[ㅎ]고 ᄌᆞ최업는 눈물이 방방히 소ᄉᆞ니 쟝원이 망극ᄒᆞᆫ 심회를 억지로 진뎡ㅎ고 죵죠를 지셩으로 위로ᄒᆞᆫ 후 제젼을 ᄀᆞᆺ초아 ᄉᆞ묘에 비알ㅎ고 위의를 ᄀᆞᆺ초아 삼일유가(三日遊街) 홀시 동동ᄒᆞᆫ 홍[기](紅旗)는 공즁[에 나붓거]145리고 요량(嘹喨)ᄒᆞᆫ 풍악 소리는 바ᄅᆞᆷ결에

---

194) 쟉눌: 작록의 오기. '록'자 상하 반전 되어 '눌'로 보임.

들네며 젼비 후비(前陪後陪)는 반열(班列)이 졍졔ᄒ고 일쌍 [천동(天童)195)은 □]져196)를 희롱ᄒ야 압을 인도ᄒ니 쟝은 대도(長安大道)에 관광ᄒᄂᆫ 남녀ㅣ 인산인히를 일웟더라. 쟝원이 란삼 복두(襴衫幞頭)와 머리에 어ᄉ화를 곳고 은은 쥰총(銀鞍駿驄)에 놉히 걸어 오졋스니 보ᄂᆫ 쟈 뉘 은이 혀를 차 당당ᄒᆫ 용모를 칭찬ᄒ리오? 일힝이 민즁츄의 집으로 향ᄒᆯᄉᆡ 이ᄊᆡ에 민즁츄ᄂᆞᆫ 쇠로지년(衰老之年)에 병셰 침즁ᄒ야 침석에 누어 잇다가 편이ᄒᄂᆞᆫ 사위 훈싱이 쟝원랑이 되야 거록ᄒ 위의로 이름을 듯고 깃거옴을 말지못ᄒ야 좌우로 ᄒ야곰 부익(扶腋)ᄒ고 겨오 이러 안져 의자에 비기며 쟝원의 절을 마져 왈

"현셔(賢壻)의 금일 셩공은 니 임의 예료(豫料)ᄒᆫ 바어니와 현셔ㅣ 로부의 집에 디ᄒ야 범ᄉ를 모다 용셔ᄒ니 깁히 감사ᄒ도다. 그러나 로부의 병셰 날로 더ᄒ야 필경 양계(陽界)에 오리지 못ᄒᆯ지니 현셔의 더욱 현달ᄒ야 무쌍 영귀(無雙榮貴)ᄒᆷ을 목도(目睹)치 못ᄒ리니 그를 셜워ᄒ노라."

쟝원이 됴흔 말로 위로ᄒ야 빅셰 강건(百歲强健)ᄒᆷ을 축수ᄒ고 니당에 드러가 홍씨를 뵈올ᄉᆡ 홍씨 훈싱을 그갓치 박디ᄒ야 주긔 녀아까지 미워 젹수공권(赤手空拳)으로 남부녀디(男負女戴)ᄒ야 쳥쥬로 ᄂᆞ려감을 일호 이셕히 넉이지 안이ᄒ고 도로혀 시원ᄒ야 십여 년 동안을 일ᄎ(一次) 통신을 안이ᄒ더니 이날 훈싱이 국가에 큰 공을 셰우고 쟝원랑이 되야 거록ᄒ 위의로 이름을 듯고 붓그러온 마

---

195) 천동(天童): 과거 급제자의 유가(遊街) 행사에서 앞을 인도하며 춤추는 동자.
196) □져: 미상. 악기 종류로 추정됨.

움이 나셔 감히 니다보지도 못ᄒ더니 밋 쟝원이 니당에 드러옴을 보니 얼골이 취ᄒ며 고개가 절로 숙으려져 참아 바로 들지 못ᄒ고 겨오 입을 열어 인ᄉ하거ᄂᆞᆯ 쟝원이 졀ᄒ고 공손히 ᄋᆞᆫ져 고왈

"귀녀를 길너 타문에 츌가흠이 빈흔(貧寒)을 슬여ᄒ고 부귀를 즐겨흠은 부인의 보통 ᄉ졍이라. 소셔(小壻)의 초년 곤궁흠을 보고 누가 즐겨 귀즁흔 녀아[146]를 맛기고져 ᄒ오릿가? 죠상이 돕고 텬은이 망극ᄒ야 빈쳔ᄒ던 소셔로 ᄒ야곰 쟝원의 영화를 엇ᄉ오니 량가(兩家)의 힝복이라. 바라건디 악모는 긔왕ᄉ를 죠곰도 쾌념(掛念)치 말오소셔."

홍씨 그 말을 듯고 더욱 무ᄋᆞᆫᄒ야 ᄒ더라. 쟝원이 표를 올녀 션산에 소분(掃墳)흠을 쳥흔디 샹이 즉시 쟝원의 벼슬을 도도ᄉ 리죠판셔를 ᄒ이시고 쟝ᄋᆞ에 갑뎨와 로비 젼답을 만히 하ᄉᆞᄒ시고 쟝원으로 ᄒ야곰 션영에 소분흔 후 가권을 경셩으로 반이ᄒ야 일실단락(一室團樂)ᄒ라 ᄒ시니 한판셔ㅣ 탑젼에 드러가 사은슉비ᄒ고 즉시 치힝ᄒ야 쳥쥬로 곳 향ᄒᆞᆯ시 련로(連路) 슈령이 모다 디경에 나아와 맛즈여 죠셕 진비(進拜)와 긔구 범졀의 거룩흠이 이로 칙양치 못ᄒᆞᆯ너라.

第十七回 迎御駕設宴韓公府
뎨십칠회 어가를 맛져 한공의 집에 잔치를 베풀다

추셜. 한공이 국가에 외훈(巍勳)을 셰우고 장원 등과ᄒᆞ야 션영에 소분ᄒᆞ랴 훌시 샹이 특별히 리죠판셔를 졔슈ᄒᆞ시고 거마 뎐턱(車馬田宅)을 ᄒᆞ사ᄒᆞ시니 작일 빈궁ᄒᆞ던 궁죠디로셔 금일 부귀 쌍비ᄒᆞᆫ 승평 지상이 되야 쳥쥬 향뎨에 도라오니 그 소문이 얼마나 훠ᄌᆞ(喧藉)ᄒᆞ얏스리오? 린근 읍촌 남녀ㅣ 길이 뮈게 모여와 관광ᄒᆞ며 한판셔의 영웅을 입에 가득히 칭도ᄒᆞ더라.

지셜. 부인 민씨 그 가장이 경ᄉᆞ로 ᄯᅥ나간 후 밤마다 목욕지계ᄒᆞ고 동의197) 졍화슈(井華水)를 길어다가 샹 우에 밧쳐노코 하눌을 향ᄒᆞ야 지셩으로 가장이 국가에 대공을 셰워 꼿다온 일홈 엇기를 발원ᄒᆞ더니 한공이 소원을 셩취ᄒᆞ고 벼살이 리죠판셔 되야 고향에 도라온다는 긔별을 먼져 듯고 깃거옴을 익이지 못ᄒᆞ야 일변 집을 졍결히 [소]쇄(掃灑)ᄒᆞ고 하인 등을 147멀니 마쥬198) 보니여 등디(等待)케 ᄒᆞ더라. 한공이 마쥬 온 하인을 거ᄂᆞ리고 집에 이르니 부인이 [반]겨 마즈며 국가 대ᄉᆞ의 여의 셩취홈을 치하ᄒᆞ니 공이 오른손으

---

197) 동의: '(물)동이에'라는 의미로 추정됨.
198) 마쥬: 마중.

로 슈염을 쓰다듬으며 왈

"복의 금일 셩공은 막비 부인이 현슉ᄒᆞᆫ 연고로소이다. 부인이 만일 경화 호부로 싱장ᄒᆞᆫ 습관을 못 버려 향곡에 즐겨 안이 오랴던 가법에 못 익의여 가장을 짜라 향곡에 왓더리도 치산을 잘못ᄒᆞ야 나로 ᄒᆞ야곰 츄신(抽身)ᄒᆞᆯ 겨를이 업게 ᄒᆞ던가 친가에서 쥰 젼답 문권을 노로199) 보늬지 안이ᄒᆞ고 부요히 지넛스면 복이 뜻을 굿거니 잡고 ᄉᆞ방에 놀아 ᄉᆞ업을 실힝치 못ᄒᆞ얏스리로다."

부인이 공슌ᄒᆞᆫ 말로 이는 만만부당ᄒᆞᆫ 말ᄉᆞᆷ이라고 지삼 일컷더라.

한판셔ㅣ 익일에 례복을 갓초아 션영에 소분ᄒᆞᆫ 후 이에 큰 독에 슐을 빗고 두어 필 소를 잡아 동리 샹하를 모다 쳥ᄒᆞ야 하로 연락(宴樂)ᄒᆞ고 특별히 미쥬가효美酒佳肴을 쥰비ᄒᆞ야 산넘어 김장쟈를 쳥ᄒᆞ야 디졉ᄒᆞ며 셕일 쳔금의 셩의를 못늬 칭사ᄒᆞ야 왈

"한명회의 금일 부귀는 모다 김장쟈의 힘이라 ᄒᆞ야도 과언이 안이라."

ᄒᆞ듸 김장쟈ㅣ ᄯᅩᄒᆞᆫ 쳔부당ᄒᆞᆷ을 말ᄒᆞ더라. 슈일을 류슉ᄒᆞ며 묘막 퇴피(頹敗)ᄒᆞᆫ 곳을 일신히 슈리ᄒᆞ야 묘즉다려 슈직ᄒᆞ라 ᄒᆞ고 치힝ᄒᆞ야 부인과 한게 사송(賜送)ᄒᆞ신 경데(京第)로 올나오니라. 상이 한판셔의 상경ᄒᆞᆷ을 드르시고 즉시 피초(牌招)ᄒᆞ사 가르사디

"경을 여러 날 보지 못ᄒᆞ니 짐이 좌우슈(左右手)를 일음 갓도다."

한판셔ㅣ 국궁 사비(鞠躬四拜)ᄒᆞ고 복디 쥬왈

"신이 오리 고향을 ᄯᅥ낫다가 비로소 도라가오니 ᄌᆞ연 쳐리ᄒᆞᆯ 일

---

199) 노로: 도로.

이 만슈와 광일(曠日)동은 입죠치 못ㅎ와 셩교ㅣ 이에 이르시니 셩황셩공ㅎ여이다."

상이 룡은에 희식을 씌우사 왈

"짐이 경에게 부탁홀 일이 별로 잇노니 경이 능히 용납홀소냐?"

한공이 돈수 쥬왈

"셩교$_{148}$ㅣ 무엇을 가르치심인지 모로오나 신우$_{臣愚}$200)ㅣ 일즉이 소군ㅎ는 도리를 비왓소오니 도탕부화$_{蹈湯赴火}$201)인들 엇지 감히 피ㅎ오릿가?"

상이 가르사디

"경의 마음은 짐이 일즉 알거니와 뭇노니 경의 집 □□202) 범절이 엇더ㅎ뇨?"

한공이 복디 쥬왈

"셩교ㅣ 읏지 이에 밋치심인지 씨닷지 못ㅎ오나 신쳐(臣妻)는 즉 즁츄부스 민대싱의 뎨이녀(第二女)온디 어려셔부터 그 아비의 교훈을 밧아 일동일졍이 례절에 억임이 업소고 승상졉하(承上接下)에 화긔를 일치 오이ㅎ야 빈가(貧家) 싱활을 분뇌(分內)의 일로 알고 일즉 부귀가(富貴家)에서 싱쟝ㅎ던 일을 일절 념두에 두지 오이ㅎ오니 신의 금일 립신양명(立身揚名)홈도 니죠$_{內助}$가 만토소이다."

상이 우슴을 씌우사 왈

"경의 말을 듯건디 경쳐(卿妻) 민씨의 현철홈을 가히 알지나 그러

---

200) 신우(臣愚): '어리석은 신하'라는 뜻으로 여기서는 한명회 본인에 대한 겸칭.
201) 도탕부화(蹈湯赴火): 끓는 물을 밟고 불 속에 들어간다는 의미.
202) □□ : 원문에 흐릿하게 '구는'으로 보이나 정확치 않음. 빈 칸은 두 칸이나 문맥상 아내를 뜻하는 '식구는'으로 보는 것이 자연스러움.

나 만구칭찬흠을 츄칙ᄒ면 경은 외쳐여호畏妻如虎ᄒᄂ 우부愚夫의 죠롱을 면치 못ᄒ리로다."

ᄒ판셔ㅣ 쥬왈

"졔아비203)에 디ᄒ 쳐ᄂ 인군에 디ᄒ 신하와 일반이오니 신하ㅣ 츙직 졍대ᄒ면 인군이 외신畏臣이라 ᄒᄋᆸ거던 졔아비된 쟈ㅣ 엇지 홀노 외쳐畏妻ㅣ 업ᄉᄋᄅᆞᆻ가?"

샹이 쏘 무러 가ᄅᄉᄃᆡ

"경이 외쳐ㅣ 잇스미 언앙굴신偃仰屈伸204)을 부득ᄌ유不得自由ᄒ리로다."

ᄒ판셔ㅣ 쥬왈

"외쳐라흠은 그 범졀이 범도에 억읜 이 업슴을 두려흠을 이름이오 쳐의 졀졔를 밧아 힝동ᄒ다흠이 ᄋᆫ이어놀 졔아비된 쟈ㅣ 엇지 ᄌ유를 일ᄉᄋᄅᆞᆻ가?"

샹이 대소ᄒ시고 비로소 하교ᄒ사 왈

"우리 군신의 졔우(際遇)를 미기(媒介)ᄒ 쟈ᄂ 곳 량파라. 지졔205) 량파를 경의게 ᄉ송코져 ᄒ노니 경은 모름즉이 시쳡(侍妾)을 삼아 짐의 신근(信謹)ᄒ 뜻을 져바리지 말나. 경쳐 민씨 유ᄒᆫ 덕이 잇다ᄒ니 가히 즁쳡(衆妾)을 인의로 어거(馭車)ᄒ리로다."

ᄒ공이 복디 쥬왈

"셩교ㅣ 죤엄(尊嚴)ᄒ옵시[니] 149신이 엇지 감히 거역ᄒ오릿가마

---

203) 졔아비: 지아비.
204) 언앙굴신(偃仰屈伸): 눕고 일어나기를 제 마음대로 함.
205) 지졔: 이제.

눈 신이 일즉이 량파로 더부러 남미의 의를 말씀ᄒᆞ얏ᄉᆞ오니 비록 가명ᄒᆞᆫ 륜리오나 풍화(風化)에 소관(所關)이 되옵기로 봉힝(奉行)치 못ᄒᆞ오니 신의 죄 만ᄊᆞ오며 신이 그윽히 싱각건ᄃᆡ ᄃᆡ신은 곳 량파의 오러비라 그 명혼ᄒᆞᆯ 일을 오러비되는 쟈의게 맛기시면 가합(可合)ᄒᆞᆫ 혼쳐를 힘써 구ᄒᆞ야 우흐로 셩덕이 하쳔비(下賤輩)에게 밋침을 몸밧고 아러로 구구ᄒᆞᆫ ᄉᆞ정에 억으러짐이 업슬가 ᄒᆞᄂᆞ이다."

상이 드르심이 ᄉᆞ리(事理) 당연ᄒᆞ야 고집지 못ᄒᆞᆯ 쥴 알으시고 이에 하교ᄒᆞ사 왈

"경의 말을 드르니 ᄉᆞ리 용혹무괴라. 경이 임의 량파로 더부러 남미지의(男妹之誼) 잇다ᄒᆞᆫ즉 미부될 자격을 불일 션ᄃᆡᆨ(不日選擇)ᄒᆞ야 짐이 임의 기구(開口)ᄒᆞᆫ 바로 허디에 도라가지 말게ᄒᆞ라."

한판셔ㅣ 다시 알외되

"신이 업디려 싱각건ᄃᆡ 량파의 비필될 자격을 불필타구(不必他求)옵고 형조판서 신 권람이 량파와 교제 친밀ᄒᆞ야 피ᄎᆞ 취미를 짐작ᄒᆞ오리니 인작(人爵) 비필(配匹)흠이 극히 가합ᄒᆞᆯ가 ᄒᆞᄂᆞ이다."

상이 무릅을 치사 왈

"경이 안이런들 함아 잇즐번 ᄒᆞ얏도다."

ᄒᆞ시고 즉시 권람을 명소(命召)ᄒᆞ사 량파로 복쳡(卜妾)하라 ᄒᆞ시니 권람이 감히 사양 못ᄒᆞ고 량파를 맛져 ᄌᆞ긔 집 별당에 거쳐케 ᄒᆞ고 금실(琴瑟)로 즐기며 죵죵 한판셔를 쳥ᄒᆞ야 연락ᄒᆞ고 한판셔도 ᄌᆞ긔 졉206)에 연셕을 자로 베풀어 권판셔를 쳥ᄒᆞ면 권판셔ㅣ 미양

---

206) 졉: 집.

량파를 거느리고 이르러 진일 취토록 마시더니 샹이 그 소문을 드르시고 한권 량인을 부르스 하교왈

"드르니 경들이 죵죵 긔회(期會)ᄒ야 즐거히 노닌다 ᄒ니 과연인다? 짐이 건션불이(健羨不已)[207]ᄒ야 특별히 쳥ᄒ노니 경등은 포의지교를 잇지 말아 일후 연셕이 잇거던 짐을 쳥ᄒ야 한게 즐김을 밋노라."

량인이 부복 디왈

"셩교ㅣ 지당ᄒ오니 각근 봉힝ᄒ오리다."

샹 왈

"그러ᄒ면 짐이 150먼져 옥류쳔(玉流泉)[208]에 략간 비반(杯盤)을 셜비(設備)ᄒ리니 경등은 긔약(期約)에 다다르라."

ᄒ시고 친히 손가락을 꼽으스 삼월 십오일로 긔일을 뎡ᄒ시니 이는 어원(御苑)에 빅화ㅣ 만발ᄒ고 겸ᄒ야 삼오야 월식을 완샹코져 ᄒ심이러라. 한권 량인이 각각 물너나아와 셩은의 륭슝ᄒ심을 못니 감읍ᄒ더라.

차셜. 홍씨부인[209]이 귀녕(歸寧)[210]흠을 한판셔에게 쳥ᄒ니 판셔ㅣ 오히려 늣짐을 말ᄒ고 즉시 허락ᄒ야 민즁츄 니외의 의복과 진슈셩찬을 갓초 쟉만ᄒ야 치교 젼후에 남로녀복(男奴女僕)으로 옹위ᄒ야 이르니 민즁츄는 병환 즁 녀아의 근친 옴을 보고 깃붐을 말지 안이

---

207) 건션불이(健羨不已): 부러워 마지 않음.
208) 옥류쳔(玉流泉): 창덕궁 후원에 있는 골짜기.
209) 홍씨부인: 홍씨부인은 한명회의 장모. 맥락상 '민씨부인'을 잘못 쓴 것으로 보임.
210) 귀녕(歸寧): 혼인한 여성이 친정에 가서 부모님을 뵘. '부모를 찾아 뵙는다.(歸寧父母)'는 시경의 글귀에서 유래함. 『詩經』

ᄒᆞ야 머리를 쓰다듬어 왈

"네 오날 뎌갓치 귀히 되야 아비를 보러 오니 심히 긔특ᄒᆞ도다. 고싱은 즐거옴의 씨라. 만일 초년 고싱을 견디지 못ᄒᆞ얏스면 금일 즐거옴을 엇지 엇엇스리오? 나는 쇠병(衰病)이 날로 심ᄒᆞ야 양계(陽界)에 오러지 못ᄒᆞ리니 너는 영귀히 될스록 마음을 더욱 겸손히 가져 남의 우슴을 밧지 안이ᄒᆞ면 황천에 도라간 나의 령혼이 맛당히 명명(冥冥)한 속에서 깃버 우스리라. 쳐엄에는 너의 모친이 편벽된 지식으로 너의 가장 고혈 무의(孤子無依)ᄒᆞᆷ을 혐의ᄒᆞ야 너까지 구츅ᄒᆞ얏더니 도금ᄒᆞ야는 응당 뉘우쳐 참괴히 넉이리니 너는 본디 텬셩이 효슌ᄒᆞᆫ 아히라. 부디 너의 모친의 마음을 위로ᄒᆞ야 깃거온 빗을 ᄯᅴ오게 홀지어다."

민씨 나즉히 고왈

"엄교를 삼가 쥰슈ᄒᆞ오리다."

민씨 외당으로죠차 니당에 드러오니 홍씨 ᄌᆞ긔 녀아(女兒)를 보고 반가온 즁 붓그럼이 압셔서 아모 말도 못ᄒᆞ며 오작 눈물만 흘니거늘 민씨 그 모친의 무릅에 얼골을 디이며

"모친아. 용셔ᄒᆞ소셔. 쳔식이 무상ᄒᆞ야 모친의 ᄯᅳᆺ을 만히 억의엿ᄉᆞ오니 죄송무디ᄒᆞ도소이다."

홍씨 그졔야 녀아의 목을 얼스안고 늣겨 울어 왈

"[로]151모ㅣ 혼암ᄒᆞ야 현셔를 몰나보고 너까지 구박ᄒᆞ얏더이 오날 당ᄒᆞ야는 니가 너까지 디흘 낫치 업도다. 진시 주쳐라도 ᄒᆞ야 붓그러온 셰상에 더 살고십지 안이ᄒᆞ노라."

민씨 놀나 울며 왈

"모친은 쳔만 부당한 분부를 말으소셔. 식(息)이 미거ᄒᆞ야 모친의 심ᄉᆞㅣ 이쳐로 불편ᄒᆞ시도록 ᄒᆞ오니 불효막대ᄒᆞ도소이다. 모친이 식을 아모죠록 잘되라고 그리ᄒᆞ심이온디 지금 식의 팔ᄌᆞㅣ 남 불지 온이케 되얏ᄉᆞ온즉 역시 모친 소원이 셩취된 것이라. 복망 모친은 일호 불편한 ᄯᅳᆺ을 두지 마옵소셔."

홍씨 녀아의 등을 어루만지며 늣겨 왈

"로모ㅣ 눈이 잇셔도 망우리 업셔 영웅 자격을 몰나보고 히거를 젹지 온이ᄒᆞ얏스니 하면목으로 현셔를 디ᄒᆞ리오? 향시(嚮時)에 현셔ㅣ 등과ᄒᆞ야 거륵한 위의로 이름을 보고 심즁에는 한업시 깃거워 츔도 츄고 십드라마는 젼일을 싱각건디 참아 낫을 들지 못ᄒᆞ더니 현셔ㅣ 지셩으로 차자보고 됴흔 말로 위로ᄒᆞᆷ으로 겨오 입을 열어 슈어(數語)로 치하ᄒᆞ얏스나 붓그러온 마음은 죽어 모로기 젼에는 못 이즐 듯ᄒᆞ도다."

민씨 수일 묵으며 부친의 약리藥餌도 지셩으로 봉양ᄒᆞ고 모친을 뫼셔 그리던 졍회를 쥬야 말ᄉᆞᆷᄒᆞ더니 흔판셔ㅣ 하인을 보니여 어셔 도라옴을 지쵹ᄒᆞ얏거늘 부인이 량당에 각각 하즉을 고ᄒᆞ고 등디한 교마(轎馬)로 총총히 도라오니 한판셔ㅣ 무러 왈

"존당 병셰 엇더ᄒᆞ시며 십여년 ᄯᅳᆫ여던 모녀 졍의(情意)를 시로 이 으니 마음에 얼마나 깃거오뇨?"

부인 왈

"광셩지여曠省之餘에 귀근歸覲ᄒᆞ오니211) 하졍(下情)에 깃거오나 밧

---

211) 광셩지여(曠省之餘)에 귀근(歸覲)ᄒᆞ오니: 광셩(曠省)은 혼졍신셩(昏定晨省)을 빠뜨렸다는 뜻. 귀근(歸覲)은 귀령과 같은 뜻. 광셩지여에 귀근을 했다는 것은 그

어버이212) 병환이 침즁ᄒ시니 극히 쵸민(焦悶)ᄒ도소이다."

한판셔 왈

"부인이 긔위 근친ᄒ얏스니 얼마 더 잇셔 시탕케흠이 무방ᄒ나 명일은 곳 삼월 십오일 옥류쳔 어연御宴이라. 그 152다음날은 우리집에셔 잔치를 비셜ᄒ고 명일 어연에 참셕ᄒ얏던 동료를 쳥코져 ᄒ노니 바라건디 부인은 하쇽을 지휘ᄒ야 포진과 음식을 쟉만케 ᄒ소셔."

부인이 미소왈

"이눈 상공이 모다 쳐분ᄒ실 바이라. 무식흔 녀쟈가 무엇을 알아 지휘ᄒ오릿가?"

한판셔 왈

"부인은 부즐업슨 겸ᄉ 말나. 부인은 부귀 지상가 싱쟝흔 문견(聞見)이라 향곡에셔 미몰흔 복에게 엇지 비ᄒ리오? 당일 창피흠이 잇고 업슴은 부인의 쥬션에 잇ᄂ니 그리 알오소셔."

부인이 슌화흔 말로

"삼가 봉힝홀가 ᄒᄂ이다."

한판셔ㅣ 부인의 말슴을 듯고 깃거 우슴을 말지 은이ᄒ더라.

익일 죠죠에 한판셔ㅣ 관복을 갓쵸고 예궐(詣闕)ᄒ야 바로 옥류쳔에 이르니 구름갓흔 차일(遮日)은 운소(雲宵)에 소삿고 일월산수병(日月山水屛)을 겹겹이 둘너치고 오식 만화등미(五色滿花登每)를 즐비히 포진ᄒ얏ᄂᆫ디 황옥 교의(黃玉交椅)에 어가ㅣ 임의 친림ᄒ시

동안 부모의 안부를 살피지 못했던 차에 귀령을 다녀왔다는 의미임.
212) 밧어버이: 밭어버이, 부친.

고 문무공신이 제제(濟濟)히 비림(排立)ᄒ엿거ᄂᆞᆯ 한판셔ㅣ 압흐로 츄창ᄒᆞ야 국궁 비복(鞠躬拜伏)ᄒᆞᆫ디 샹이 가ᄅᆞᄉᆞ디

"경이 늣도록 이르지 안이홈으로 무ᄉᆞᆷ 연고ㅣ 잇ᄂᆞᆫ가 ᄒᆞ야 즁ᄉᆞ(中使)를 보니고져 ᄒᆞ엿노라."

한판셔ㅣ 머리를 죠아 왈

"신의 나타(懶惰)흠을 인ᄒᆞ야 셩례(聖慮) 이에 밋츠시니 황공무디ᄒᆞ도소이다."

샹이 우ᄉᆞ시며 만도(晚到)ᄒᆞᆫ자ㅣ 벌이 업슬 슈업다 ᄒᆞ시고 좌우를 명ᄒᆞ야 벌쥬 삼비를 ᄂᆞ리시니 한판셔ㅣ 두 손으로 밧들어 마신 후 만셰를 셰 번 불으고 진일토록 군신이 즐길시 혹 글도 짓고 활도 쏘아 여흥을 돕더라. 날이 졈으러 어가ㅣ 환궁ᄒᆞ실시 문무ㅣ 비죵(陪從)ᄒᆞ야 인정뎐에 이르러 각각 퇴죠ᄒᆞ니라.

익일에 한판셔ㅣ 작일 어연에 참여ᄒᆞ엿던 문무박료(文武百僚)에게 쳥쳡을 보니여 ᄌᆞ긔 집에서 연회를 기셜ᄒᆞᄂᆞᆫ 뜻을 젼ᄒᆞ고 포진과 음식을 맛춤 쥰비ᄒᆞ야 오ᄂᆞᆫ 손을 차례로 영졉홀시 형죠판셔 홍윤셩 우의213) 졍린지鄭麟趾 좌의졍 신슉쥬申叔舟 기타 무장 홍달손 량명 최윤 류슈 등 삼십여인이 제제히 렬좌(列坐)ᄒᆞ엿더니 홀연 궐ᄂᆞ니로셔 즁ᄉᆞㅣ 이르러 봉셔를 젼ᄒᆞ거ᄂᆞᆯ 한공이 모디(帽帶)를 갓초고 북향ᄉᆞ비 후 홍보(紅報) 글너 봉셔를 비독(拜讀)ᄒᆞ니 '듯건디 경이 금일 셩연을 기셜ᄒᆞ고 졔빈을 쳥요ᄒᆞᆫ다 ᄒᆞ며 홀노 짐을 쳥치 안이ᄒᆞ니 심히 야속ᄒᆞ도다. 짐이 이제 나아가 참셕코져 ᄒᆞ노니 경은

---

213) 우의: 우의정.

불쳥킥의 즈리不請客自來흠을 웃지 안이홀소냐?' 한판셔ㅣ 보기를 다 ᄒ고 졍히 황감흔 뜻을 답쥬(答奏)코져 ᄒ더니 어가ㅣ 임의 이르다 ᄒ거놀 만좌ㅣ 황망히 나아가 지영(祇迎)흘시 샹이 좌우를 도라보사 왈

"경등의 금일지낙今日之樂이 엇더ᄒ뇨?"

한판셔ㅣ 복디 쥬왈

"신(臣)등이 승평에 연락ᄒ옴이 막비(莫非) 국은을 편피(遍被)214) 흠이로소이다."

샹이 우스시며 권람을 보사 왈

"금일 연셕에 별로히 쳥흘 손 하나이 잇노니 경이 능히 짐작흘소냐?"

권람이 밋쳐 답쥬치 못ᄒ고 쥬져ᄒ거놀 샹이 이에 하교ᄒ사 왈

"권경의 쳡 량파는 곳 오놀 쥬인의 의미(義妹)오 짐의 잠뎌潛邸215) 시 구교(舊交)라. 무슴 허물이 잇스리오? 곳 불음이 됴흘가 ᄒ노라."

권람이 쥬왈

"져를 불음이 어렵지 안이ᄒ오나 졔 만일 구습(舊習)을 곳치지 못 ᄒ야 졔 오리비를 슐 먹여 은신케 ᄒ얏다가 신을 구타코져 ᄒ는 디경이면 좌셕이 요란ᄒ고 셩여(聖慮)ㅣ 되올가 업디려 근심ᄒᄂ이다."

---

214) 막비(莫非) 국은을 편피(遍被)흠이로소이다.: 국은을 두루 입지 않음이 없다는 말로 국은을 두루 입었다는 뜻으로 추정됨.
215) 잠뎌(潛邸): 임금이 되기 전의 시기.

샹이 대소ᄒᆞ시고

"그는 짐이 특별히 죠죵훌 방침이 잇노라."

권람이 즉시 슈항셔(數行書)를 주긔 집으로 보니더니 아이오 량파 담장 편복(淡粧便服)으로 교주에 나리어 어좌 압헤 비복ᄒᆞᆫ디 샹이 가ᄅᆞᄉᆞ디

"금일 연셕에 셕일 양슈동 풍우 즁 슐 먹고 놀던 일이 싱각나셔 방경芳卿216)을 불으라 ᄒᆞ얏노니 경은 악착(齷齪)ᄒᆞᆫ 적은 규모에 구이치 말고 한게 즐김154이 엇더ᄒᆞ뇨?"

량파ㅣ 피셕 고왈

"어가ㅣ 친림ᄒᆞ옵신 셩대 연셕에 미쳔ᄒᆞᆫ 신쳡을 명소ᄒᆞ압시니 감격 무디ᄒᆞ온 즁 텬은이 망극ᄒᆞ여이다."

권람이 쥬왈

"금일 셕상에는 량파를 신의 가속으로 디우치 말아 좌상 쥬흥을 돕게ᄒᆞᆷ이 가홀가 ᄒᆞᄂᆞ이다."

한판셔 쥬왈

"권람의 말이 당연ᄒᆞ오니 의윤(依允)ᄒᆞ심을 바ᄅᆞᄂᆞ이다."

샹 왈

"즁신의 소실로 연셕에 가무를 졍지(呈才)케ᄒᆞᆷ이 디우(待遇)에 결뎜(缺點)의 될 듯ᄒᆞ나 경등의 소쳥이 이갓치 근졀ᄒᆞ니 잠시 죵권(從權)ᄒᆞ노라."

---

216) 방경(芳卿): 소동파(蘇東坡)가 왕형(王迵)을 위해 시를 지어 주면서 붙였던 칭호에서 유래함. 여인에 대한 애칭으로 사용되기도 함. 여기서는 양파를 지칭함. 『蘇東坡詩集』

량파ㅣ 이에 사양치 안이ᄒ고 각식 여흥을 도아 날이 늦진 후 어가ㅣ 환궁ᄒ시고 즁빈이 차례로 훗터가니라. 그 후로는 한명회 홍윤셩 권람 등 각 대관의 집에셔 쥬로 야연(夜宴)을 기셜ᄒ고 즐길시 상이 왕왕 친림ᄒ사 군신이 승평을 동낙(同樂)ᄒ시더라.

十八回 吳雲林形呈手證
십팔회 오운림이 형벌을 림ᄒᆞ야 징셔를 밧치다

 각셜. 삼남 디방(三南地方)217)이 련년(年年) 농ᄉㅣ 경황ᄒᆞ야 심히 쥬리미 ᄉᆞ름의 량심이 ᄌᆞ연 업셔지고 악흔 힝실이 싱긔어 곳곳이 도적이 횡힝ᄒᆞ니 뵉셩이 안돈치 못ᄒᆞ고 도로에 방황ᄒᆞᄂᆞᆫ지라. 렬읍 슈령과 각도 방뵉이 연유를 계문(啓聞)ᄒᆞ니 이ᄯㅣ 샹이 즁흥 졔신(中興諸臣)을 다리고 어원에셔 진치218)ᄒᆞ시다 의외에 이 쟝계를 어람ᄒᆞ시고 룡안에 근심 빗을 ᄯㅢ오사 좌우를 도라보시며 가ᄅᆞ사디
 "짐의 덕이 업셔 하ᄂᆞᆯ이 흉년으로 련년히 벌을 ᄂᆞ리시니 슯흐다! 우리 젹ᄌᆞ(赤子)219)ㅣ 싱활홀 방약(方略)을 일코 도로에 셔셜ᄒᆞ며 겸ᄒᆞ야 량심을 일코 악힝이 싱긔어 쳐쳐에 도적이 봉긔혼다 ᄒᆞ니 짐의 마음이 바ᄂᆞᆯ방셕에 안짐 갓ᄒᆞ야 식불감침불안食不甘寢不安 ᄒᆞ노니 뉘 능155히 짐의 ᄯᅳᆺ을 몸밧아 도적을 소탕ᄒᆞ고 뵉셩을 안무홀고?"
 좌샹 졍린지 츌반쥬(出班奏)왈
 "삼남 긔근(饑饉)의 쳔진荐臻220)흠과 젹경(賊兵)의 봉긔蜂起흠은 일

---

217) 삼남 디방(三南地方): 충청, 전라, 경상을 지칭함.
218) 진치: 잔치.
219) 젹ᄌᆞ(赤子): 갓난아이를 보호하듯이 하면 백성이 편안할 것(若保赤子 惟民其康乂)이라는 고사에서 유래하여 '백성'을 의미함.『書經』

죠일셕의 연고 안이오니 만일 문무 겸비ᄒᆞ야 인의로 무유(撫柔)도 ᄒᆞ고 위력(威力)으로 엄징(嚴懲)홀 자격이 안이면 그 소임에 불가홀가 ᄒᆞᄂᆞ이다."

샹이 가ᄅᆞ사ᄃᆡ

"경의 말이 유리ᄒᆞ나 다만 그 폐믹만 말ᄒᆞ고 그 교구 방침(矯救方針)을 말 안이홈이 불가ᄒᆞ니 경은 로셩훈 원로라. 응당 익히 싱각훈 비 잇스리니 은휘홈이 업시 말ᄒᆞ라."

졍상이 다시 쥬왈

"한명회 지략이 과인ᄒᆞ오니 삼도톄찰ᄉᆞ三道體察使를 ᄒᆞ이시고 용밍이 과인ᄒᆞ고 의ᄉᆞㅣ 소통훈 홍윤셩으로 젼라감ᄉᆞ를 ᄒᆞ이시고 권람으로 경샹감ᄉᆞ를 제슈ᄒᆞ이신 후 각군 챵고에 싸인 국곡(國穀)을 임의로 지발(支撥)ᄒᆞ야 빈민을 진휼(賑恤)케 ᄒᆞ며 샹방금(尙方劍)을 맛기사 도젹의 거괴(巨魁)ᄂᆞᆫ 일병 참살ᄒᆞ고 협죵(脅從)으로 효유 방셕(曉諭放釋)ᄒᆞ야 은위恩威를 병힝케 ᄒᆞ시면 반년이 못다가셔 큰 공을 알욀가 ᄒᆞᄂᆞ이다."

샹이 대희ᄒᆞ사 좌샹의 차쥬(箚奏)를 의윤(依允)ᄒᆞ시고 익일 분발(分發)에 리판 한명회로 허복(許卜)ᄒᆞ사 삼도톄찰ᄉᆞ를 비ᄒᆞ시고 병판 홍윤셩으로 젼라감ᄉᆞ를 제슈ᄒᆞ시고 형판 권람으로 경샹감ᄉᆞ를 허이시고 탑젼에 부르사 면면히 돈유(敦諭)ᄒᆞ시니 한톄찰ᄉᆞ와 권홍량감ᄉᆞㅣ 그 칙임을 감당치 못홀 ᄯᅳᆺ으로 지삼 샹쥬(上奏)ᄒᆞ나 샹이 웃지 드르시리오? 마참니 슉비 하직ᄒᆞ고 믈너나아와 턱일 발힝ᄒᆞ야

---

220) 쳔진(荐臻): 거듭 이름. 재차.

각각 림소로 가니라.

한톄찰이 부임 익일에 각도 렬읍에 관자(關子)ᄒ야 경닉(境內) 각면 각리의 빈호 인구(貧戶人口)를 하나 유류(有漏)업시 일일 죠샤치보(照査馳報)ᄒ라 ᄒ고 각 방곡에 방문을 븟쳐 됴샤에 견루(見漏)ᄒᆫ 빅셩이 잇거던 스스로 셩명 거쥬를 긔록ᄒ야 히디방(該地方) 관쳥에 밧치[게] ᄒ야 지빈무의(至貧無依)ᄒᆫ 호구를 졍실(精實)히 됴샤 셩ᄎᆡᆨ(成冊)ᄒᆫ 후 각도 각156군 창고에 싸인 국곡을 빈호 슈효(貧戶數爻)에 의ᄒ야 미호(每戶)에 일셕식 져져히 난화 쥬니 기갈(飢渴)을 못 견디여 ᄉ면으로 헤여져 류리표박ᄒ던 빅셩들이 그 소문을 듯고 닷호아 구름갓치 모여들더라. 한톄찰이 진휼을 맛친 후 다시 각도에 감결(甘結)ᄒ야 관하(關下) 각군 각면 각리에 뎨일 지각과 풍력 잇ᄂ 쟈 일명식 션턱ᄒ야 각기 본읍으로 디령ᄒ되 일쥬ᄂ 톄출부 지휘를 기디려 슌셔디로 ᄒ라 ᄒ고 익일부터 한톄찰이 삼도 각군을 슌력(巡歷)ᄒᆯ시 인마 츄죵(人馬追從)을 모다 졔례(除例)ᄒ고 다만 슈죵쟈(隨從者)로 초솔히 길을 ᄯ나 각 군읍마다 드러가되 미리 압 고을에 지휘ᄒ야 히군(該郡)에 디령ᄒᆫ 빅셩에게 간졀히 셜유(說諭)ᄒ야 왈

"여의(汝矣) 등은 이 고을 인민 즁 교초(翹楚)221)라. 몽미ᄒᆫ 무리에 비ᄒᆯ 바 안이니 본 톄찰의 셜유ᄒᄂᆫ 바를 명심히 드럿다가 각기 본면 본리에 도라가 일일히 셜명ᄒ야 몽미ᄒᆫ 무리로 ᄒ야금 ᄭᅵ다름이 잇셔 안도락업(安堵樂業)ᄒ도록 ᄒᆯ지어다. 본 톄찰은 즈의로 여

---

221) 교초(翹楚): 잡목 중 가장 높이 자란 가시나무를 가리킴. 여러 사람 중 가장 뛰어난 사람을 의미함. 『詩經』

등을 디호야 말홈이 안이라 셩상의 하놀갓치 어지신 뜻을 몸바다 이갓치 옴이니 여등은 귀를 기우려 엄슉히 드르라. 무릇 빅셩은 물과 일반이라 동으로 트면 동으로 흘으고 셔으로 트면 셔으로 흘으니 그 션악이 지도쟈에 잇셔 션량훈 빅셩됨과 완악훈 빅셩됨이 호리(毫釐) 간에 틀님이 쳔리만치 억그러지는지라. 셩인이 오즉 이를 근심호사 챵션증악(彰善懲惡)홀 법도를 마련호셧누니 여의 빅셩이 명령을 복죵호야 셩인의 덕화 즁에 도라오면 션량훈 빅셩이 되야 웃사름의 지도를 반향(反響)호고 화외지밍(化外之氓)이 스스로 되야 무궁훈 복을 누릴 것이오. 그러치 아니호야 완악훈 힝실을 일숨으면 결코 용셔업시 죄벌이 셔셔 이를지니 여의 등은 칙념(着念)호야 죄 잇는 쟈는 이왕 험을을 곳치고 시로 챡훈 일을 지을지며 죄 업는[157] 쟈는 더욱 졍신을 가다듬어 더욱 챡훈 힝실을 힘쓸지어다. 빅셩은 일반이어눌 엇지 불량훈 무리 짜로 잇셔 쳐엄부터 불량훈 힝실을 호리오? 여러 히 흉년에 긔한을 못 견듸여 마옵이 변호고 힝실이 어그러져 인호야 유장쳔혈(窬牆穿穴)[222]과 빅쥬표탈(白晝剽奪)의 포악훈 일을 힝홈이니 그 졍경(情景)을 싱각건디 심히 칙은훈지라. 이갓치 효유호야 기과쳔션훈 쟈는 그 죄를 의론치 안이홀 쑨더러 도로혀 포상홀 것이오 만일 일향 완만(一向緩慢)호야 악습을 변치 안이호는 쟈는 왕쟝(王章)[223]이 삼엄호야 쥬륙(誅戮)을 면치 못호리로다. 금쟈(今者)에 창고 다수(多數)훈 국곡을 헷쳐 빈호에 져져

---

222) 유장쳔혈(窬牆穿穴): 담에 구멍을 뚫음. 재물이나 여자를 탐내어 남의 집에 몰래 들어감을 뜻함.
223) 왕쟝(王章): 조정의 법률.

히 진휼홈은 하눌갓트신 셩은이 가이업논 바이라. 여의 등은 맛당히 감읍(感泣)홈을 말지 안이ᄒᆞ야 보답홈을 싱각홀 줄로 밋노라."

이와 갓치 각읍으로 슌력ᄒᆞ며 진심 셜유ᄒᆞ더니 톄찰사 일힝이 젼라도 흥양 디방에 이르러 큰 쥬뎜에 슉소를 졍ᄒᆞ고 밤을 지널시 그 씨 강도 무리가 셔로 모여 공론ᄒᆞ기를

"죠뎡이 홍윤셩으로 젼라감ᄉᆞ를 식이기는 아등을 일호 용셔업시 일거에 박멸ᄒᆞ쟈논 쥬의라. 홍윤셩은 본릭 회인 쟝교로 력량이 텬하쟝ᄉᆞ라 아등 동류를 일망타진_網打盡ᄒᆞ고 그 공으로 벼슬을 놉히 ᄒᆞ야 근일 감ᄉᆞ로 젼라도에 왓스니 아등이 잘못 실수ᄒᆞ면 우악ᄒᆞᆫ 홍가의 손에 귀신 모로논 죽엄을 ᄒᆞ리니 진시 홍가를 죽여 아등의 위틱홈을 면ᄒᆞ니만 갓지 못ᄒᆞ다."

ᄒᆞ야 낫이면 은신ᄒᆞ고 밤이면 쎄로 몰녀다니더니 톄찰ᄉᆞ 일힝을 감ᄉᆞ의 슌력으로 그릇 알고 밤들기를 기디려 한톄찰ᄉᆞ 자논 쥬뎜을 털통갓치 에워싸고 져의 즁 뎨일 힘 만은 쟈를 턱ᄒᆞ야 쥬뎜 문을 박차고 불의에 돌립ᄒᆞ야 불문곡직ᄒᆞ고 한톄찰ᄉᆞ을 잔쪽 묵거 풍우갓치 모라가며 욕셜이 무소부지ᄒᆞ야 왈

"이놈이 도158젹을 잘 잡기로 유명ᄒᆞ야 ᄌᆞ원(自願)ᄒᆞ고 우리를 잡으러 니려왓다더니 이놈이 우리를 잡기 젼에 져부터 우리 손에 죽논도다."

ᄒᆞ며 아즉 한톄찰ᄉᆞ에 미는 밋치지 안이ᄒᆞ얏스나 그 위험홈이 경각에 잇고 한톄찰ᄉᆞ 짜라온 일힝은 너 나 홀 것 업시 모조리 결박을 당ᄒᆞ야 한게 잡혀가고 뎜막 쥬인은 겁이 나셔 쥐 숨듯 구셕에 가 빅히여 감히 니다보지 못224)ᄒᆞ더라. 한톄찰이 ᄌᆞ소로 담대ᄒᆞ야 스디

를 루챠 당히도 조곰도 동념(動念)치 안이ᄒ얏거던 이번이라고 별로 공겁ᄒ리오? 텬연ᄒᆫ 사식으로 우스며 무러 왈

"너의가 필경 적당이어놀 나를 누구로 알고 이갓치 잡아가ᄂ뇨?"

한 놈이 박장대소왈

"너의 누구는 우리가 알아 무슴 소용잇스리오? 한갓 담 큰 톄ᄒ고 우리를 박멸(撲滅)ᄒ러 온 놈으로 아노라."

한톄찰이 앙텬 대소(仰天大笑)왈

"너의가 도젹질을 ᄒ야도 가장 몰지각ᄒ도다. 사롬을 죽이고져 흠이 리히(利害)를 엇지 이다지 모로ᄂ뇨? 나는 너의를 박멸코져 온 사롬이 안이라 아모조록 너의 싱도(生道)을 엇어 쥬자ᄒ는 톄찰ᄉ 한명회로다."

수작ᄒ던 도적이 그 말을 듯고 묵묵히 잇거눌 그 겻헤 잇던 놈이 소리 질너 왈

"너는 한가던지 홍가던지 그것은 분변ᄒ야 무엇ᄒ랴는다? 톄찰ᄉ는 별놈이냐? 그 역시 우리를 잡으랴 ᄌ원ᄒ고 온 놈이니라."

ᄒ며 한톄찰이 다시 입을 열어 말ᄒᆯ 겨를 업시 풍우갓치 몰고 가며 온갓 욕셜을 다ᄒ다가 급기 언의 곳 수목이 총집(叢集)ᄒᆫ 산곡에 이르러는 한톄찰을 큰 나무에다 동고라케 칩더 미아달고 우악ᄒᆫ 놈 하나이 셔리갓흔 장금(長劍)을 ᄲ여들고 방장(方將) 질으려 ᄒᆫ는디 쥴연히 뒤로셔 산이 문어지는 듯ᄒᆫ 소릐나더니 적도들이 쥐 숨듯 도망ᄒ며 그즁 담대ᄒ고 힘 잇는 놈 ᄉ오명이 각기 칼을 둘우고 돌

---

224) 뭇: 못.

녀들거늘 한테찰이 정신을 차려 도$_{159}$라보니 이 곳 전라감ᄉ 홍윤성이라. 텰여의를 둘으며 호통 일성에 둘녀들던 도적이 [즐]비ᄒ게 잡바지거늘 한테찰이 소리ᄒ야 왈

"홍형이 엇의로조차 이에 이르시뇨?"

홍감ᄉㅣ 도적을 지치며 한테찰을 찻다가 나무에 둘녀 소리흠을 듯고 놀나 급히 민 것을 쓴어 니려노으며 문왈

"얼마나 놀낫스며 상처나 업ᄂ닛가?"

테찰 왈

"다힝히 상치는 안이ᄒ얏거니와 함아ᄒ더면 싱명이 위터ᄒ더니 의외에 홍형이 이르러 싱명을 부지ᄒ얏도다."

홍감ᄉㅣ 테찰다려 아즉 이곳에 안젓스면 도적을 쏫차 시살(弑殺)ᄒ고 도라오리라 ᄒ더니 텰여의를 둘으며 대탑보(大踏步)로 산곡을 향ᄒ야 쏫더니 얼마 만에 육장(肉醬)을 만던 도적 오륙명을 쓸고 이르며 왈

"그놈들이 멀니 도망ᄒ고 겨오 이놈들 몇 명을 잡앗노라."

ᄒ거늘 테찰 왈

"형은 넘오 잔인ᄒ도다. 그놈도 역시 우리 빅셩이어늘 굿타여 도망ᄒᄂ 것을 싸라가 쥭이기까지 홀 필요ㅣ 업슬가 ᄒ노라."

감ᄉㅣ 우셔 왈

"테상의 말숨이 당연ᄒ오나 이놈들은 왕하(王下) 밧 물건이라 쥭이지 안이ᄒ면 량민에게까지 그 악습이 젼염되야 도적 긋칠 날이 업슬지니 쥭여 업시지 안이홀 슈 업ᄂ이다."

테찰이 무러 왈

"그러누 형이 나의 위디에 림훔을 엇지 알고 급히 오셧누뇨?"

감ᄉ 왈

"각읍 보고를 보건디 톄상이 금일 이 디경에 지나신다 ᄒ기로 영접ᄒ야 련로 민졍(沿路民情)도 말쏨ᄒ고 젹당 소탕훌 계칙도 의론코져 ᄒ야 급기 아모 쥬뎜에 이른즉 일셰 졈을고 톄상 힝ᄎᆞㅣ 삼십 리 밧 압참에서 슉소를 뎡ᄒ얏다 ᄒ기로 아모 곳에서나 자고 명일 죠죠에 압참 슉소로 가 뵈옵자 ᄒ야 졍히 잠이 들더니 문득 하속비가 힝인의 젼ᄒᄂᆞ 말을 듯고 톄상 봉젹(逢賊)ᄒ심을 고급(告急)ᄒ기로 ᄉᆡ긔 심급ᄒ야 하속을 지휘 여부 업시 털여의만 둘너뫼160고 쳑신(隻身)으로 달녀온즉 슉소ᄒ시던 쥬뎜이 젼징 지넌 터 일반으로 쓸쓸ᄒ고 황락ᄒ야 남ᄌᆞᄂᆞ 그림ᄌᆞ도 업고 다만 녀ᄌᆞ들만 쥐 숨ᄯᆞᆺᄒ야 잇셔 겨오 말ᄒ기를 톄찰 힝ᄎᆞ가 이 쥬막에서 슉박ᄒ시다가 강도에게 잡혀 산곡으로 갓셧다 훔으로 분심(忿心)을 참지 못ᄒ야 도젹 가던 방향을 무러 급히 ᄶᅡ로더니 텬힝으로 이곳셔 만난ᄂᆞ이다."

한톄찰이 홍감ᄉ의 손목을 잡아 왈

"형의 용밍은 가위 텬신갓도다. 쳑슈단권隻手單拳으로 무지훈 강도 무리를 호통 한 번에 다 물니치고 뎨를 ᄉᆞ디에서 구ᄒ시니 그 은혜 각골난망이로다. 그러나 셩현의 말쏨에 궁구를 막츄窮寇莫追225)라 ᄒ얏ᄉ니 젹도를 더 ᄶᅡ를 것 업시 한쎄 도라가 져의들로 ᄒ야곰 귀화훌 방침을 의론ᄒ사이다."

홍감ᄉ 왈

---

225) 궁구를 막츄(窮寇莫追): 궁지에 몰린 적을 추격하지 말라는 병법의 한 가지. 궁구물추(窮寇勿追).『孫子』

"공은 다만 그 하나만 알으시고 그 둘은 모로시도다. 소위 도적의 무리는 아모리 은의로 달니여 귀화를 식이고져 ᄒᆞ나 텬셩이 왕화 밧게 물건이라. 쥭기 젼 힝실을 곳치지 못ᄒᆞᄂᆞ니 죵금 이후로 크게 활동ᄒᆞ야 그 소혈(巢穴)을 뭇지르고 긔긔(起期)를 잡아 업신 연후에 여당을 초안招安226)ᄒᆞ여야 가히 각쳐 젹경(賊警)이 침식(侵蝕)되고 인민이 편안훌가 ᄒᆞᄂᆞ니 공은 슌력을 의구히 ᄒᆞ시되 반다시 톄츌 힝ᄎᆞ 이심을 힝인 과긱이라도 황연히 알도록 표시ᄒᆞ소셔. 금번의 곤욕 당ᄒᆞ심도 필연 젹도가 홍윤셩으로 그릇 알고 이왕 원슈를 갑고져 겁박흠인 듯 ᄒᆞ도소이다."

톄츌이 우셔 왈

"미상불(未嘗不) 도젹이 졔를 향ᄒᆞ야 존함을 불으며 겁욕(劫辱)ᄒᆞ더니다. 형은 관하에 잠복흔 도젹을 일일 슈식 체포ᄒᆞ시면 뎨는 여러 고을로 도라단이며 효유 귀슌케 ᄒᆞ리니 작일에 도젹이라도 금일에 귀슌흔 증거ㅣ 확실ᄒᆞ거던 반다시 효유 빅방ᄒᆞ야 피ᄎᆞ의 힝졍(行政)이 셔로 모슌矛盾치말게 ᄒᆞ[소]셔."

161인ᄒᆞ야 작별ᄒᆞ고 톄츌은 의구히 슌력ᄒᆞ야 인민을 효유ᄒᆞ고 감ᄉᆞ는 영문으로 도라와 령리ᄒᆞ고 려력 잇셔 눈 붉고 손이 쌀은 장교 ᄉᆞ오십명을 턱ᄎᆞ(擇差)ᄒᆞ야 각기 슈하에 토포 몃 명식을 거ᄂᆞ리고 각읍 각면에 텰망(鐵網)을 친 듯이 비치ᄒᆞ야 경니 도젹을 한 명도 루락 업시 모조리 포착훌시 왕왕 힘이 졀대ᄒᆞ야 쟝교 등이 뎌당치 못훌 도젹이 잇다는 보고를 보면 홍감ᄉᆞㅣ 스ᄉᆞ로 변복ᄒᆞ고 ᄂᆞ아가

---

226) 초안(招安): 불러서 회유함.

당장(當場)에 타살도 ᄒᆞ고 싱금도 ᄒᆞ야 싱금ᄒᆞᄂᆞᆫ 도적은 반다시 함거에 실어 테츌부로 압송ᄒᆞ야 싱살을 쳐분케 ᄒᆞ더니 일일은 쟝교 슈명(數名)이 젼신(全身)을 즁상(重傷)ᄒᆞ고 담여(擔舁)ᄒᆞ야 도라와 고ᄒᆞ되

"지리산227) 벽라동 산곡에 대적이 웅거ᄒᆞ야 잇다ᄒᆞᆷ으로 포박코져 슈식ᄒᆞ온즉 그 도적의 괴수 힘이 졀륜ᄒᆞ야 져당치 못ᄒᆞᆯ 뿐 안이라 도로혀 미를 죽도록 맛졋ᄂᆞ이다."

ᄒᆞ거ᄂᆞᆯ 감ᄉᆞㅣ 대로ᄒᆞ야 복식을 변ᄒᆞ야 장교와 방불(彷佛)히 ᄒᆞ고 갓던 장교 즁 ᄆᆡ 들 맛즌 쟈로 ᄒᆞ야곰 길을 가르치라 ᄒᆞ야 급기 적굴에 이른즉 적괴 마쥬 나아와 감ᄉᆞ를 물그럼히 바라보더니 손을 져어 소리 ᄒᆞ야 왈

"슌상(巡相) 각하ᄂᆞᆫ 로를 긋치시고 소인을 포박ᄒᆞ야 가소셔. 대장부ㅣ 일홈 업ᄂᆞᆫ 장교비에게 잡힌 바ㅣ 됨이 창피ᄒᆞ야 져의로 ᄒᆞ야곰 쳘업시 굴지 말고 도라가라 ᄒᆞ야 어리셕은 무리가 고지 듯지 안이ᄒᆞ고 일향 덜228)뷔기로 두어 번시 쥐여박은 것이라셔 필경 즁상ᄒᆞ얏슬 듯ᄒᆞ오니 관차(官差)를 구타ᄒᆞᆫ 죄 심히 두렵ᄉᆞ온 즁 슌상이 이쳐로 친히 오신 바에 엇지 감히 항거ᄒᆞ오릿가? 지금 죽어도 한가치229) 안이ᄒᆞ노니 어셔 포박ᄒᆞ야 가소셔."

ᄒᆞ며 ᄯᅡ에 꿀어 요동치 안이ᄒᆞ고 잇거ᄂᆞᆯ 감ᄉᆞㅣ 쳐엄에ᄂᆞᆫ 져놈이 무슴 간계 잇ᄂᆞᆫ가 하얏더니 급기 수하를 식여 포박ᄒᆞᆷ에 고기를 슉

---

227) 지리산: 경상남도와 전라남북도의 경계에 있는 산.
228) 덜: 덤.
229) 한가치: '항거치' 혹은 '한하지'로 볼 수 있음.

여 항거(抗拒)치 안이ᄒ거놀 심니162에 괴이히 넉여 셩명을 무른디 적괴 디왈

"수십년 대적(大賊)의 괴수로만 알으셔도 ᄉᆡᆼ지살지간(生之殺之間) 치죄(治罪)를 넉넉히 하시려던 하필 셩명을 드르셔 무엇ᄒ오릿가?"

감ᄉᆞㅣ 무ᄉᆞ로 ᄒ야곰 적괴(賊魁)를 함거에 싯고 여당(餘黨)은 도라본 톄 안이ᄒ고 함거를 모라 감령으로 와 착가엄수(着枷嚴囚) ᄒ얏다가 익일에 잡아니여 관졍(官庭)에 꿀니고 감ᄉᆞㅣ 무러 왈

"네 셩명을 은휘홈으로 구지 뭇지 안이ᄒ거니와 나를 쳐엄보고 엇지 감ᄉᆞ로 알앗스며 감ᄉᆞ로 알기로 네 스ᄉᆞ로 ᄉᆡᆼ명을 앗기지 안이ᄒ고 포박을 순죵ᄒ야 힘디로 항거치 안이ᄒ얏는다?"

적괴 대소왈

"소인이 비록 도적질은 ᄒ얏슬지언정 수ᄇᆡᆨ인지장(數百人之長)이 되야 엇지 슌상의 용모를 미리 알지 안이ᄒ얏스며 슌상의 쟈격이 엇더홈을 치탐(採探)치 안이ᄒ얏ᄉᆞ오릿가? 쓸디업시 항거ᄒ다는 한갓 힘만 허비ᄒ고 효염(效驗)이 업슬지니 출하리 슌리로 쳐분을 기디림이 올을가 홈이로소이다."

감ᄉᆞ 소왈

"네 비록 적당이나 가장 슬기 잇도다. 그러나 네 죄 가뵈얍지 안이ᄒ기로 용서치 안이ᄒ고 ᄉᆞ디로 보니노니 죽은 귀신이라도 나를 원망치 말나."

적괴 일호 두려온 빗이 업셔 왈

"사름이 한번 나미 한번 죽는 것은 면치 못홀 리치로디 다만 도적

괴수의 일홈으로 평싱을 맛치니 심히 졀통ᄒ도소이다."

감ᄉㅣ 드른 톄 안이ᄒ고 도로 엄수(嚴囚)ᄒ얏다가 익일에 공문을 닥가 톄츌부로 압송ᄒ니라.

이ᄯᅵ 한톄츌이 각군 슌력을 맛치고 본부로 이르러 각쳐에서 압송ᄒᄂ 도젹을 날로 취죠ᄒ야 죄 경ᄒᆫ 쟈ᄂ 방송(放送)ᄒ고 즁ᄒᆫ 쟈도 혹 졍비(定配)도 보니고 혹 ᄉ형에 쳐ᄒ기도 ᄒ더니 일일은 젼라감ᄉㅣ 공문을 안동(眼同)ᄒ야 대젹 긔괴(大賊巨魁) 일명(一名)을 압송ᄒ얏거늘 즉시 좌긔(坐起)를 차리고 잡아드려 문초ᄒᆯ시 젹괴 고기를 숙여 얼골을 감초고 이왕 여러 ᄒᆡ 타163기겁ᄉ(打家劫舍)ᄒᆫ 죄상을 일일(一一) ᄌ복(自服)ᄒ거늘 톄츌이 쟝ᄎ 유ᄉ에게 맛기어 효시경즁(梟示警衆)코져 ᄒ더니 젹괴 몸으로서 무ᄉᆷ 편지 갓흔 것을 올니며 이것을 하람(下覽)ᄒ야지라 ᄒ거늘 톄츌이 괴이히 넉여 올니라 ᄒ야 십습봉지(十襲封之)ᄒᆫ 것을 ᄯᅦ여 자셰 보니 이 곳 ᄌ긔 친필로 로구산 젹괴 오운림을 써 쥰 징셔(證書)ㅣ 분명ᄒᆫ지라. 보기를 맛치고 젹괴다려 고기를 들어 나를 보라 ᄒ니 그졔야 젹괴 얼골을 들어 디상(臺上)을 두어 번 쳐다보고 다시 고기를 숙이거늘 한톄츌이 확실ᄒᆫ 오운림인쥴 알고 짐짓 호령ᄒ야 하옥ᄒ라 ᄒ고 밤이 이윽ᄒ야 ᄉ면이 고요ᄒᆯ ᄯᅢ에 감안이 심복 하인을 식여 옥문을 열고 오운림을 불너오라 ᄒ야 죵용히 무러 왈

"늬 일즉이 너의 지각(知覺)을 짐쟉건디 가히 기간에 옛 허물을 회기ᄒ야 량민이 되엿스리라 밋엇더니 이ᄯᅥᆺ 도젹의 괴수로 잇다가 필경 포박을 당ᄒ얏ᄂ다?"

운림이 우스며 고왈

"이는 테샹이 소인의 본지(本志)를 오히려 깁히 통촉지 못ᄒᆞ심이로소이다. 소인이 울울 부득지(不得志)ᄒᆞ야 한 번 도젹에 투입ᄒᆞ이 쥴도(卒徒)들이 소인의 용략을 츄앙ᄒᆞ야 두령을 삼은 후 수십년을 각쳐로 횡힝ᄒᆞ며 타가겁ᄉᆞᄒᆞ야 오운림 성명 삼ᄌᆞ를 포교마다 귀에 졋도록 드럿고 여러 차례 포교를 만나 격투ᄒᆞ다가 져의들이 번번히 피ᄒᆞ야 잡지 못ᄒᆞ얏ᄉᆞ오니 소인의 용모도 포교들이 력력히 아ᄂᆞᆫ지라. 셧불니 회기흠만 밋고 혈혈 고독ᄒᆞ게 잇다ᄂᆞᆫ 필경 포교의 눈에 씌워 포박코져 훌지니 량민 되야 관리를 뎌항ᄒᆞ야 몸을 쎄쳐 안이 잡히면 그 죄 도젹이나 일반이온즉 어림업시 일홈 업ᄂᆞᆫ 포교 손에 잡혀 죽ᄂᆞ니 아즉 도당을 히산(解散)치 말고 잇셔 씨를 기디려 형편디로 조쳐흠만 갓지 못ᄒᆞ다 ᄒᆞ야 의구히 도당을 령솔ᄒᆞ얏더니 샹공이 톄츌ᄉᆞ로 오심을 긔회164로 알아 홍감ᄉᆞ에게 포박을 당ᄒᆞ옴이오니 복망 샹공은 잔[명(殘命)을 용대(容貸)]ᄒᆞ압소셔."

톄츌이 우스며

"아즉 물너 잇셔 하회를 기디리라."

ᄒᆞ고 익일에 오운림을 잡아 올녀 [대강 문초(問招)]ᄒᆞ고 무죄로 빅방(白放)ᄒᆞ야 좌우에 갓가히 두엇더라.

第十九回 寂滅宮椎賊護玉體
뎨십구회 적별궁에셔 도젹을 쎠려 옥톄를 구호ᄒ다

지셜. 한톄츌이 오운림을 빅방ᄒ야 좌우에 두고 수죡갓치 사용흘 시 운림이 죵용히 한 쇠를 베푸러 왈

"샹공이 셩샹의 위탁(委託)ᄒ심을 밧자와 삼도 톄출이 되심은 뎨일은 쥬리는 빅셩을 진휼ᄒ고 뎨이는 ᄉ면에 봉긔ᄒᄂ 도젹을 진멸ᄒ랴 ᄒ심이라. 샹공이 각도 렬읍(各道列邑)에 몸소 슌력ᄒ사 지셩츄달(至誠推撻)ᄒᆫ 말ᄉᆷ으로 간졀히 셜유흠은 졔 ᄉ졍에 부득이 ᄒ야 심쟝이 밧구여 도젹이 된 무리로 ᄒ야곰 귀화케 ᄒ야 다시 나의 슌량(淳良)ᄒᆫ 빅셩이 됨을 옹망(顒望)ᄒ심이니 그 가업시 자이ᄒ신 쯧이 하늘을 이고 ᄯᅡ를 발분 인류로 ᄒ야곰 감격ᄒᆫ 눈물이 ᄌ연 흘을지나 그러나 일즉이 학문이 업셔 무식 미려(無識賣驢)230)ᄒᆫ 무리가 쳐엄에는 ᄉ졍을 인ᄒ야 박어부득(迫於不得)이 도젹이 되얏스나 한 번 힝ᄒ고 두 번 힝하야 졈졈 습관이 되미 이에 젼일에 땀을 흘

---

230) 무식 미려(無識賣驢): 삼지무려(三紙無驢), '박사매려(博士買驢)'라고도 함. 육조시대(六朝時代) 문학가 안지추(顔之推, 531~591)가 지은 이야기에서 유래함. 재주 없는 선비가 재주 있는 척하며 허세를 부리다가, 나귀 매매 계약서에 '려(驢)' 자를 쓰지 못했다는 내용임. 말을 하거나 글을 쓸 때 허튼소리만 하는 경우를 뜻함. 『顔氏家訓』

니고 일년 니 짜를 파 잇던 바이 겨오 셤곡식(穀食)에 지나지 못ᄒ 다가 하로 밤만 여의히 도적ᄒ야 오면 몃 십년 농사ᄒᆫ 이샹 소득이 싱기ᄂᆞᆫ지라. 스스로 싱각ᄒ기를 진시 이 노릇를 ᄒ얏더면 셕슝石 崇231)의 부ᄌᆞ(富者)가 어렵지 안이케 되얏슬 것을 공연히 풀 속에 머리를 박고 농ᄉᆞ를 지엇거니 ᄒ야 ᄉᆞ면의 시별갓치 눈이 발은 포 교가 엿봄을 일호 두려워 안이ᄒ고 번연히 등류(同流)165가 비일비 지로 잡히ᄂᆞᆫ 것을 듯고 보아도 욕심에 졍신을 아인 바 되야 공겁지 안이ᄒᄂᆞ니 샹공의 셜유ᄒ심을 듯고 엇지 능히 번연히 씨다라 힝실 을 일시에 곳치릿가? 소인의 우미ᄒᆫ 싱각에 한 가지 계교 잇스오니 일득지견—得之見232)을 치용(採用)ᄒ실가 ᄒᄂᆞ이다."

테찰 왈

"무슴 됴흔 계교 잇ᄂᆞ뇨? 시험ᄒ야 말ᄒ라."

운림 왈

"지금 팔도 니에 잠복ᄒ야 잇ᄂᆞᆫ 셔졀구투鼠竊狗偸233)ᄇᆡᄂᆞᆫ 한 번 바 룸에 다 쓸닐 것들이니 죡히 근심홀 바 업거니와 당류를 소집ᄒ고 소혈에 굿게 웅거ᄒ야 취산(聚散)이 무상ᄒ고 츌몰이 형황(熒煌)ᄒ 야 공ᄉᆞ 지물(公私財物)을 량즁취물囊中取物ᄒ듯 ᄒᄂᆞᆫ 강도ᄂᆞᆫ 져의가 낫낫치 영특흠이 안이라 반다시 지용(智勇)이 겸비ᄒᆫ 쟈가 두령이 되야 부하를 지휘ᄒᄂᆞᆫ 연고로 능히 단톄(團體) 되야 여간 토포 쟝교 의 지략으로 한 명도 잡지 못흘지니 엇지 용이히 소쳥(掃淸)ᄒ오릿

---

231) 셕슝(石崇): 중국 서진(西晉)의 큰 부자.
232) 일득지견(一得之見): 좁은 소견. 자신의 의견을 겸손하게 표현하는 것.
233) 셔졀구투(鼠竊狗偸): 쥐나 개처럼 물건을 훔치는 좀도둑. 『史記』

가? 소위 두령 등을 계교로 소멸ㅎ면 그 날이 곳 산무도젹ㅎ고 야불습유山無盜賊野不拾遺[234]ㅎᄂᆞᆫ 틱평세계도 오리니 소위 두령 삼십팔명은 곳 소인의 지긔지우ᄲᅮᆫ 안니라 소인의 력량과 지모가 져의 등의 밋지 못홀 바인 고로 미ᄉᆞ(每事)를 소인에게 복죵ㅎ야 일톄 지휘를 반디치 못ㅎ옵ᄂᆞ니 만일 상공이 소인을 밋고 부리실진던 이 밤에 흔젹 업시 소인의 웅거ㅎ야 잇던 지리산으로 도라가 슈하 도당을 다시 소집 령숄ㅎ고 져의들과 련락(連絡)ㅎ면 졔 필연 소인의 ᄉᆞ디에셔 탈신ᄒᆞᆷ을 텬신갓치 녁여 젼보다 더욱 복죵ㅎ오리니 그졔논 소인이 대ᄉᆞ를 상의홀 바 잇스니 각쳐 두령을 모월 모일에 소인 잇ᄂᆞᆫ 곳으로 회집(會集)ㅎ라 홀 디경이면 져의들이 단뎡코 시각을 억의지 안이ㅎ고 일시에 모힐지라. 미리 그 형편을 비밀히 상공게 고ᄒᆞ리니 이 ᄯᅳᆺ을 홍감ᄉᆞ에게 통지ㅎᄉᆞ 효[166]용ㅎᆫ 장교비를 림시 회동(會同)ㅎ야 벽라동을 위지삼잡ㅎ고 홍감ᄉᆞ로 션봉을 삼아 지쳐 드로오시면 소인은 독쥬(毒酒)를 쥰비ㅎ얏다가 두령 등을 권ㅎ야 대취케 ㅎ고 등디ㅎ오리니 오시ᄂᆞᆫ 길로 [모]죠리 포박ㅎ되 취도(醉倒)ㅎ얏다가 소홀히 거ᄉᆞ(擧事)ㅎ다ᄂᆞᆫ[235] 만일에 도타(逃躱)홀 념려 잇ᄉᆞ오니 홍감ᄉᆞ게셔 본능을 다ㅎ야 십분 단속ㅎ시면 항아리 속에 자라 잡기 일반으로 손 곳 가며 붓줍을 것이라. 소인까지 합 삼십구명을 한 ᄭᅳᆫ에 포박ㅎ야 옥즁에 뢰슈(牢囚)ㅎ시고 ᄆᆡ일 이ᄉᆞᆷ명식 즙아니여 상공이 인의로써 효유ㅎ시면 소인은 옥즁에 갓치 갓쳐 잇셔 져

---

234) 산무도젹ㅎ고 야불습유(山無盜賊野不拾遺): 산에는 도적이 없고, 들에는 물건을 줍는 사람이 없음. 나라가 잘 다스려지고 있음을 비유함.
235) 취도(醉倒)ㅎ얏다가 소홀히 거ᄉᆞ(擧事)ㅎ다ᄂᆞᆫ: 취(醉)하여 쓰러졌다고 소홀히 일을 하였다가는.

의를 디ᄒᆞ야 아등이 일향 기과ᄌᆞ신(改過自新)치 안이ᄒᆞ다는 한공의 명찰(明察)과 홍공의 용략(勇略)에 필경 몰ᄉᆞ(沒死)ᄒᆞ고 말지니 옛 ᄒᆡᆼ실을 버리고 다시 량민됨만 갓지 못ᄒᆞ고 ᄯᅩ 한공은 사ᄅᆞᆷ의 촌(寸)만ᄒᆞᆫ 지죠ㅣ 잇는 쟈도 힘써 쳔거ᄒᆞ야 상당ᄒᆞᆫ 직업을 식인다 ᄒᆞ니 아등이 긔회를 일치 말자 ᄒᆞ면 져의들이 귀화되지 안일 리치 업슬가 하ᄂᆞ이다."

테찰이 무릅을 치며

"션지(善哉)라! 너의 묘계(妙計)여. 니 지금으로 너를 보니노니 힘써 계교를 ᄒᆡᆼᄒᆞ야 국가에 큰 공을 셰우라."

오운림이 두 번 절ᄒᆞ고 물너나와 바로 벽라동으로 오니 피잔(敗殘)ᄒᆞᆫ 남져지 쥴도들이 그 모여 잇셔 타쳐(他處) 두령 아리로 각기 부쇽되여 갈 의론을 ᄒᆞ다가 오운림의 ᄉᆡᆼ환(生還)ᄒᆞᆷ을 [보고] 환텬희[디](歡天喜地)ᄒᆞ야 닷토아 치하ᄒᆞ며 무ᄉᆞ히 도라온 연고를 뭇거늘 운림이 거짓 장담ᄒᆞ야 왈

"홍윤셩[을] 속여 암살코져 ᄒᆞ야 짐짓 즙힌 비 되야 포박을 ᄒᆞ거ᄂᆞ 함거에 실어 가거ᄂᆞ 져의 ᄒᆞ는 디로 맛겨 두어 긔회를 엇거던 비단 홍윤셩이라 한명회까지 결과(結裹)식여 우리 록림긱(綠林客)[236]의 근심을 들[237]자 ᄒᆞ이러니 단쇽(團束)이 엄밀(嚴密)ᄒᆞ야 셩ᄉᆞ키 어렵기로 도망ᄒᆞ야 나의 몸만 도라왓스나 죠만간 그 두 놈[은] 나의 계교에 즙힌 바ㅣ 되리니 너의 등은 아모 념려 말고 슐이나 만히 빗즈라. 각쳐 두령을 쳥ᄒᆞ야 나의 무ᄉᆞ히 도라온 경연(慶筵)을 비셜ᄒᆞ

---

236) 록림긱(綠林客): 도둑을 가리키는 말.
237) 들: 덜.

야 하로 즐기고 또 비밀흔 일을 의론ᄒ리라."

　쥴도 등이 깃검을 못 익의여 셔로 뛰놀며 일변 여러 독슐을 빗졋더라. 오운림이 이에 슐 익을 시긔를 짐작ᄒ야 삼도 각 산즁에 웅거ᄒ야 잇는 강도의 두령 삼십팔명을 모월 모일로 모여 오라 정ᄒ니 두령들이 운림의 포박된 소문을 듯고 모다 락담상혼(落膽喪魂) ᄒ얏다가 능히 싱환ᄒ야 경연을 기셜ᄒ고 압경厭驚238)ᄒ다는 통지를 보고 막비 놀나고 반겨 일ᄌ를 당도ᄒ야 일제히 지리산 벽라동으로 모여 왓더라. 운림이 ᄎ례로 맛져 좌셕에 안치고 리승(理勝)흔 말로 지낸 력ᄉ를 쑴여 셜명흔 후 이에 독쥬를 가져 진일토록 권ᄒ야 모다 취도케 ᄒ고 슬몃이 몸을 ᄲ혀 나는 다시 톄찰부로 와 연유를 고흔 후 급히 도라오니 취도흔 무리 일향 정신을 모로고 쓰러져 잇거놀 ᄌ긔도 대취흔 거동을 지어 그 가온디 혼동(混同)ᄒ야 쓰러져 동졍(動靜)을 기디리더니 거무하에 사롬의 소리 들네며 홍감ᄉ 압셔 돌입ᄒ며 무ᄉ를 명ᄒ야 삼십구명을 ᄎ례로 잔쏙 묵거 함거에 싯고 동학에 불을 질너 여당의 지졉(止接)흘 곳이 업게흔 후 함거을 급히 몰아 톄찰부에 착가엄슈ᄒ니 여러 놈들이 불의지변을 당흔 즁 혹 슐이 죠곰도 ᄭ여 져항코져 ᄒ다가 미만 맛고 포박 당흔 쟈도 잇고 잡혀오다가 함거 쇽에셔 졍신을 차려 호곡(號哭)ᄒ는 쟈도 잇고 옥 즁에셔도 의구히 코를 골며 몽롱히 자는 쟈도 잇더라.

　익일부터 몃 명식 차례로 잡아니여 한톄찰이 만단 효유ᄒ고 도로 하옥ᄒ야 삼십구명이 한 차례를 다 당흔 후로는 ᄯ다시 시작ᄒ야

---

238) 압경(厭驚): 원문에 '厭'으로 쓰여 있으나 '壓'으로 추정됨. 압경은 놀란 것을 진정시킨다는 의미.

몃 명식 잡아니여 진시 회기치 안이면 목을 베여 효시홀 쓰168을 셜유훌시 오운림은 옥 쇽에 잇셔 먼져 공겁(恐怯)ᄒ야 허물을 씨다른 모양을 지여 동류를 엇더케 달넛던지 그 완악(惋愕) 흉독훈 무리들이 모다 회심ᄒ야 톄찰이 뭇는 마당에 무비 눈물을 흘니며 량민되기를 원ᄒ니 한톄찰이 이에 홍감ᄉ와 의론ᄒ고 삼십구명 젹괴를 일시에 죄를 사ᄒ야 빅방훈 후 각 영문(營門)에 쳔거ᄒ야 각기 졔 자격을 짜라 젹은 두목을 식이고 오운림은 주긔 슈하에 더리고 잇셔 미ᄉ를 신림(信任)ᄒ더라.

각셜. 셰죠대왕게셔 히니를 평뎡ᄒ시고 정치를 쇄신(刷新)ᄒ사 국퇴민안(國泰民安)ᄒ니 만긔萬機239)에 계를240)이 계신지라. 이에 각 ᄉ고史庫에 친림(親臨)ᄒ사 ᄉ긔(史記)를 어람ᄒ실시 먼져 강화 졍쥭산셩江華鼎足山城241)에 힝힝ᄒ사 셩쳡(城堞)이 졀험(絶險)흠과 흉흉훈 히도를 쥬람ᄒ시며 ᄉ긔를 포쇄(曝曬)케 ᄒ시고 인ᄒ야 강능 오디산江陵五臺山242)으로 어가ㅣ 향ᄒ실시 민폐됨을 진념(軫念)ᄒ사 각 디방으로 ᄒ야곰 인민의 지영지숑祗迎祗送을 제례(除禮)케 ᄒ라 ᄒ시고 쵸쵸훈 단긔로 오디산에 친림ᄒ사 ᄉ고(史庫)에 싸인 ᄉ긔를 어람(御覽)ᄒ신 후 적멸궁寂滅宮243)에 불샹佛像을 구경ᄒ시고져 친히

---

239) 만긔(萬機): 임금의 온갖 업무.
240) 계를: 겨를.
241) 강화 졍쥭산셩(江華鼎足山城): 사고 건물은 남아 있지 않으나, 현재 인천광역시 강화군 길상면 온수리 정족산성 안 전등사근처에 강화 정족산사고지(鼎足山史庫址)가 있음.
242) 강능 오디산(江陵五臺山): 현재 강원도 평창군 진부면 동산리 오대산 월정사(月精寺) 근처에 오대산사고지(五臺山史庫址)가 있음.
243) 적멸궁(寂滅宮): 강원도 오대산 월정사에 딸린 적멸보궁. 사리를 봉안하여 부처가 설법하는 것을 상징함.

드러가시더니 홀연 난디업는 괴양이 룡포 뒤자락을 물고 줍아다리며 찌려도 놋치 안이ᄒᆞ거놀 상이 심상치 안이 넉이스 즉시 좌우를 명ᄒᆞ야 젹멸궁 문을 열고 스면 슈식(四面搜索)하야 보라 ᄒᆞ시니 문득 불탁(佛卓) 밋흐로셔 봉도돌빈(蓬頭突鬢)으로 엇더ᄒᆞᆫ 한쟈(漢子) ㅣ 손에 비슈를 들고 쮜어나오며 바로 상을 향ᄒᆞ야 범코져 ᄒᆞ거놀 상이 위급ᄒᆞ사 젹멸궁으로 즁심을 삼고 돌아 밧비 피신ᄒᆞ실시 상이 엇지 건장ᄒᆞᆫ 한즈의 거름을 당ᄒᆞ시리오? 상은 쳔식이 졈졈 급ᄒᆞ사 넘어지실 디경이오 한즈는 더욱 긔승(氣勝)ᄒᆞ야 비슈를 두루며 좃츠니 샹거(相距)ㅣ 불과 십보 안에 격ᄒᆞ얏더라.

이ᄯᅢ 한₁₆₉테찰이 삼도에 도젹을 소탕ᄒᆞ고 쟝차 봉명코져 ᄒᆞ더니 ᄯᅳᆺ밧게 됴보를 드르ᄆᆡ 상이 강능 오디산에 친림ᄒᆞ신다 ᄒᆞ거놀 문득 쳥쥬 향뎨에셔 몽스ㅣ 괴이ᄒᆞ던 일이 불현듯이 싱각이 나며 담(膽)이 썰니고 슈각(手脚)이 황란(慌亂)ᄒᆞ야 스스로 진뎡키 어려온지라. 심닉에 필연 심상치 알이ᄒᆞᆫ²⁴⁴⁾ 죠즘(兆朕)이라 ᄒᆞ고 시각을 지체치 안이ᄒᆞ고 젼라감사 영(營)으로 급히 가 감스 홍윤셩다려 왈

"이졔 어가ㅣ 오디산에 친림ᄒᆞ심이 파칙(叵測)ᄒᆞᆫ 인심을 칭량키 어려워 흉다길소(凶多吉小)ᄒᆞ니 인신된 우리 도리에 안연히 잇지 못ᄒᆞᆯ지라. 우리 망야(罔夜) 비도(倍道)로 가셔 옥톄를 보호홈이 가ᄒᆞ니라."

홍감스ㅣ 놀나 여러 말ᄒᆞᆯ 겨를 업시 톄샹을 짜라 망야 비도ᄒᆞ야 밋 오디산 젹멸궁 압을 당도ᄒᆞ니 상이 엇더ᄒᆞᆫ 한쟈에게 쫏기어 졍히 위틱ᄒᆞ신지라. 홍윤셩이 분긔츙텬ᄒᆞ야 털여의를 들너메고 디호

---

244) 알이ᄒᆞᆫ: 아니한.

일셩(大呼一聲)에

"도젹은 옥톄를 범ᄒᆞ지 말나!"

그 한쟈ㅣ 그 소리를 드른 체도 안이ᄒᆞ고 더욱 급히 샹을 쫏거눌 홍윤셩이 텰여의로 한ᄌᆞ를 향ᄒᆞ야 넘겨치랴 ᄒᆞ니 한ᄌᆞㅣ 언의 겨를에 보고 도라셔 비슈를 둘너 홍윤셩과 어루져 싸홀시 샹은 임의 멀니 피신ᄒᆞ신지라. 한ᄌᆞㅣ 칼을 짜에 던지고 탄식왈

"텬슈로다! 슈양이 도망ᄒᆞ얏스니 나의 경륜이 와히瓦解라. 홍윤셩 한명회 등과 싸화 무엇ᄒᆞ리오? 출하리 져의들 셩공이나 식이리라."

ᄒᆞ며 죠곰도 움작이지 안이ᄒᆞ고 홍감ᄉᆞ의 텰여의를 맛져 싸에 걱구러지거눌 한톄츌이 갓가히 가보니 이 곳 락산ᄉᆞ에셔 작별ᄒᆞ던 문쥼렬이라. 두골이 파쇄ᄒᆞ야 류혈이 랑ᄌᆞᄒᆞ고 팔다리 부러져 동작은 못ᄒᆞ나 오히려 졍신은 여샹ᄒᆞ야 눈을 써 한톄츌을 보더니 우셔 왈

"니 여러 ᄒᆡ 이곳에 은복(隱卜)ᄒᆞ얏슴은 금일을 기다려 셩학ᄉᆞ의 원슈를 갑고져 홈170이러니 홍윤셩은 한낫 무부[이니] 능히 이 일을 모를 것이니 념려ᄒᆞᆫ 바ㅣ 업거니와 너는 략간 지혜 잇슴으로 일즉이 락산ᄉᆞ에셔 너다려 나의 이곳으로 오겟다 말홈이 후회되더니 과연 불츌소료不出所料로 나의 일을 네가 간파看破ᄒᆞ야 일심 졍력(一心精力)이 귀어허디 되얏도다. 니 이제 쥭노니 너는 아름다온 공을 셰우고 나의 시톄를 가져다 셩학ᄉᆞ ᄉᆞ톄(死體) 잇ᄂᆞᆫ 곳에 버려 구쳔 원혼이 셔로 위로케 ᄒᆞ라."

말을 맛치고 인ᄒᆞ야 긔졀ᄒᆞᄂᆞᆫ지라. 한톄츌 홍감ᄉᆞㅣ 셔로 차탄홈을 말지 안이ᄒᆞ고 급히 어가(御駕)를 차자 힝지소(行在所)로 가니 샹이 그씨 겨오 환어(還御)ᄒᆞ사 구슬쌈이 용안에 흘으시ᄂᆞᆫ지라. 한

홍 량인이 계하에 부복 쥬왈

"신등이 불츙ᄒᆞ와 셩톄 위경(危境)에 림ᄒᆞ셧ᄉᆞ오니 신등의 죄 만ᄉᆞ 지만(萬死遲晩)이로소이다."

상이 보시고 놀나시며 왈

"경등이 동남이 졀원(絶遠)ᄒᆞᆫ 디방에 잇셧거ᄂᆞᆯ 짐의 급홈을 엇지 알고 이갓치 와셔 구ᄒᆞ얏ᄂᆞ뇨?"

한명회 머리를 죠아 고왈

"신이 죠보를 보오미 어가ㅣ 오디산에 힝힝ᄒᆞ신다 ᄒᆞ옵기 업디려 오디산에 문죵렬이 필연 잇슬지니 무슴 의외의 변이 발싱ᄒᆞᆯ가 념려ᄒᆞ와 홍윤셩과 한쎼 쥬야비도(晝夜倍道)ᄒᆞ야 이르온즉 과연 문젹의 변이 잇셧ᄂᆞ이다."

상 왈

"문죵렬은 엇더ᄒᆞᆫ 사룸이며 문죵렬의 이곳 잇슴을 엇지 알앗더뇨?"

한명회 쥬왈

"신이 일즉이 포의로 ᄉᆞ방에 두루 놀시 양양 락산ᄉᆞ에셔 문죵렬을 보온즉 봉두돌빈으로 불목한이되야 잇ᄉᆞ오나 지식이 과인ᄒᆞ고 용력이 졀대(絶大)ᄒᆞ야 심상ᄒᆞᆫ 류ㅣ 안이온 즁 ᄌᆞ칭 셩삼문의 지긔로 셩삼문을 위ᄒᆞ야 예양의 츙심을 효칙코져 ᄒᆞ노라 ᄒᆞ오며 장ᄎᆞ 오디산으로 가 잇겟다 홈을 듯ᄉᆞᆸ고 항상 마음에 거리씨더니 급기 어가ㅣ 이곳에 친림ᄒᆞ신다 홈을 듯ᄌᆞᆸ고 경겁ᄒᆞ온 싱각이 더럭 싱겨 급171히 옴이로소이다."

상이 칭찬ᄒᆞ사 왈

"경등의 즁심은 만고(萬古)에 듬으도다. 한경으로 좌의정을 비ᄒᆞ고 홍경으로 우의정을 비ᄒᆞ야 금일 막대지공(莫大之功)을 표ᄒᆞ니 굿타여 젼일 임소로 갈 것 업시 짐과 한게 경ᄉᆞ로 가자."

ᄒᆞ시니 량인이 고두ᄉᆞ비ᄒᆞ야 텬은을 감읍ᄒᆞ고 어가를 비쥼ᄒᆞ야 경ᄉᆞ로 올나오니라.

第二十回 乞骸骨新搆狎鷗亭
뎨이십회 히골을 빌고져 ᄒ야 시로 압구정을 짓다

지셜. 샹이 오ᄃ산에셔 문죵렬에게 변을 당ᄒ시게 되얏더니 쳔만ᄯᆺᄇᆞᆺ 한명회 홍윤셩 양인이 급히 이르러 극력 구호흠으로 문종렬을 타살ᄒ고 옥테를 보죵ᄒ셧ᄂᆞᆫ지라. 그 공을 싱각ᄒ시고 한홍 양인을 모다 슈규_首揆_245)를 비ᄒ시고 뎐토산림(田土山林)을 후히 사피(賜牌)하시며 홍포(紅袍)자락을 물어 잡아다려 샹이 ᄭᅵ다르시고 적멸궁에 드러가지 안이ᄒ시도록 ᄒᆞᆫ 괴양이의 공이 적지 안이훔으로 특지(特旨)를 ᄂᆞ리사 션혜쳥(宣惠廳)으로셔 히마다 괴양이 료미(料米)를 쥬게 ᄒ시니라. 한공이 오ᄋᆞ림의 젼후 려력과 적괴 삼십팔명을 긔이ᄒᆞᆫ 계교로써 잡아 옥즁에셔 귀화케 ᄒᆞᆫ 공을 탑젼에 샹쥬ᄒᆞᆫᄃᆡ 샹이 긔특히 넉이사 특별 차하(差下)로 각 영문(營門) 초관(哨官) 영쟝(令狀)으로 변ᄃᆡ(邊地)를 루젼(累傳)케 ᄒ시더라.

한공이 일즉 일ᄌᆞ 이녀(一子二女)를 두엇스니 모다 민씨부인 소싱이라. 아ᄌᆞ(兒子)ᄂᆞᆫ 령샹 신숙쥬의 녀아(女兒)와 셩혼(成婚)ᄒ고 쟝녀ᄂᆞᆫ 쟝슌왕후_章順王后_246)시니 예종대왕_睿宗大王_247) 비위(配位)되시

---

245) 슈규(首揆): 영의졍.
246) 쟝슌왕후(章順王后): 1445〜1461. 한명회의 첫째 딸. 1460년 해양대군(예종)의

고 차녀는 공혜왕후(恭惠王后)[248]시니 셩종대왕(成宗大王)[249] 비위되시니라. 쳐엄에 아주의 혼인을 신숙쥬의 녀아로 면약(面約)흠이 권람이 그 아달을 공의 장녀와 결172혼코져 ᄒ야 말ᄒ거늘 공의 마음에 권의 아달 샹모 합당치 안이홈으로 쟝ᄎ 그 통혼(通婚)함을 거졀코져 ᄒ나 무엇이라 박졀히 말ᄒ기 극난ᄒ야 졍히 근심ᄒ더니 그씨 마춤 신숙쥬ㅣ 이르럿거늘 공이 이에 그 뜻을 말ᄒ더 신숙쥬ㅣ 대소왈

"형이 ᄌ소로 범ᄉ에 지혜만음으로 샹이 지랑(智囊)이라 별호ᄭ지 지어 부르셧거늘 그만 일에 엇지 이다지 근심ᄒᄂ뇨? 니 한 가지 계교ㅣ 잇스니 형은 여ᄎ여ᄎ ᄒ소셔."

공이 격졀(擊節) 칭탄왈

"그 계교ㅣ 과연 졀묘ᄒ도다."

익일에 권람이 쏘 이르러 말ᄒ야 왈

"공과 뎨가 포의 빈쳔지교로 지긔상합ᄒ더니 금일에 피ᄎ 망극흔 텬은을 입어 위(位)가 대신(大臣)에 쳐ᄒ얏고 진퇴 ᄉ싱이 동공일톄(同功一體)오니 공의 의론을 뎨가 반다치 못홀지오 뎨의 소쳥을 공이 거졀치 안일지라. 불초흔 ᄌ식이 혼긔 림박ᄒ얏기로 작일에도 임의 말슴ᄒ얏거니와 쳔금 령이(슈愛)로 ᄌ식의 아름다온 비필을

세자빈으로 책봉되었다가 인성대군(仁城大君)을 낳고 요절함. 1472년 왕후로 추존됨.

247) 예종대왕(睿宗大王): 1450~1469. 조선 제8대 왕. 세조와 정희왕후의 둘째 아들. 1468년 즉위.

248) 공혜왕후(恭惠王后): 1456~1474. 한명회의 둘째 딸. 1467년 자산군(성종)과 혼인. 1469년 성종이 즉위하자 왕비에 책봉됨.

249) 성종대왕(成宗大王): 성종대왕. 1457~1494. 조선 제9대 왕. 의경세자와 소혜왕후의 둘째 아들. 13세의 어린나이 즉위함. 한명회, 홍윤성 등이 원로 대신으로 성종의 정치에 자문으로 참여하여 실질적으로 국정을 좌우함.

미져 영구히 진진秦晉의 죠흔 의를 직힘이 엇더ᄒᆞ뇨?"

한공이 권공의 손목을 잡고 탄식왈

"령윤(令胤) 혼ᄉᆞ를 진시 의론치 못흠이 한(恨) 되도다. 형도 아시
ᄂᆞ 바어니와 제와 형과 신슉쥬 셰 사름은 셰상이 모다 일톄동공으
로 지목ᄒᆞᄂᆞ니 뎨의 ᄌᆞ식을 임의 신형의 녀아와 뎡혼ᄒᆞ얏거놀 뎨의
녀아를 쏘 형의 아달과 결혼ᄒᆞ면 타인이 우리 셰 사름의 넘오 친밀
흠을 의심ᄒᆞ리니 그 안이 심려될 바이뇨?"

권이 확연히 ᄭᆡ다라 무릅을 치며 왈

"뎨의 싱각이 망미(茫昧)ᄒᆞ야 이에 밋치지 못ᄒᆞ얏도다."

ᄒᆞ고 다시ᄂᆞ 혼인 일ᄉᆞ(一事)를 단념ᄒᆞ야 긔구치 안이ᄒᆞ더라.

상이 한공의 훈로(勳勞)를 갈스록 잇지 못ᄒᆞᄉᆞ 이에 샹당부원군上
黨府院君 겸 의졍부 령의졍을 비ᄒᆞ시고 궤장几杖250)을 하사ᄒᆞ시니 공이
텬은을 츅사(祝辭)ᄒᆞ고 장ᄎᆞ 히골을 빌어251) 휴퇴休退252)ᄒᆞ랴 ᄒᆞᆯ173
시 한강 상류 남편 셕각 위에 조고마ᄒᆞ게 뎡ᄌᆞ 훈 치를 짓고 일홈을
압구뎡狎鷗亭253)이라 ᄒᆞ니 그 뎡ᄌᆞ의 규모ᄂᆞ 비록 크지 못ᄒᆞ나 비초
(排布)ㅣ 규밀ᄒᆞ고 경긔 졀승ᄒᆞ야 좌우 셕각 사이에 창송 취빅이 울
울창창ᄒᆞ고 산극 암풍(山極巖風)이 금슈병(錦繡屛) 두른 듯ᄒᆞ며 두
미(斗尾) 월계(月溪)254)로 ᄂᆞ리ᄂᆞᆫ대 강슈(江水)가 위이ᄒᆞ게 구뷔쳐

---

250) 궤장(几杖): 안석과 지팡이. 70세 이상의 연로한 대신들에게 내린 왕의 하사품.
251) 히골을 빌어: 걸해골(乞骸骨). 벼슬에서 몸을 놓아 달라는 의미로, 대신이 사직을
     청할 때 쓰는 말.
252) 휴퇴(休退): 벼슬에서 물러나서 쉼.
253) 압구뎡(狎鷗亭): 조선 세조 때에 한명회가 한강 가에 지은 정자. 홍수로 소실되었
     으나 현재 서울특별시 강남구 압구정동(동호대교 부근)에 터가 있음.
254) 두미(斗尾) 월계(月溪): 한강 상류의 이름. 두미는 양주군과 광주군 사이로 흐르는
     강. 월계는 남한강의 다른 이름.

흘으다가 뎡주 압에 평포(平鋪)ᄒ야 비단 물결 밝은 모리에 안계(眼界)가 광활ᄒ고 한가ᄒᆫ 뎌 빅구(白鷗)가 어옹을 피치 안코 낙시돌에 친압(親狎)ᄒ니 진짓 셩디 명구라 일커를너라. 공이 급류 중 용퇴急流中勇退255)ᄒ야 홍진(紅塵)을 사례ᄒ고 부인 홍씨256)와 아주를 디리고 한가히 왕리ᄒ야 엄주릉 장지화嚴子陵張至和의 싹이 되고주ᄒ나 국ᄉㅣ 다단(多端)ᄒᆷ으로 상이 멀니 잇슴을 허락지 안이ᄒ시니 맛춤니 쯧과 갓지 못ᄒ고 빅슈 지상이 국궁 진퇴ᄒ다가 여년(餘年)을 맛치니 그ᄯᅢ 세조ㅣ 임의 승하ᄒ신지 오리고 성종대왕 시절이라. 상이 슯허ᄒ심을 말지 안이ᄒ사 동원부긔(東園副器)257)의 장슈(葬需)를 후히 하사ᄒ시고 례장(禮葬)으로 선산에 안장케 ᄒ시니라.

공의 시호를 츙셩공忠成公이라 니리시고 그 주손을 셰셰로 됴용(調用)ᄒ라 ᄒ시니 한씨의 일문 영화(一門榮華)의 면원(綿遠)ᄒᆷ이 엇더타 ᄒ리오. 이ᄂᆫ 일조 일셕 사이에 이룸이 안이라 그 시조 위양공과 시조모 송씨부인이 가이업ᄂᆞᆫ 음덕을 젹루ᄒᆫ 연고라 ᄒᆞᆯ지로다. 무릇 사ᄅᆞᆷ이 악ᄒ면 악ᄒᆫ 보응이 잇고 션ᄒ면 션ᄒᆫ 보응이 잇셔 소소ᄒᆫ 리치 호발만치도 억윔이 업ᄂᆞ니 누구시던지 이 칙을 보아 한씨 셰디의 영화밧ᄂᆞᆫ 일로 나의 거울을 삼을진던 가히 평싱 ᄒᆡᆼ사의 션악 보응을 감각ᄒᆞᆷ이 잇스리로다.

---

255) 급류 중 용퇴(急流中勇退): 급류용퇴(急流勇退). 송(宋)나라 때 한 노승이 전약수(錢若水)를 보고 한 말인 '급류 속에서 용감하게 물러날 수 있는 사람(是急流中勇退人)'에서 유래함. 벼슬자리에서 서슴없이 물러남을 비유함. 『古今事文類聚』
256) 홍씨: 맥락상 민씨로 보아야 함.
257) 동원부긔(東園副器): 조선 시대에 왕실에서 쓰던 관곽(東園秘器)을 만들고 남은 판재.

한씨보응록(교주본)

2021년 2월 26일 초판 1쇄 발행

엮은이 이은경 김은일 송지현
펴낸이 유정환
펴낸곳 도서출판 고두미
       등록 2001년 5월 22일(제2001-000011호)
       충북 청주시 상당구 꽃산서로8번길 90
       Tel. 043-257-2224 / Fax.070-7016-0823
       E-mail : godumi@naver.com

ISBN 979-11-91306-04-0 03810

※ 이 책은 2019년, 2020년 충북연구원 청년연구자사업의 지원으로 수행된 연구결과를 바탕으로 작성되었습니다. (This work was supported by the Chungbuk Research Institute of Korea.)
※ 잘못 된 책은 구입한 곳에서 바꾸어 드립니다.
※ 책값은 뒤표지에 표시하였습니다.